Winning Minds

Simon Lancaster

Winning Minds

Die Geheimnisse überzeugender Kommunikation

Übersetzt von Birgit Irgang

 Springer

Simon Lancaster
London, Großbritannien

Übersetzt von Birgit Irgang

ISBN 978-3-662-57470-6   ISBN 978-3-662-57471-3   (eBook)
https://doi.org/10.1007/978-3-662-57471-3

Die Deutsche Nationalbibliothek verzeichnet diese Publikation in der Deutschen Nationalbibliografie; detaillierte bibliografische Daten sind im Internet über http://dnb.d-nb.de abrufbar.

Deutsche Übersetzung der 1. englischen Originalauflage erschienen bei Palgrave Macmillan, London, UK, 2015

Umschlaggestaltung: deblik Berlin
Einbandabbildung: © getty images
Illustrationen: Paul Rainey: pbrainey.com

Gedruckt auf säurefreiem und chlorfrei gebleichtem Papier

Springer ist ein Imprint der eingetragenen Gesellschaft Springer-Verlag GmbH, DE und ist ein Teil von Springer Nature
Die Anschrift der Gesellschaft ist: Heidelberger Platz 3, 14197 Berlin, Germany

Für Lottie und Alice
Seid, wer ihr sein wollt,
tut, was ihr tun wollt,
geht, wohin ihr gehen wollt;
ich werde immer bei euch sein.

Danksagung

Am 24. Oktober 2008 gab ich in London ein Seminar über kreatives Redenschreiben. Ich erinnere mich gut an den Tag. Es war eine aufregende Zeit: kurz nach der Geburt meiner ersten Tochter und kurz bevor die USA ihren ersten farbigen Präsidenten wählten. An jenem Tag begegnete ich Anna Jones, der Chefin für interne Kommunikation beim „Big Lottery Fund". Sie war die Erste, welche die Möglichkeit sah, Schulungen im Redenschreiben im Rahmen eines Trainingsprogramms für Führungskräfte anzubieten. Ich bin ihr ebenso dankbar wie Perry „Punk HR" Timms und Peter „Social CEO" Wanless, dass sie mir den Ansporn gegeben haben, das zu erschaffen, was sich seitdem zu einem der begehrtesten Kommunikationsseminare der Welt entwickelt hat.

Das „Sprache der Menschenführung"-Seminar hat mich rund um die Welt reisen lassen. Ich habe so viel Spaß – ich liebe meine Arbeit sehr –, lernte dabei einige unglaublich inspirierende Menschen kennen, und es war ein Privileg, ihnen helfen zu können, ihre Geschichten zu erzählen. Ich bin jedem dankbar, der eins der Seminare besucht hat. Außerdem bedanke ich mich bei Paul Bennett und Mark Swain von der „Henley Business School", Sue Douthwaite von der „Cass Business School" und Sarah Burton von der „University of Cambridge" für die riesige Unterstützung, die sie der Sprache der Menschenführung geschenkt haben.

Im Hinblick auf das Buch danke ich dem Team von Palgrave Macmillan, insbesondere Tamsine O'Riordan, Stephen Partridge und Josie Taylor. Ein Dank geht an Paul Rainey für die Illustrationen, Nicolai Lorenzen für das Foto und Tom Clark von *The Guardian* für seine weisen und freundlichen Ratschläge während des Schreibens.

Ich hätte nicht beginnen können, dieses Buch zu schreiben, wenn es nicht für meine Familie gewesen wäre: meine Mutter, die mir schon in frühesten Jahren eine Liebe zur Sprache anerzog und die mit dem phänomenalsten Auge fürs Detail drei Entwürfe dieses Buches durchging; mein Vater, der die letzten Druckfahnen des Buches von Japan aus prüfte; mein Bruder, der der beste Bruder ist, den ich je hatte; meine Töchter, die mir den Raum gaben zu schreiben, wenn ich stattdessen mit ihnen ins Legoland hätte gehen können; und insbesondere meine bezaubernde Frau Lucy, die ich auch nach elf Jahren Ehe noch über alles liebe. Lucy ist die Führerin in meinem Leben. Liebe Leser, wenn Ihnen dieses Buch überhaupt gefällt, wird das zu einem nicht geringen Teil auch an all dem Unsinn liegen, den Lucy rausgestrichen hat.

Und wie es bei Büchern dieser Art so üblich ist: Ich habe mir jede nur erdenkliche Mühe gegeben, Quellen zu nennen und Genehmigungen einzuholen, doch falls Sie einen Fehler oder eine Unterlassung entdecken, lassen Sie es mich bitte wissen, und ich werde es beheben. Und sollten Sie daran interessiert sein, mir Ihre Meinung über die Sprache der Menschenführung mitzuteilen, können Sie gern per Twitter oder E-Mail Kontakt mit mir aufnehmen. Es würde mich freuen, von Ihnen zu hören.

Simon Lancaster
E-Mail: simon@bespokespeeches.com
Twitter: @bespokespeeches

Originalillustrationen von Paul Rainey: pbrainey.com
Übersetzung von Birgit Irgang: www.uebersetzungen-bilingua.de

Inhaltsverzeichnis

Abbildungsverzeichnis
(Alle Abbildungen von Paul Rainey – www.pbrainey.com)

Tabellenverzeichnis

Einleitung

Am 26. Juli 2012 waren meine Frau Lucy und ich zusammen mit 250.000 anderen Menschen im Hyde Park, um den Beginn der Olympischen Spiele in London zu feiern. Es war ein perfekter Sommertag: Die Getränke flossen in Strömen, während Dizzee Rascal seine Versionen von „Bassline Junkie" und „Bonkers" zum Besten gab. Und dann erschien Londons Bürgermeister Boris Johnson auf der Bühne. Die Menge murrte, als sie den Politiker sah. Jemand rief laut: „Wichser." Ein paar Leute holten ihr Smartphone raus und drückten auf Aufnahme.

Nun ja, ich bin nicht wirklich ein Fan von Boris Johnson. Einen Großteil meiner politischen Erfahrung habe ich auf der entgegengesetzten Seite des Spektrums durch meine Arbeit mit dem anderen Johnson (Alan) gesammelt. Doch an jenem Tag hat Boris mich umgehauen. In nur drei Minuten brachte er die Menge von Feindseligkeit zu

Hysterie. Es war ein Meisterkurs in der Sprache der Menschenführung:

Etwas Vergleichbares habe ich noch nie in meinem Leben erlebt.

Die Spannung steigert sich derart, dass ich das Gefühl habe, der Geigerzähler der Olympiabegeisterung wird sich gleich überschlagen.

Menschen aus der ganzen Welt kommen zu uns, sehen uns und sehen die tollste Stadt der Erde, oder?

Manche der Menschen, die aus aller Welt zu uns kommen, wissen noch nicht, was wir in den vergangenen sieben Jahren alles getan haben, um London vorzubereiten.

Ich habe gehört, dass es da einen Typen namens Mitt Romney gibt, der wissen will, ob wir bereit sind.

Sind wir bereit? Ja, das sind wir.

Die Wettkampfstätten sind bereit. Das Stadion ist bereit. Die Schwimmhallen sind bereit. Die Radrennbahn ist bereit. Die Sicherheit ist bereit. Die Polizei ist bereit. Das Verkehrsnetz ist bereit. Und unsere britischen Athleten sind bereit ... Nicht wahr?

Wir werden mehr Gold-, Silber- und Bronzemedaillen gewinnen als nötig wären, um Griechenland und Spanien zusammen aus der Patsche zu helfen.

Letzte Frage. Können wir die besten Olympischen Spiele veranstalten, die jemals stattgefunden haben?

Machen wir uns Sorgen um das Wetter? Nein das tun wir nicht.

Können wir Frankreich schlagen? Ja, das können wir! Können wir Australien schlagen? Ja, das können wir! Können wir Deutschland schlagen? Ich denke, ja.

Ich danke euch allen. Genießt ganz wunderbare Spiele hier in London 2012. Danke für all eure Unterstützung.

Sehen Sie sich das auf YouTube an – wirklich. Sehen Sie selbst, wie sich die Stimmung wandelt. Sehen Sie die ersten zögerlichen Lacher. Sehen Sie, wie die Energie innerhalb der Menge spürbar wird. Sehen Sie, wie jeder in das „Yes, we can!" mit einstimmt. Und sehen Sie am Ende, wie die Menge spontan in Applaus ausbricht und „Boris! Boris! Boris!"-Rufe anstimmt.

Auch Lucy und ich riefen: „Boris! Boris!" Dann hielten wir inne. Plötzlich kamen wir wieder zu Verstand. „Verdammt! Was ist denn hier passiert?", sagte Lucy. „Drogen", antwortete ich. Und so war es. Die Rede fühlte sich emotional an, doch die Reaktion war chemisch. Ein paar Worte von Boris hatten alle high werden lassen: berauscht und irrational. Was war also geschehen? Wir wissen, wie das Gehirn unter Heroineinfluss aussieht. Sehen wir uns mal an, was mit dem Gehirn unter Boris-Einfluss geschieht.

Boris Johnsons Rede regte die Ausschüttung von drei starken Drogen im Gehirn an. Die erste war Serotonin, die Selbstwert-Droge. Serotonin sorgt dafür, dass wir uns zuversichtlich, stark und leistungsfähig fühlen. Prozac und andere Antidepressiva imitieren seine Wirkung.[1] Lob führt zu einer Serotoninausschüttung, und Boris Johnson trug dick auf, als er darüber sprach, wie toll unsere Stadt, unser Land und unsere Sportler seien.

Die zweite Droge, deren Ausschüttung er auslöste, war Oxytocin, die Liebesdroge. Oxytocin sorgt dafür, dass wir uns behaglich fühlen, benebelt und sicher. Ecstasy ahmt diese Wirkung nach. Oxytocin wird natürlicherweise freigesetzt, wenn wir uns anderen Menschen nahe fühlen – ob das nun Berührungen sind, Händchenhalten, Kuscheln, Sex oder, ja, sogar, wenn wir uns eine Rede von Boris Johnson anhören. Er einte die Menge durch seinen permanenten Gebrauch der ersten Person Plural: Er sprach immer von „wir", nicht von „ich". Und er sagte nicht: „Wir, die konservative Partei", wie man es bei einigen Politikern erwarten würde, sondern „Wir, Großbritannien". Er vereinte uns, indem er uns an gemeinsame Feindbilder erinnerte: den herablassenden Mitt Romney, die bankrotten Länder in Südeuropa und, natürlich, die Deutschen. Welche bessere Möglichkeit gibt es, 250.000 Briten zu vereinen, als die Deutschen zu erwähnen?

Die dritte Droge, deren Freisetzung er anregte, war Dopamin, die Belohnungsdroge. Dopamin sorgt dafür, dass wir uns einfach *großartig* fühlen. Sie wird auch ausgeschüttet, wenn wir Kokain, Heroin oder Speed konsumieren. Dopamin wird in größeren oder kleineren Mengen freigesetzt, wenn unsere Erwartungen erfüllt beziehungsweise nicht erfüllt werden. Boris Johnson übertraf die Erwartungen. Anstelle einer selbstgefälligen politischen Rede bekamen wir einen kurzen Ausbruch patriotischer Leidenschaft, gepfeffert mit solchen Verrücktheiten wie der Olympiabegeisterung und einem „sich überschlagenden Geigerzähler".

Folglich war Johnsons Rede ein bisschen wie die Einnahme von Ecstasy, Prozac, Kokain, Heroin und Speed auf einmal. Im Hyde Park gab es an jenem Tag mehr Drogen als 1969 beim Auftritt der Stones. Und die Wirkung war erstaunlich, sodass alle ein Gefühl der Zusammengehörigkeit empfanden, stolz waren und sich unbesiegbar fühlten. Vollkommen Fremde grüßten einander wie Freunde und riefen dümmlich „Der gute, alte Boris!" oder „Einfach klasse!". Die Welle der Euphorie war ähnlich wie bei einem Rockkonzert oder einer evangelikalen Predigt.

Doch wie immer folgte auf das Hoch ein Tief. Der Absturz. Und das ist dann die unangenehme Seite. Nun, da werden keine Partydrogen ausgeschüttet, nur Giftstoffe, und diese sorgen dafür, dass wir uns mies fühlen. Doch der tiefsten Krise verdankt die Führungspersönlichkeit ihre Stärke. Während das Tief sich auszubreiten beginnt, stellt sich schon das Verlangen nach dem nächsten Rausch ein. Und wenn wir nach dem Rausch streben, wem wenden wir uns dann zu? Demjenigen, der für den letzten Rausch gesorgt hat.

Das ist es, was Menschen an ihrem Führer anzieht. Sie verlangen nach Stolz. Sie verlangen nach Anbindung. Sie verlangen nach Zielen. Sie sind abhängig, Junkies, auf der Jagd nach dem nächsten Schuss. Das ist der geheime Vertrag, aus dem die großen Führer Profit schlagen. Das ist es, was den Führern Macht gibt. Ich erfülle eure emotionalen Bedürfnisse, doch im Gegenzug gebt ihr mir eure Unterstützung. Das ist der Vertrag. Das ist der Deal. Das ist die Grundlage der Sprache der Menschenführung.

Literaturverzeichnis und Endnoten

1. Prozac ist ein selektiver Serotonin-Wiederaufnahmehemmer (SSRI) – ein Antidepressivum, dessen Wirkung auf der Veränderung des Serotoninspiegels im Gehirn basiert. Prozac war der erste markengeschützte SSRI und kam 1988 auf den Markt. Bis 2005 war es das am häufigsten verschriebene Medikament in den USA. Heute werden in Großbritannien verschiedene SSRI verschrieben wie zum Beispiel Faverin, Cipramil, Seroxat and Lustral. Siehe hierzu http://www.nhs.uk/conditions/SSRIs-(selective-serotonin-reuptake-inhibitors)/Pages/Introduction.aspx. Aufgerufen am 05.02.2015.

1

Winning Minds – Die geheime Wissenschaft hinter der Sprache der Menschenführung

Es ist Weihnachten 2014, und ich bin im „Red Lion",
einem gemütlichen, warmen Pub im Herzen der Bre-
con Beacons in Wales. Im Kamin flackert ein Feuer, ich
sitze in einem großen Lehnsessel aus Leder, und obwohl
ich hierhergekommen bin, um am endgültigen Entwurf
einer Rede über Menschenführung zu arbeiten, mache ich
keine großen Fortschritte. Eine Gruppe von Männern am
Nachbartisch diskutiert eifrig darüber, wie viel Geld sie im
Lotto gewinnen müssten, um das Arbeiten einstellen zu
können. Einer von ihnen wendet sich an mich. „Wie viele
Zinsen bekommt man im Jahr für eine Million Pfund?"
„£30.000?", rate ich. Der Mann grinst. „Da haben wir's.
In Merthyr Tydfil kann man für £30.000 ein Haus kaufen." Ein anderer meint: „Ja, aber was würdest du dann

© Springer-Verlag GmbH Deutschland, ein Teil von
Springer Nature 2018
S. Lancaster, *Winning Minds*,
https://doi.org/10.1007/978-3-662-57471-3_1

mit den restlichen £29.000 machen?" Gelächter. Ich werde eingeladen, mich zu ihnen an den Tisch zu setzen.

Wie ein Wirbelwind dreht sich unser Gespräch in den nächsten beiden Stunden um die jüngere Geschichte – von der Schließung der Minen im Süden von Wales bis zur Einwanderung aus Mittel- und Osteuropa und den Spannungen mit dem Islam. Bemerkenswert ist für mich, dass das Gespräch immer wieder zu den Führungspersönlichkeiten zurückkehrt: Arthur Scargill („Was war bloß mit diesem Typen los?"), Margaret Thatcher („Sie hatte einen teuflischen Blick."), Michael Heseltine („War er nicht richtig in Schwung?"), Barack Obama („Sie sagten, er könne über das Wasser laufen."), David Cameron („Ihm würde ich gern eine Kugel zwischen die Augen jagen."), Nigel Farage („Er ist ein Neonazi. Spielt das eine Rolle?"), Ed Miliband („Ein echter Clown.") und Ed Balls („Er sieht aus, als hätte ihm jemand eine Ananas in den Hintern geschoben.").

Führungspersönlichkeiten lösen starke Gefühle aus – im Guten wie im Schlechten. Sie bewegen uns tief und emotional. Und im Augenblick gibt es eine weltweite Krise im Bereich der Menschenführung.[1] Das tritt in Gesprächen wie diesem in Pubs in Großbritannien zutage, aber auch in den Unruhen in Südamerika und den Aufständen im Mittleren Osten. Die Welt braucht Führungspersönlichkeiten. Ohne Führer kann der Fortschritt der Zivilisation ins Wanken geraten.

> Es gibt eine globale Krise im Bereich der Menschenführung.

Bei einer hervorragenden Menschenführung geht es im Wesentlichen um eine hervorragende Kommunikation. Branson. Obama. Jobs. Roddick. Thatcher. Blair. Man kann kein großer Führer sein, ohne auch ein großer Kommunikator zu sein. Doch heutzutage ist Kommunikation schwieriger denn je. Die Menschen verbringen mehr Zeit damit, nach unten auf ihr Handy zu blicken, als damit, zu ihren Führern nach oben zu schauen. Das ist die Herausforderung, die bewältigt werden muss.

Die gute Nachricht ist, dass es eine Geheimsprache der Menschenführung gibt: eine geheime Kombination körperlicher, verbaler und vokaler Reize und Signale, die schon seit Zehntausenden von Jahren existieren und nach wie vor darüber entscheiden, wer es heutzutage im Geschäftsleben oder in der Politik an die Spitze schafft. In der Vergangenheit haben viele Menschen versucht, diese Geheimsprache zu entschlüsseln, doch erst jetzt, nach den jüngsten Durchbrüchen in der Neurowissenschaft und Verhaltensökonomie, können wir mit größerer Gewissheit sagen, was funktioniert und warum.

Dieses Buch ist ein Benutzerhandbuch für jene Geheimsprache der Menschenführung. Es öffnet eine Schatztruhe voller Tipps, Tricks und Techniken, die Sie sofort anwenden können, um effektiver, einnehmender und inspirierender zu werden.

Doch bevor wir zu all dem kommen, hole ich Sie aus jenem kleinen Pub in Wales ab und gehe mit Ihnen 2500 Jahre in der Zeit zurück, nach Athen: vom „Red Lion" in eine Taverne im alten Griechenland. Um uns herum befinden sich nun Männer in Togen, die Rotwein trinken und ähnlich unpassende Gespräche führen, wie wir sie gerade in Wales erlebt haben. Setzen wir uns also dazu, genießen einen Kelch Wein und naschen ein paar Oliven. Schauen Sie mal dort drüben, in der Ecke. Sehen Sie den ernst aussehenden Mann, der etwas vor sich hin kritzelt? Das ist Aristoteles. Das Buch, das er gerade schreibt, heißt *Rhetorik*.

Rhetorik

Obwohl inzwischen Tausende Jahre vergangen sind, die unterschiedlichsten neuen Technologien erfunden wurden und zahlreiche Veränderungen stattgefunden haben, ist Aristoteles' *Rhetorik* für mich noch immer das Nonplusultra im Hinblick auf die Kunst der Kommunikation. Viele Menschen reden über Machiavelli und Dale Carnegie, doch was mich betrifft, ist Aristoteles der Meister. Bei *Rhetorik* ging es nicht um wissenschaftliche Schlussfolgerungen, sondern um das Beobachten. Und erstaunlicherweise, obgleich die menschliche Zivilisation damals noch in den Kinderschuhen steckte, traf er den Nagel auf den Kopf.

Aristoteles sagte, dass großartige Kommunikation drei Dinge erfordere: Ethos, Pathos und Logos. (Wie Sie bald merken werden, sind aller guten Dinge drei …) Für den Fall, dass diese Begriffe böhmische Dörfer für Sie sind: Ethos steht für die Glaubwürdigkeit, Pathos für die Emotion und Logos für die Logik oder den *Anschein* von Logik. (Und es war Aristoteles selbst, der darauf bestand, dass es ausschließlich auf den Anschein von Logik ankommt: Es musste sich nicht um echte, wissenschaftliche Logik handeln.)

Aristoteles sagte, großartige Kommunikation erfordere Ethos, Pathos und Logos.

Und das stimmt, nicht wahr? Denn Ethos, Pathos und Logos beantworten die drei immerwährenden Fragen, die jede Gruppe von Menschen beschäftigen, die einen potentiellen Anführer einzuschätzen versucht – nämlich: „Kann ich dir trauen?" (Ethos), „Interessiert mich, was du sagst?" (Pathos) und „Hast du Recht oder klingt es so, als hättest du Recht?" (Logos).

Bei großen Führungspersönlichkeiten muss jede dieser drei Fragen mit einem lautstarken „Ja!" beantwortet werden. Das ist wie mit den drei Kirschen beim Spielautomaten: Eine Kirsche allein reicht nicht. Nur auf der Grundlage Ihres Charakters oder nur auf der Grundlage der Emotionen können Sie keine Wirkung erzielen. Sie brauchen alles drei, um präsent zu sein.

Es ist wie bei einem dreibeinigen Hocker: Wenn ein Bein einknickt, fallen auch die beiden anderen um. Trauen die Menschen einem Führer nicht (kein Ethos), ist ihnen seine Meinung egal (kein Pathos), und sie werden seine Richtigkeit infrage stellen (kein Logos). Gleichermaßen gilt: Wenn es sie nicht interessiert, was der Führer sagt (Pathos), werden sie seinem Charakter misstrauen (Ethos) und wollen seine Meinung nicht hören (Logos). Und wenn jemand etwas völlig Falsches sagt (Logos), führt das zu Zweifeln an seiner Integrität (Ethos) und löst aus, dass die Menschen sich emotional verschließen (Pathos).

Aristoteles' *Rhetorik* liefert uns sofortige Erkenntnisse im Hinblick auf die Probleme mit einem Großteil der modernen Kommunikation. Der Fokus liegt ausschließlich darauf, dass die Logik stimmt, während Glaubwürdigkeit oder Gefühle außer Acht gelassen werden. Tatsächlich wird uns aktiv beigebracht, diese Elemente nicht zu berücksichtigen: Es wird uns gesagt, es sei unprofessionell, Emotionen zu zeigen und zu egoistisch von sich selbst zu sprechen. Doch diese beiden Elemente sind, wie schon Aristoteles sagte, essenziell, und sie befinden sich im Zentrum der aktuellen Führungskrise.

Nur einer von fünf Menschen glaubt, dass die Führungspersönlichkeiten aus Wirtschaft und Politik die Wahrheit sagen.[2] Lediglich 13 % der Menschen sind mit Engagement bei der Arbeit.[3] Sie verbringen heutzutage mehr Zeit online als mit echten Personen.[4]

Eine Neubelebung der Rhetorik könnte helfen, die aktuelle Krise zu bewältigen. Das behaupte ich nicht nur, weil ich ein großer Fan alles Antiken bin, sondern da neue Entwicklungen in der Verhaltensökonomie und Neurowissenschaft beweisen, dass Aristoteles' Theorien erstaunlich zutreffend waren.

Antike Rhetorik trifft moderne Neurowissenschaft

Wenn Sie nichts dagegen haben, hole ich Sie nun aus dieser antiken griechischen Taverne heraus – ja, nehmen Sie sich für alle Fälle ein paar Oliven mit auf die Reise, wenn Ihnen danach ist –, und bringe Sie fix ins italienische

Parma des Jahres 1994. Wir befinden uns in einem hochmodernen Labor voller Hirnscanner und Computer. Mittendrin steht ein freundlich wirkender, silberhaariger, italienischer Neurowissenschaftler namens Giacomo Rizzolatti, der ganz genau so aussieht, wie ein Wissenschaftler aussehen sollte: weißer Kittel, wache Augen, ein bisschen wie der Arzt aus dem Film „Zurück in die Zukunft". Doch Rizzolatti ist kein Exzentriker, sondern einer der weltweit führenden Neurowissenschaftler. Heute beschäftigt er sich mit der motorischen Koordination: Er beobachtet die Hirnaktivität eines Affen, während dieser sich an den Armen kratzt und seine Nüsse kaut. (Bei diesem Satz müssen Sie aufpassen, dass Sie nichts verwechseln ...)

Es ist ein heißer Tag ... Rizzolatti geht hinüber zum Kühlschrank, holt sich ein Eis heraus und nimmt einen Bissen davon. Während er das tut, summt der Scanner. Hmm. Rizzolatti dreht sich um. Er sieht sich die Messwerte an. Sie zeigen Aktivität in dem Teil des Affengehirns, der mit dem Essen in Verbindung steht. Er leckt noch einmal an seinem Eis. Und wieder springt der Scanner an. Der Wissenschaftler unternimmt mehrere weitere Versuche. Jedes Mal ist die Reaktion dieselbe. Rizzolatti hält inne. Wie ungewöhnlich. Obwohl der Affe sich überhaupt nicht bewegt, ist klar, dass sein Gehirn sich vorstellt, er selbst äße das Eis zusammen mit Rizzolatti. Der Affe spiegelt ihn.

Das war ein bedeutsamer Augenblick. Er markierte jene Art von weitreichendem wissenschaftlichen Durchbruch, wie er nur alle 50 Jahre einmal stattfindet: Tatsächlich wird Rizzolattis Erkenntnis mit der Entdeckung der DNA gleichgesetzt. Er hatte an jenem Tag Folgendes herausgefunden: Wenn Menschen sehen, wie jemand gezielt etwas tut, spiegelt ihr Gehirn, was diese andere Person tut. Ihr Gehirn reagiert, als ob sie diese Aktion selbst durchführten.

Diese Entdeckung führte zu einem neuen Begriff: „Spiegelneuronen". Diese Neuronen liefern die Erklärung für alle möglichen zuvor unerklärlichen Phänomene – zum Beispiel warum wir zusammenzucken, wenn wir sehen, wie sich jemand mit dem Hammer auf den Finger schlägt, oder weshalb wir Enttäuschung empfinden, wenn wir sehen, wie jemand einen Bus verpasst, oder wie es dazu kommen konnte, dass nach dem Tod von Prinzessin Diana Millionen von Menschen diese wirklich entsetzliche Version des Lieds „Candle in the Wind" kauften. Nachdem Sie nun wissen, dass es Spiegelneuronen gibt, werden sie Ihnen überall begegnen: in der Art, wie Menschenmengen sich vorwärts bewegen oder gemeinsam langsamer werden, beispielsweise, oder wenn eine Person auf einer Party gähnt und alle anderen damit ansteckt. All das lässt sich mit Spiegelneuronen erklären.

Seitdem wurden Milliarden in die Neurowissenschaft investiert. Sie ist ein echter Hit geworden. Es gibt „Neurosales", Neuromarketing, und es wird vermutlich nicht lange dauern, bis die Neuromantik ein Comeback feiert – gute Nachrichten für die Band „Spandau Ballet" ... Doch worauf es ankommt, ist, dass die Neurowissenschaft ganz neuartige Einblicke in die Funktionsweise des Gehirns offenbart hat. Das bedeutet, dass wichtige Fragen, über die zuvor nur spekuliert wurde, nun mit wissenschaftlicher Gewissheit beantwortet werden können.

> Die Neurowissenschaft hat ganz neuartige Einblicke in die Funktionsweise des Gehirns offenbart.

Nun, ich bin kein Neurowissenschaftler, sondern ein Redenschreiber, doch es beeindruckt mich zutiefst, wie eng die Verbindung zwischen Neurowissenschaft und antiker Rhetorik ist. Aristoteles' drei Säulen stehen in einem eindeutigen Zusammenhang mit den drei großen Bereichen des Gehirns: Instinkte, emotionales Gehirn und logische Gehirnfunktionen. Sehen wir uns das Gehirn einmal genauer an (Abb. 1.1).

Die Instinkte

Der Bereich der Instinkte befindet sich im Stammhirn. Er kann auch als Intuition, Unterbewusstsein oder Reptiliengehirn bezeichnet werden … Dabei handelt es sich um den ältesten Teil des Gehirns, der fünf Millionen

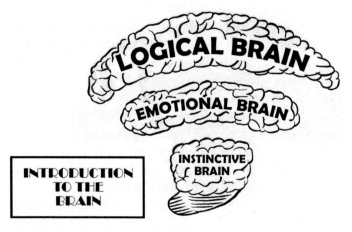

Abb. 1.1 Einführung in das Gehirn. (Logische Gehirnfunktionen, Emotionales Gehirn, Instinkte)

Jahre zurückreicht und sehr beeindruckend ist. Er ist nicht nur unglaublich ausgelastet (95 % der Hirnaktivität finden hier statt), sondern auch unglaublich leistungsstark: Er arbeitet 80.000 Mal schneller als das logische Gehirn und erfordert von uns keinerlei bewusste Anstrengung.

Es ist sehr gut, dass dieser Bereich unseres Gehirns so leistungsstark ist, denn von ihm hängt unser Überleben ab, im wahrsten Sinne des Wortes. Die Aufgabe der Instinkte ist es, unser Überleben zu sichern, nicht nur für uns als Person, sondern auch für unsere Rasse und Art. Zu diesem Zweck haben sie die Obergewalt über jeden anderen Bereich des Gehirns, wenn es sein muss. Und auch das ist gut. Denn was ist schlussendlich wichtiger als das Überleben?

Die Instinkte sichern unser Überleben auf zweierlei Weise. Zum einen tun sie das, indem sie dafür sorgen, dass unser Herz weiter schlägt, das Blut zirkuliert, die Lunge atmet und so weiter – das wissen wir alles. Doch sie haben auch eine weitere Funktion, die weniger bekannt ist: Die Instinkte handeln wie eine Art interner Schutzengel. Sie handeln wie ein unglaublich fortschrittliches Überwachungssystem mit Tausenden von Kameras, die um jede Ecke und in alle Richtungen schauen, permanent Fotos machen, diese mit Erinnerungen abgleichen und dann kräftige Impulse auslösen. Diese Impulse dirigieren uns instinktiv zu Menschen und in Umgebungen, die sicher und lohnenswert zu sein scheinen, während sie uns zugleich instinktiv von Menschen und Umgebungen wegführen, die sie als gefährlich oder bedrohlich wahrnehmen. Ist das nicht toll?

Nun …, das wäre wirklich wahnsinnig toll, wenn es da nicht einen kleinen Schönheitsfehler gäbe. Das Problem: Obwohl die Welt um uns herum sich in den letzten fünf

Millionen Jahren bis zur Unkenntlichkeit verändert hat, ist das beim Instinktbereich unseres Gehirns nicht der Fall. Dieser denkt nach wie vor, dass wir Neandertaler sind, die sich in der Steppe herumtreiben, auch wenn wir gerade auf dem Sofa liegen, Chips essen, an unserem Handy herumspielen und fernsehen.

Führungspersönlichkeiten sprechen die Bedürfnisse des instinktiven Bereichs unseres Gehirns an. Sie bieten das Versprechen von Sicherheit und Belohnungen. Doch bevor wir uns ansehen, wie das funktioniert, gehen wir eine Stufe hinauf, machen weiter und sehen uns auf der nächsten Ebene um: beim emotionalen Gehirn.

Das emotionale Gehirn

Allein die Verwendung des Wortes „Emotion" in einem professionellen Kontext kann schon für Unruhe sorgen. Noch immer gilt Emotion unter Umständen als negativ besetzter Ausdruck – eine „Frauenangelegenheit", was beweist, dass die Menschheit, wie oben bereits erwähnt, sich im Kern noch auf Neandertalerniveau befindet. Doch die Emotion kann in einer Analyse der Menschenführung nicht außer Acht gelassen werden. Der Schlüssel liegt im Wort selbst. E-Motion: Der Begriff ist aus dem Griechischen abgeleitet – Bewegung von innen heraus. Motion = Bewegung.

Es gibt eine Geschichte über einen Mann, der einen schrecklichen Autounfall hatte, durch den der für die Emotionen zuständige Bereich seines Gehirns irreparabel geschädigt wurde, während die logischen

Gehirnfunktionen intakt blieben. Jemand hatte die tolle Idee, ihn nach Las Vegas zu schicken – wie in dem Film „Rainman" –, um alle reich zu machen. Das Problem war, dass sie den Mann nach der Ankunft in Las Vegas nicht dazu bewegen konnten, zu tun, was sie wollten. „Aber wir werden jede Menge Geld gewinnen!" „Na und?" „Wir werden dich reich machen!" „Na und?" „Es wird großartig werden." „Na und?" Ohne Emotion fehlt die Motivation.

Der emotionale Teil des Gehirns ist 20 Mal stärker als die logischen Gehirnfunktionen.[5] Emotionen sind überwältigend. Das wissen wir alle. Wir können in Emotionen ertrinken, und das ist keine poetische Metapher, sondern eine nüchterne Beschreibung dessen, was da passiert. Wenn wir uns emotional fühlen, werden starke Drogen ausgeschüttet, die unseren Verstand überfluten – zum Beispiel Oxytocin (die Liebes-, Beziehungs-, Kuscheldroge), Serotonin (die Stolz-, Selbstwert-, Zuversichtsdroge) oder Cortisol (die Stress-, Angst-, Schockdroge). Die von diesen Drogen ausgelösten Gefühle sind so berauschend, dass sie unsere Fähigkeit einschränken, logisch zu denken. Wir lieben diese Drogen, sehnen uns nach ihnen und verbringen viel Zeit damit, ihnen hinterherzujagen, so süchtig sind wir nach der emotionalen Erfüllung, die sie bieten.

Große Führer wissen das. Sie erfüllen die Bedürfnisse der Menschen. Im Gegenzug erhalten sie Unterstützung. Das US-amerikanische Volk war verängstigt – George W. Bush sorgte dafür, dass es sich sicher fühlte. Die Briten machen sich Sorgen – Tony Blair gab ihnen Hoffnung. Die Menschen fühlen sich unterdrückt und ruhiggestellt – der politische Aktivist und Komiker Russell Brand artikuliert ihren Zorn. Es gibt jede Menge Emotionen

– mindestens 412 verschiedene[6] – und große Führer wissen, wie sie diese nutzen können.

Ich könnte wochenlang über die verschiedenen Wege sprechen, die verschiedene Führer wählen, um sich die verschiedenen Emotionen zunutze zu machen, doch dafür ist keine Zeit: Wir müssen uns noch weiter nach oben begeben und uns die logischen Gehirnfunktionen ansehen. Es wäre unhöflich, den logischen Bereich des Gehirns vollkommen außer Acht zu lassen ..., insbesondere da er so groß ist.

Die logischen Gehirnfunktionen

Der logische Bereich des Gehirns macht 85 % seiner Masse aus und ist folglich der bei weitem größte Teil des Gehirns. Außerdem ist er auch der relativ jüngste Bereich. Die Evolution der logischen Gehirnfunktionen brachte die Abgrenzung der menschlichen Rasse gegenüber unseren Affenbrüdern und verlieh uns unsere wunderbaren Fähigkeiten zu kommunizieren, Musik zu komponieren und Erfindungen zu machen: vom Rad bis hin zur Druckmaschine, vom Düsenjet bis zum iPhone ... Viele schwärmen von der beeindruckenden Intelligenz der logischen Gehirnfunktionen zu allen Zeiten, von den antiken Philosophen bis zur Aufklärung. Doch wenn Sie näherkommen, werde ich Ihnen ein Geheimnis verraten: Das logische Gehirn ist tatsächlich nicht halb so clever wie Sie annehmen.

Nur weil das Gehirn logisch sein *kann,* heißt das noch nicht, dass es immer logisch *ist:* Das zu glauben, würde bedeuten, auf jenen alten Trugschluss hereinzufallen, das Besondere mit dem Allgemeinen zu verwechseln – etwas, das ein vernünftiges logisches Gehirn problemlos herausfände, wenn wir nur ein halb so vernünftiges logisches Gehirn hätten, das zu solchen Unterscheidungen in der Lage wäre. Wir sind nicht so klug wie wir denken. Wie Aristoteles sagte: Es ist nicht die Logik, die wir brauchen, um etwas zu beweisen – es ist nur der *Anschein* von Logik vonnöten, dann kann alles, aber wirklich alles logisch *erscheinen*.

Die logischen Gehirnfunktionen haben einfach nicht die Zeit, um innezuhalten, zu hinterfragen und jede Information, die sie erhalten, zu kontrollieren, auf ihren Wahrheitsgehalt und ihre Richtigkeit zu überprüfen; stattdessen suchen sie nach Mustern und arbeiten hauptsächlich auf der Grundlage praktischer Erfahrung. Wenn eine bestimmte Person mir beispielsweise früher schon einmal die Wahrheit gesagt hat, sagt sie wahrscheinlich auch jetzt die Wahrheit. Das klingt richtig, also ist es wahrscheinlich auch richtig. Das klingt ausgewogen, also ist es wahrscheinlich auch ausgewogen.

Das soll nicht heißen, dass das logische Gehirn ein bisschen dumm ist. Das ist es nicht. Das logische Gehirn ist zu alleraußergewöhnlichstem Denken in der Lage – wenn wir ganz ruhig sind, gut gegessen haben und konzentriert sind. Aber … nun ja: Wie häufig ist das der Fall? Richtig!

So, das sind nun die drei Bereiche des Gehirns. Es sind die Bereiche des Gehirns, die wir für uns gewinnen müssen. Dieses Buch besteht aus drei Teilen, in denen es um jene drei Bereiche des Gehirns geht. Lassen Sie uns einen kurzen Blick auf das werfen, was vor Ihnen liegt.

Die Instinkte für sich gewinnen

Der erste Teil des Buches beschäftigt sich damit, wie Führungspersönlichkeiten die Instinkte für sich gewinnen. Wie bereits erwähnt, gibt es im instinktiven Bereich des Gehirns zwei Hauptbedürfnisse, die erfüllt sein müssen: Gefahr vermeiden und Belohnungen finden. Führer erfüllen diese Bedürfnisse.

Das bedeutet, dass der Führer als Freund betrachtet werden muss, nicht als Feind. Die Menschen entscheiden instinktiv, ob jemand gut oder böse ist.[7] Das ist ein vorschnelles Urteil, das fast unmittelbar erfolgt: An der Princeton University wurde die Entscheidungsdauer auf eine Zehntelsekunde festgelegt.[8] Und das geschieht ohne bewusstes Eingreifen.

Jeder behauptet gerne von sich, er sei unvoreingenommen und frei von Vorurteilen – doch das stimmt nicht. Das liegt an der Art, wie wir angelegt sind, und dient unserem Schutz vor Gefahr. Über diesen Punkt wird viel geforscht. Wahrscheinlich haben Sie schon einmal gehört, wie sich Geschworene eine Meinung über die Glaubwürdigkeit eines Zeugen bilden, bevor dieser überhaupt den Mund aufgemacht hat? Da steckt deutlich mehr dahinter. Wussten Sie, dass die Menschen eher jemandem trauen, wenn er ein schmales Gesicht und braune Augen hat?[9] Wussten Sie, dass die Menschen eher jemandem trauen, der ein Kindergesicht hat?[10] Wussten Sie, dass die Menschen eher jemandem trauen, der ihnen ähnlich sieht?[11] Es gab eine Studie, bei der einer Gruppe Fotos von Kandidaten für eine Wahl gezeigt wurden: Sie waren in der Lage, mit einer Genauigkeit von 70 % vorherzusagen, welcher Kandidat die Wahl gewonnen hat – lediglich auf der Grundlage ihrer Fotografie.[12]

Diese instinktiven Beurteilungen geschehen nicht zufällig. Der für die Instinkte zuständige Bereich des Gehirns gleicht schnell Bilder mit einer Datenbank gespeicherter Erinnerungen ab, als würde er durch ein altes Fotoalbum blättern, um nach Verbindungen zu suchen. Wenn Sie wie ein positives Gesicht aus der Vergangenheit aussehen, haben Sie den Test bestanden. Ähneln Sie einem negativen Gesicht aus der Vergangenheit, fallen Sie durch. Es ist ein unglaublich schneller Prozess – und ein Test, den Führer bestehen müssen.

Was sollten also Führer tun, damit sie auftrumpfen können? Selbstverständlich können wir unser Gesicht nicht verändern (es sei denn, Sie lesen dieses Buch in Los Angeles, wo Sie natürlich doch in der Lage sind, Ihr Gesicht zu verändern), doch es gibt dennoch einiges, was wir tun können, um unsere Chancen zu verbessern.

Der Ausgangspunkt ist: Wie wir uns fühlen, beeinflusst, wie andere sich fühlen. Wenn wir angespannt sind, führt das dazu, dass andere sich ebenfalls angespannt fühlen. Wenn wir uns toll fühlen, sorgen wir dafür, dass andere sich ebenfalls toll fühlen. Das hat alles mit jenen Spiegelneuronen zu tun, die ich zu Beginn dieses Kapitels erwähnt habe. Es erstaunt mich nach wie vor, dass manche Führungspersönlichkeiten sprechen, als seien sie innerlich tot, und dann die Personen in ihrer Umgebung dafür tadeln, dass sie keinen Elan haben. Wenn Sie Menschen begeistern wollen, dann müssen Sie mindestens selbst begeistert sein. Auch mit bloßer Begeisterung besteht lediglich eine kleine Chance, jemanden überzeugen zu können, doch ganz ohne Begeisterung haben Sie überhaupt keine Chance.

Auch der Atem ist entscheidend, wenn man die Stimmung lenken möchte. Keine Sorge, in diesem frühen Stadium unserer Beziehung werde ich Ihnen nicht mit Yoga und Metaphysischem kommen; doch die einfache Erkenntnis lautet: Wir nehmen die Atemmuster anderer Menschen wahr. Atmet eine Führungspersönlichkeit tief oder flach? Das vermittelt dem instinktiven Teil des Gehirns zwei äußerst wichtige Dinge: Erstens – ist diese Person gesund genug, um unser Führer zu sein; und zweitens – ist unsere Umgebung sicher?

Wenn David Cameron spricht, nutzt er häufig kurze, oberflächliche Sätze: Durchschnittlich bestehen seine Sätze aus lediglich 13 Wörtern.[13] Damit sind sie kürzer als bei jedem anderen führenden und aktuell tätigen Politiker in Großbritannien und bringen es auf rund ein Drittel der Länge der langatmigeren Politiker. (Bei William Hague hat ein durchschnittlicher Satz 40 Wörter.) Dadurch klingt Cameron atemlos: „Zerstörte Eigenheime. Mangelhafte Schulen. Problemviertel."

Wenn er auf diese Weise spricht, nutzt er ein altes, römisches rhetorisches Stilmittel namens Asyndeton. Kurze, prägnante Sätze. Wenn ein Redner so eindringlich und abgehakt spricht, klingt es, als würde er hyperventilieren. Das deutet auf Angst hin. Und diese Angst überträgt sich. Wenn Sie also eine Gesprächsgruppe über David Cameron leiten, werden Sie feststellen, dass eine häufige Reaktion Angst ist: Er sorgt dafür, dass die Menschen sich unwohl fühlen. Manche beschreiben ihn als schrill. Sein Atem trägt zu diesen Eindrücken bei. Im Übrigen sage ich nicht, dass sein Ansatz zwangsläufig falsch ist. Manche Führungspersonen legen es bewusst darauf an, mit kurzen Sätzen für Unbehagen zu sorgen, und das kann unter bestimmten Umständen ausgesprochen wirkungsvoll sein: In der Tat fuhr Bob Geldof mit seiner Aufforderung „Give us your fucking money!" (Gebt uns euer verdammtes Geld!) beim Benefizkonzert „Live Aid" im Fernsehen ziemlich gut. Und solange das eine Strategie ist – warum nicht?

Doch vergleichen wir nun Cameron mit Obama. Barack Obama: Mein Gott, wie dieser Mann atmen kann! Er atmet so tief, dass manche seiner Sätze aus 140 Wörtern oder mehr bestehen. Und wenn Sie den außergewöhnlichen Fluss seiner Sätze mit seiner einzigartig kräftigen, sonoren Stimme kombinieren, können Sie erkennen, wie er die Menschen mit seiner tiefen, unwiderstehlichen Ruhe einfängt, sodass es sie nicht stören würde, wenn er unentwegt weiter spräche … Vor kurzem habe ich im Radio gehört, wie Obama über Ebola sprach – eine tödliche Krankheit, die bereits Tausende Menschenleben gefordert hat. Doch trotz des schrecklichen Inhalts seiner Worte, löste er bei mir keinerlei Unruhe oder Sorge aus. Ich hatte das Gefühl: Wie heimtückisch auch die Bedrohungen sein mögen, mit denen die Welt konfrontiert wird – wenigstens ist der Richtige an der Macht. Das ist die Sprache der Menschenführung. Er ist entspannt. Seine Unterstützer sind entspannt. Seine Zuversicht überträgt sich.

Dasselbe gilt für das Lächeln. Wenn Sie jemals das Vergnügen hatten, irgendeine wirklich große Führungspersönlichkeit in Aktion zu erleben – Bill Clinton, Tony Blair, Nelson Mandela, Richard Branson, Steve Jobs –, muss Ihnen aufgefallen sein, wie ihr breites Grinsen von einem Ohr zum anderen reichte. Das ist ein aufrichtiges, herzliches und authentisches Lächeln, keine gekünstelte Verzerrung des Mundes. Lächeln ist so verdammt einfach. Für Möchtegern-Führer ist es der schnellste vorstellbare Weg zum Erfolg – doch schon daran scheitern so viele, indem sie mürrisch aussehen. Wer will denn ein Teil von so etwas sein? Sie können keinen Trübsinn verkaufen. Wenn wir jemanden lächeln sehen, reagieren wir automatisch mit: „Das will ich auch!"

Der andere Aspekt, der den instinktiven Bereich des Gehirns anspricht, ist die Metapher. Kaum jemand spricht jemals über Metaphern. Es gibt gewisse Mantras über die Business-Kommunikation: Immer in Aktivsprache schreiben, nie mehr als eine Idee in jeden Satz packen und immer einfache, eher kurze Worte wählen. Diese Tipps sind schlicht und lassen sich leicht in die Praxis umsetzen, doch meiner Meinung nach müssen Sie sich mit Metaphern auskennen, wenn Sie *echte* Macht anstreben und Menschen führen wollen. Metaphern liefern Bilder, die im Gedächtnis bleiben. Verstehen Sie?

Metaphern sind überall: von der alltäglichen Kommunikation über die Schlagzeilen in Zeitungen bis hin zu Buchtiteln: *Blink, Tipping Point, Nudge.* Durchschnittlich verwenden wir sechs Metaphern pro Minute.[14] Die Wahl der Metapher ist oft entscheidend dafür, ob eine Argumentation ankommt oder nicht. Studien haben gezeigt, dass lediglich der Austausch der Metapher in einem Text vollkommen andere Reaktionen auslösen kann – und das bei so unterschiedlichen Fragen wie zum Beispiel ob ein Krieg im Ausland unterstützt werden soll oder nicht, ob ein bestimmter Aktienkurs eher steigen oder fallen wird beziehungsweise was auf lokaler Ebene getan werden soll, um die Kriminalität einzudämmen. Was Metaphern so mächtig macht, ist unter anderem, dass die Menschen in der Hälfte aller Fälle gar nicht merken, dass eine Metapher verwendet wird.

Ein Beispiel: der Arabische Frühling. Aller Wahrscheinlichkeit nach haben Sie nie darüber nachgedacht, dass dieser Ausdruck eine Metapher ist – doch er ist es. Sehen wir ihn uns also einmal genauer an, okay? Der Arabische Frühling … Mmmmmmmmmm … Klingt das nicht gut? Die Vögel singen … Warmer Sonnenschein … Knospen sprießen … Blüten öffnen sich … Schön. Eine Zeit der Erneuerung, der Verjüngung, der Wiedergeburt. Doch Moment mal! Das, worüber wir hier sprechen, ist ein riesiges Blutbad, oder etwa nicht? Es ist eine endlose Folge schrecklicher Revolutionen und blutiger Bürgerkriege, mit gestürzten Anführern, die in einigen Fällen auch brutal hingerichtet wurden. Jede rationale Analyse zeigt, dass es sich um ein Desaster handelt – selbst die optimistischsten Experten vermuten, dass es Jahrzehnte dauern wird, die Konflikte zu lösen –, doch die Öffentlichkeit ist nicht nur zuversichtlich, sondern unterstützt die Entwicklungen auch eindeutig.

Wahlen beweisen, dass eine klare Mehrheit der Menschen den Arabischen Frühling als einen positiven Prozess wahrnimmt.[15] Die Metapher spielt bei der Meinungsbildung eine entscheidende Rolle. Der Frühling spricht direkt den instinktiven Bereich unseres Gehirns an. Er beschwört ein Bild aus der Natur herauf: ein Szenario, bei dem Tatenlosigkeit die beste Option ist – einfach zurücklehnen und der Natur ihren Lauf lassen, dann wird alles gut. Wäre eine andere Metapher verwendet worden – der *Tsunami* des Wandels, der arabische *Glutofen,* das nordafrikanische *Leiden* –, hätten die Menschen Aktivität gefordert, da das die natürliche Reaktion auf solche Metaphern ist. Ein Tsunami macht Aufräumaktionen erforderlich, Feuer muss gelöscht und Leiden müssen geheilt werden.

Als Führungsperson müssen Sie die Macht Ihrer Metaphern verstehen: Es geht nicht nur darum, hilfreiche Metaphern zu finden, sondern auch darum, hinderliche Metaphern zu meiden.

Ein Beispiel: Viele Führer nutzen in ihren Metaphern das Auto – sie sprechen über das *Lenken* eines Staates, von der Notwendigkeit, bei Verhandlungen aufs *Gaspedal* zu treten, oder von der *Beschleunigung* eines Prozesses. Solche Metaphern herrschen in der Geschäftswelt ebenso vor wie in der Politik und bei den öffentlichen Dienstleistungsunternehmen. Es sind die Metaphern von Unternehmensberatern. Führungspersönlichkeiten finden diese Metaphern anziehend: Wenn ihr Unternehmen ein Auto ist, müssen sie immerhin der Fahrer sein und damit die Verantwortung und die Kontrolle haben. Toll. Wenn sie also wollen, dass sich im Unternehmen etwas bewegt, müssen sie lediglich den Zündschlüssel umdrehen, das Gaspedal durchtreten und brumm – los geht's. Aus diesem Grund mögen Führungskräfte diese Metapher: Sie unterstützt ihr gewünschtes Selbstbild als allmächtiger und allwissender Chef.

Doch diese Metapher stößt die Zuhörer ab. Denn wenn der Chef der Fahrer und die Organisation ein Auto ist, sind sie die Schrauben und Muttern, also nicht für

Innovation oder Kreativität zuständig, sondern erfüllen einfach eine Funktion – nicht mehr und nicht weniger; und sobald sie diese Funktion nicht mehr erfüllen, werden sie zwangsläufig sofort entfernt und entsorgt. Wenn Führer also die Autometapher nutzen, fühlen sie sich dadurch möglicherweise mächtiger, doch bei den Leuten, an die sie sich wenden, entsteht ein Gefühl der Niedergeschlagenheit, der Entmutigung und Schwächung. Bei Umfragen würden die Menschen natürlich nie sagen: „Ich mochte Ihre Metapher nicht.", aber ihre Reaktion wird diskret zeigen, wie sich die Metapher in ihren Geist eingeschlichen und ihnen einen Dämpfer verpasst hat. Vielleicht murmeln sie sarkastisch: „Volle Kraft voraus, also!". Möglicherweise sagen sie, dass sie sich „aufgerieben" fühlen … Scharfe Worte, doch nicht wirklich verwunderlich, wenn ihre Instinkte sie sich als Teil eines Autos vorstellen – und das ist es schließlich auch, was mit Schrauben und Muttern geschieht: Sie werden aufgerieben und verschlissen.

Die Sprache der Menschenführung bringt uns weg von solchen Bildern und hin zu Metaphern, die natürlicher und zeitloser sind. Der Test: Hätte diese Metapher auch vor 30.000 Jahren funktioniert? Wenn die Antwort Ja lautet, wird sie wahrscheinlich auch heute noch für den instinktiven Bereich unseres Gehirns funktionieren. Unser Augenmerk liegt als auf Metaphern mit Menschen, Versorgung, Klima, Nahrung und Natur.

Metaphern mit Menschen sorgen für Intimität und Zuneigung. Und wenn wir innerhalb eines metaphorischen, personifizierten Rahmens eine aktive Sprache verwenden (z. B. „die Hände ausstrecken", „sich zusammenreißen", „den ersten Schritt machen"), zeigen funktionelle

Magnetresonanztomografen (fMRT) eine Aktivität in jenen Bereichen des Gehirns, die auch aktiviert werden würden, wenn die Menschen diese Tätigkeiten selbst ausführen würden: Die Führungskraft, die das Unternehmen verkörpert, kann also eine Art Osmose zwischen sich selbst und ihren Angestellten erreichen ... Das ist die Sprache der Menschenführung. So können Führer wirklich in die Köpfe der Menschen gelangen – im wahrsten Sinne des Wortes.

Faszinierend, nicht wahr? Mehr darüber später – versprochen. Wir müssen weitermachen. Begeben wir uns noch eine weitere Ebene hinauf und schauen wir uns an, wie wir die Emotionen in Schwung bringen.

Das emotionale Gehirn für sich gewinnen

Das emotionale Gehirn ist wie eine große Apotheke, in der lauter Fässer mit Cortisol, Serotonin, Oxytocin und Dopamin lagern. Wir versuchen verzweifelt, dort einzudringen, da wir die starken Gefühle lieben, die diese Drogen auslösen (Abb. 1.2). Einen großen Teil ihres Lebens verbringen die Menschen damit, dem emotionalen Rausch hinterherzujagen, den diese Drogen bieten – durch das Ansehen von Filmen, ihre Aktivitäten auf Facebook, der Fahrt mit einer Achterbahn und vieles andere mehr. Wir lieben die Hochs und Tiefs, wir lieben die Gefühle. Große Führer wissen, wie sie diese Drogen freisetzen. Ich habe Boris Johnson bereits in der Einleitung erwähnt, doch andere Führungspersönlichkeiten nutzen zahlreiche verschiedene Techniken, die wir in Teil II dieses Buches näher betrachten wollen.

Abb. 1.2 Die Apotheke

Wiederholungen sind eine Möglichkeit, die emotionalen Säfte anzuregen. Die Wiederholung ist ein altes, römisches rhetorisches Stilmittel: Früher wurde es als Anaphora bezeichnet. Die Anaphora diente als zentrales Element einiger der berühmtesten Reden der Geschichte – zum Beispiel in Churchills Rede „We Shall Fight on the Beaches" („Wir werden an den Stränden kämpfen") oder in Martin Luther Kings „I Have a Dream" („Ich habe einen Traum"). Die Wiederholung hat eine außergewöhnliche Wirkung. Das Muster, die Sogwirkung und die Berechenbarkeit können Menschen high machen.

Eine andere Möglichkeit, wie Führer die Drogen freisetzen können, ist Lob. Bei Lob wird Serotonin ausgeschüttet und sorgt dafür, dass die Menschen sich entspannt und zuversichtlich fühlen. Vermutlich überrascht es Sie nicht, dass entspannte, zuversichtliche Personen eine bessere Leistung erbringen als Menschen, die gestresst und gereizt sind – das ist grundsätzlich eine gute Nachricht. Warum auch immer so viele Führungspersönlichkeiten gerne herumkommandieren … Lob fördert die Leistungsfähigkeit. Und Lob tut nicht nur dem Empfänger gut, sondern löst auch bei demjenigen, der es ausspricht, gute Gefühle aus. Studien haben gezeigt, dass beim Loben das Serotoninniveau im Gehirn sowohl beim Gelobten als auch beim Lobenden steigt. Das verbindet sie und schafft eine sichere, förderliche und angenehme Umgebung, sodass jeder sich wirklich gut fühlt.

Eine weitere Option, um die Emotionen der Menschen in Schwung zu bringen, ist eine gute, altmodische Geschichte. Eine gute Geschichte, schön erzählt, kann zur Freisetzung von drei verschiedenen Hormonen im Gehirn führen. Wenn wir über die Gefühle und den Charakter der Hauptfigur sprechen, wird das Beziehungshormon Oxytocin ausgeschüttet (da wir die Welt durch die Augen der Hauptfigur sehen). Während das entscheidende Dilemma der Geschichte dargelegt wird (jede Geschichte braucht ein Dilemma in der Mitte: einen Konflikt, der auf seine Auflösung wartet), kommt es zur Freisetzung des Stresshormons Cortisol. Und bei der Aufklärung der Geschichte wird die Belohnungsdroge Dopamin produziert. (Sie vermittelt uns dieses schöne Gefühl der Befriedigung, wenn alle Puzzleteile schließlich zusammenpassen.)

Es gab eine Studie, bei der einer Gruppe von Menschen ein kurzer Trickfilm vorgeführt wurde, in dem es um einen kleinen Jungen und seinen Vater ging. Bei dem Jungen wurde gerade Krebs diagnostiziert mit der Prognose, dass er nur noch wenige Monate zu leben habe. Nach dem Film wurden die Zuschauer aufgefordert, Geld zu spenden. Wie großzügig sie waren, hing direkt mit der Menge an Cortisol und Oxytocin zusammen, die in ihrem Gehirn produziert worden war. Personen, bei denen es zu keiner Ausschüttung von Cortisol und Oxytocin gekommen war, gaben kein Geld. Menschen mit einem niedrigen Cortisol- und Oxytocin-Niveau spendeten etwas. Und Zuschauer mit einem hohen Cortisol- und Oxytocin-Wert gaben am meisten Geld. Wenn Führer es also darauf anlegen, das Verhalten zu ändern, müssen sie für eine Freisetzung dieser Drogen sorgen.[16]

Große Führungspersönlichkeiten sind häufig auch große Geschichtenerzähler. Geschichten können aus dem Banalen etwas Erhabenes machen. Die Erzählung kann auf die Geschichte zurückgehen – eine kurze Erwähnung von Gandhi oder Mandela kann die unterschiedlichsten Emotionen auslösen – oder persönlich sein; das spielt keine Rolle. In der Sprache der Menschenführung kommt es ausschließlich darauf an, welche Gefühle wir bei den Zuhörern auslösen.

Doch genug von den Emotionen. Weiter geht's. Sollen wir mal einen Blick auf die logischen Gehirnfunktionen werfen?

Die logischen Gehirnfunktionen für sich gewinnen

Der dritte Teil dieses Buches handelt davon, wie wir die logischen Gehirnfunktionen von uns überzeugen können. Wie bereits erwähnt, geht es dabei nicht um reine Logik oder um die Garantie, dass Ihre Strategie vollkommen richtig ist: Ich vermute, dass Sie für all das gesorgt haben. Mein Anliegen ist die Sprache: Sorgen Sie dafür, dass Sie richtig klingen.

Neurowissenschaftler haben gezeigt, dass die Worte, wenn wir Menschen sprechen hören, zwei verschiedene Bereiche unseres Gehirns erreichen: Ein Bereich analysiert die Bedeutung dessen, was gesagt wird, der andere Bereich analysiert die „Musik".[17] Für Führer reicht es folglich nicht, dass die Substanz Ihrer Argumentation stimmt – sie müssen sich auch um den Stil kümmern. Es geht nicht nur um Meinung, sondern auch um Musik. Es geht nicht nur um Räsonnement, sondern auch um Rhythmus.

Da haben Sie's! Das klang gut, nicht wahr? Das liegt daran, dass in diesen kurzen Sätzen drei Techniken der Sprache der Menschenführung verwendet worden sind: Alliteration, Balance und die Dreierfigur, die alle eine entscheidende Rolle in der großen, modernen Kommunikation spielen und allesamt auf die antike Rhetorik zurückgehen.

Ich werde es nie vergessen: Kurz nachdem ich meine Frau Lucy kennengelernt hatte, waren wir zum Abendessen bei ihrem Onkel eingeladen. Lucys Onkel ist Altphilologe. Als er hörte, dass ich Redenschreiber bin, war er sehr interessiert und sagte: „Oh, arbeitest du denn mit dem Trikolon?" Ich hatte keine Ahnung, wovon er sprach. Zuerst dachte ich, er erkundige sich nach meiner Verdauung. Er erklärte: Der Trikolon ist ein altes, römisches Stilmittel der Rhetorik. Es wird auch als Dreierfigur bezeichnet. Wenn wir Argumente in Dreiergruppen präsentieren, erzeugt dass die Illusion von Vollständigkeit, Sicherheit und Überzeugung.

Das klang albern, doch dann führte er eine ganze Reihe von Beispielen an: aus der Geschichte („Veni, vidi, vici!" – „Ich kam, ich sah, ich siegte."), dem Film („Sex, Lügen und Video"), der Werbung („Quadratisch. Praktisch. Gut.", „Spiel, Spaß, Spannung") und dem Alltag („verliebt, verlobt, verheiratet", „wehe, wehe, wehe"). Ich war baff. Verblüfft. So einfach, aber so kraftvoll. Und es mussten Dreiergruppen sein. Ein Element weniger, und der Aussage fehlt es an Wirkung und Kraft. Eins mehr, und es klingt übertrieben, unausgewogen, unnatürlich und sogar ein wenig beknackt.

Das war eine Offenbarung. Ich spürte, dass ich eines der größten Geheimnisse der Sprache durchschaut hatte. Und das ist nicht nur eine Theorie oder ein altes, rhetorisches Relikt: Wir wissen, dass es funktioniert. Studien an der Georgetown University und an der University of California haben 2014 diese Dreierregel auf den Prüfstand gestellt. Sie verglichen die Wirksamkeit von dreiteiligen und vierteiligen Aufzählungen im Hinblick auf ihre Überzeugungskraft,[18] und testeten dies in ganz unterschiedlichen Zusammenhängen. Jedes Mal schnitt die dreiteilige Aufzählung besser ab als die vierteilige. Ein Produkt sollte also „schneller, besser, preiswerter" sein – nicht „schneller, besser, preiswerter und schöner". Eine Initiative sollte „sozial, wirtschaftlich und nachhaltig" sein – nicht „sozial, wirtschaftlich, nachhaltig und zukunftsfähig". Wenn Sie an den Ergebnissen dieser Studien interessiert sind, sollten Sie im Internet danach suchen – sie ist sehr lesenswert. Die Studie heißt „Three Charms, Four Alarms".

„Was?!", höre ich Sie rufen, „Da erzählen sie allen, sie sollten die Dreierregel anwenden, doch in ihrem eigenen

Titel nutzen sie diese selber nicht?" Nun ja, stimmt. Doch das ist völlig in Ordnung, denn es gibt andere Untersuchungen, die gezeigt haben, dass Menschen eher etwas glauben, das sich reimt, als etwas, das sich nicht reimt. Verrückt, nicht wahr? Also: „Ein schöner Reim bleibt nicht geheim." oder „Beim guten Reim fühl dich daheim."

Schon immer hatten Reime Überzeugungskraft. In vielen alten Aphorismen kommen Reime vor. Aus diesem Grund sprach Shakespeare von „rhyme and reason" (Reim und Verstand): Diese beiden werden leicht miteinander verwechselt. Reime gelten als Verkünder der Wahrheit, doch natürlich gibt es keinen Grund, warum eine Aussage mit größerer Wahrscheinlichkeit wahr sein sollte, einfach nur weil sie sich reimt. Tatsächlich ist oftmals das Gegenteil der Fall: Reime können sehr wirkungsvoll Irrtümer verschleiern. „An apple a day keeps the doctor away." (Ein Apfel am Tag – Arzt gespart!): Wenn das wahr wäre, würden die Krankenversicherungen ein Vermögen sparen. Vielleicht erinnern Sie sich an den entscheidenden Satz aus dem Mordprozess gegen den US-amerikanischen Football-Spieler und Schauspieler O. J. Simpson: „If the glove don't fit, you must acquit." („Der Handschuh passt nicht? Ein Freispruch ist Pflicht."). Und dann gibt es da noch den berühmten Merksatz „i before e except after c" (eine Rechtschreibhilfe ähnlich dem deutschen Reim „Trenne nie das S vom T, denn es tut den beiden weh!") – eine Regel, die den Kindern schon in der Grundschule eingebläut wird, auch wenn sie vollkommener Quatsch ist.

Ich habe Reden für Alan Johnson geschrieben, als dieser britischer Bildungsminister war. Als ich mich im Ministerium befand, wurde eine offizielle Richtlinie an jede der 24.000 Schulen in England und Wales geschickt mit der dringenden Bitte, diese „i before e"-Regel nicht mehr zu unterrichten, da sie einfach nicht richtig ist. Es gibt ungefähr 50 Beispiele von Wörtern, bei denen diese Regel stimmt, aber etwa 900 Beispiele von Wörtern, wo das nicht der Fall ist. Und dennoch hält sich dieser Reim, obwohl es gängige Worte wie „an*cie*nt", „defi*cie*nt" und „*scie*nce" gibt, die der Regel widersprechen. (Haben Sie gemerkt, was ich hier gemacht habe?)

Viele Menschen sagen: „Ach ja – Reime mögen bei manchen Leuten funktionieren, doch bei mir *niemals.* Und in meinem Beruf würden sie auch nicht taugen." Das sagt jeder. Die Studie hat sich auch mit diesem Aspekt beschäftigt: Selbst Personen, die durch einen Reim überzeugt worden sind, bestreiten vehement, das dieser sie beeinflusst habe. Niemand ist zu intelligent, um auf eine solche Täuschung reinzufallen. Vergessen Sie nicht: Das Beispiel, das ich eingangs zitiert habe – „Three Charms, Four Alarms" – geht auf zwei der weltweit bedeutendsten Universitäten zurück. Es geht nicht um Täuschung, sondern darum, sicherzustellen, dass der Stil den Inhalt unterstützt. Ich habe das einmal in einem meiner Seminare über meine Sprache der Menschenführung erklärt, und ein Teilnehmer von einer Handelsbank meinte dann: „O ja! Wie der Satz: Sie müssen spekulieren, um zu akkumulieren." „Ganz genau!", antwortete ich. Vielleicht basierte die gesamte Finanzkrise ausschließlich auf der Täuschung durch einen Reim. Vielleicht hätte sie verhindert werden können, wenn die Menschen stattdessen gesagt hätten: „Spekulation führt zur Liquidation."

Die Sprache der Menschenführung beschäftigt sich nicht nur mit dem Klang der Sätze, sondern auch mit ihrem Aufbau. Wenn Sie ein Fan der US-amerikanischen Fernsehserie „The West Wing – Im Zentrum der Macht" sind, erinnern Sie sich vielleicht an eine Episode mit dem Titel „Post Hoc Ergo Propter Hoc". Dieser eher ausgefallene lateinische Reim bedeutet: „danach, also deswegen". Der Trugschluss liegt hier darin, dass die Menschen vermuten, es existiere eine kausale Verbindung zwischen zwei Sätzen, die nebeneinander stehen.

Vor kurzem war ich im „Blue Boar", einem beliebten Restaurant in Westminster, und der Generalsekretär der Konservativen, Grant Shapps, saß am Nachbartisch und unterhielt sich mit einigen Journalisten. Ich konnte nicht anders, als zu lauschen, und einmal sagte er: „Wir haben unsere Ausgaben für die Polizei und die kommunalen Behörden gekürzt, und bei beiden ist die Zufriedenheit gestiegen." Das war ein cleverer Satz. Er suggerierte eine ursächliche Verbindung zwischen den Kürzungen und der Zufriedenheit, ohne diese explizit zu erwähnen. Das Zusammenfügen der beiden Aussagen bringt den Zuhörer einfach dazu, dies anzunehmen. *Post hoc ergo propter hoc* ist eine großartige Möglichkeit, etwas anzudeuten, ohne es tatsächlich zu behaupten. Das ist in allen möglichen Zusammenhängen möglich: „Wir haben die Personalabteilung geschlossen, der Gewinn ist um 80 % gestiegen."

Die Menschen fallen ständig auf *post hoc ergo propter hoc* rein. Als ich noch jünger war, ging ich gelegentlich ins Fitnessstudio. Ich erinnere mich, dass mir einmal ein relativ erfolgreicher Amateurboxer sagte, er habe gehört, dass

Mike Tyson am Tag vor einem Kampf seine Hände immer in Pferdeurin einweichte. Er selbst wende nun ebenfalls diese Technik an. *Post hoc ergo propter hoc.* Ich denke, dass andere Faktoren ausschlaggebender waren für Mike Tysons Erfolg, doch das sagte ich der alten Pissfaust nicht – der Typ war größer als ich.

Die Sprache der Menschenführung

Es gibt also drei Bereiche im Gehirn, die der Anführer für sich gewinnen muss. Und bei der Frage, *wie* wir das bewerkstelligen, stellt die Sprache der Menschenführung die moderne Kommunikation auf den Kopf. In den meisten Fällen beginnt und endet moderne Kommunikation mit Logik – weshalb sie scheitert. Die Sprache der Menschenführung beginnt mit dem Instinkt, denn so funktioniert das Gehirn.

> In den meisten Fällen beginnt und endet moderne Kommunikation mit Logik – weshalb sie scheitert.

Es ist so, dass wir von Grund auf instinktive Wesen sind. Stellen Sie sich einen typischen Tag vor – wie wir einkaufen, wie wir fahren, wie wir gehen. Meistens denken wir nicht über das nach, was wir tun. Wir handeln auf der Grundlage von Gewohnheiten, Ritualen und Impulsen. Unsere Instinkte sind wie der Rattenfänger, dem unser Körper automatisch folgt. Wir werden von unseren Instinkten geleitet. Das ist die Wahrheit, und zwar nicht nur bei Alltagskram, sondern auch bei einigen der wichtigsten Entscheidungen in unserem Leben – zum Beispiel wen wir heiraten, wer unsere besten Freunde sind, wo wir leben und wo wir arbeiten. „Es sprang der Funke über." „Als wir eintraten, wussten wir einfach, dass dies das richtige Haus für uns war." „Es fühlte sich richtig an …" Diese Ausdrücke weisen alle auf die Vorrangstellung des instinktiven Bereichs unseres Gehirns hin. Wir beginnen nicht bei der Logik. Weit gefehlt. Wir starten mit dem Instinkt. In Wahrheit nutzen wir meistens unsere logischen Gehirnfunktionen lediglich, um ein relativ vernünftiges, logisch klingendes Argument zu konstruieren und damit eine instinktive Entscheidung zu rechtfertigen, die wir zuvor getroffen haben. Also mögen wir vielleicht instinktiv das Aussehen eines Hauses: Dann setzen wir unser logisches Gehirn in Gang, das beweisen soll, dass dies das richtige Haus zum Kaufen ist. Wir wählen ein paar Informationen über Schulen, Ausstattung und die Kriminalitätsrate aus, um unser instinktives Gehirn zu unterstützen, wobei wir der Einfachheit halber alles ignorieren, was beweisen könnte, dass wir falsch liegen.

Aus diesem Grund setzt die Sprache der Menschenführung beim Instinkt an … weil das Gehirn mit dem Instinkt beginnt. Neurowissenschaftler haben ein Modell, genannt APET (Abb. 1.3).[19] Wie bei vielen neurowissenschaftlichen Themen in diesem Buch vereinfache ich auch in diesem Fall (es würde Sie nur furchtbar langweilen, wenn ich alles detailliert erklären würde), doch die Abbildung zeigt, dass externe Reize in folgender Reihenfolge durch das Gehirn wandern: Zuerst gelangen sie ins instinktive Gehirn, danach ins emotionale Gehirn und am Schluss ins logische Gehirn.

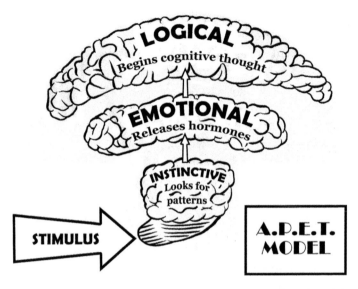

Abb. 1.3 Das APET-Modell. (Logik: Beginnt mit dem kognitiven Denken, Emotion: Setzt Hormone frei, Instinkt: Sucht nach Mustern.)

> Aus diesem Grund setzt die Sprache der Menschenführung beim Instinkt an, weil das Gehirn mit dem Instinkt beginnt.

Wie funktioniert das nun in der Praxis? Nehmen wir einmal an, Sie gehen eine Straße entlang, jemand kommt auf Sie zu und streckt die Hand aus, als wolle er Ihnen die Hand schütteln. Zuerst verarbeitet der instinktive Bereich Ihres Gehirns dieses Bild, vergleicht es mit Erfahrungen aus der Vergangenheit und beurteilt rasch, ob Sie sicher sind oder nicht. Ihr emotionales Gehirn liefert dann eine emotionale, chemische Antwort – Cortisol im Falle einer

Gefahr oder Oxytocin im Falle einer Bekanntschaft. Schließlich wird Ihr logisches Gehirn aktiv und durchdenkt rational, ob Sie stehen bleiben und sich unterhalten möchten oder nicht.

Die Vorgänge im Gehirn sind bei jedem gleich. Doch verschiedene Gehirne liefern unterschiedliche Antworten. Manche Menschen freuen sich, eine freundliche Person auf der Straße zu treffen, während andere möglicherweise fürchten, ausgeraubt zu werden. Das hängt von den Erfahrungen ab, die man im Laufe seines Lebens gemacht hat. Es ist vergleichbar mit Fehlzündungen bei einem Auto. Für die meisten Menschen ist das keine große Sache. Doch wenn jemand in der Nähe ist, der gerade von einem Einsatz in Afghanistan zurückgekehrt ist, könnte es sein, dass er vollkommen anders auf die Situation reagiert.

Dasselbe gilt für eine zufällige Begegnung auf der Straße, und dieser Prozess im Gehirn findet ebenfalls statt, wenn Führungskräfte vorgestellt werden. Und tatsächlich scheitern die meisten Führer schon gleich zu Anfang. Sie bestehen den „Augentest" nicht. Vielleicht sehen sie irgendwie nervös aus, ein wenig unglücklich oder so, als sei ihnen alles egal. Für jemanden, der ein Führer sein möchte, stellt das eine Bedrohung dar. Viele Führer wecken die vollkommen falschen Gefühle. Fragen Sie Ihre Freunde und Verwandten, was Sie von den Führungspersönlichkeiten in ihrem Leben halten. Selten dauert es länger als 30 s, bis Sie Äußerungen des Frusts, der Enttäuschung und der Wut zu hören bekommen.

Die Sprache der Menschenführung kehrt diese Situation um. Sie basiert auf großen Führern, die nach und nach über das instinktive, emotionale und logische Gehirn siegen – in dieser Reihenfolge. Abb. 1.4 zeigt die verschiedenen Techniken, die Sie einsetzen können, um die verschiedenen Bereiche des Gehirns für sich zu gewinnen. Ich nehme an, dass Sie einige der in Abb. 1.4 erwähnten Techniken verstehen werden, andere aber nicht. Um Ihnen schnell zeigen zu können, wie kraftvoll das Modell der Sprache der Menschenführung ist, möchte ich Ihnen zeigen, wie es in der Praxis wirkt. Zu diesem Zweck erstelle ich Kommunikationsansätze auf der Grundlage der in dieser Übersicht erwähnten Techniken. Das soll nicht bedeuten, dass Kommunikation derart schablonenhaft sein sollte, sondern lediglich die Effektivität des Ansatzes

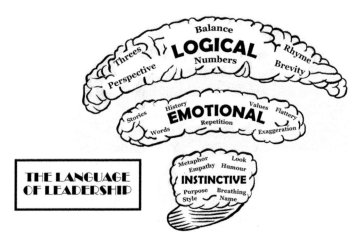

Abb. 1.4 Die Sprache der Menschenführung. (Logik: Dreierfiguren, Perspektive, Balance, Zahlen, Reim, Kürze; Emotion: Erzählungen, Worte, Geschichte, Wiederholung, Werte, Schmeichelei, Übertreibung; Instinkt: Metapher, Empathie, Entschlossenheit, Stil, Aussehen, Humor, Atem, Name)

veranschaulichen, beim instinktiven Bereich des Gehirns zu beginnen und sich dann weiter nach oben zu arbeiten.

Szenario 1: Vom Umgang mit schwierigen Fragen

Wie wäre es damit? Empathie – Werte – Balance (Abb. 1.5).
Probieren wir es in folgendem Szenario aus: Ein Politiker nimmt an einer Diskussionssendung im Fernsehen teil und antwortet einer wütenden Frau, deren Ehemann vom staatlichen Gesundheitsdienst (NHS) schlecht behandelt worden ist:

Empathie – Ich verstehe, dass Sie wütend sind.

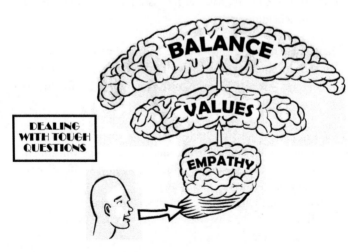

Abb. 1.5 Vom Umgang mit schwierigen Fragen. (Balance, Werte, Empathie)

Werte – Doch wir wollen alle das Beste für den Staatlichen Gesundheitsdienst.

Balance – Deshalb haben wir versprochen, nicht nur die Regierungsausgaben für den NHS anzupassen, sondern sie jedes Jahr um 5 % zu erhöhen.

Hm. Nicht schlecht. Überprüfen wir den Ansatz in einem anderen Szenario: Ein Firmenchef reagiert auf die zunehmende Verärgerung des Personals nachdem er einen Lohnstopp verkündet hat:

Empathie – Ich weiß, dass Sie mehr haben wollten. Wenn ich es alleine entscheiden müsste, hätte ich Ihnen mehr gezahlt. Ich weiß, dass Sie es verdient haben.

Werte – Doch die Zeiten sind hart. Wir können nicht mehr zahlen, als wir verdienen. Das wäre verheerend.

Balance – Ich weiß, dass das hart ist, doch es ist die richtige Entscheidung.

Okay. Legen wir die Messlatte höher. Lassen Sie uns diesen Ansatz bei einem schwulenfeindlichen Priester ausprobieren, der auf einer Konferenz über die Rechte von Homosexuellen spricht:

Empathie – Ich verstehe, dass Sie meine Ansichten unerträglich finden. Ich verstehe, dass einige von Ihnen denken, dass ich nicht einmal zur heutigen Konferenz hätte eingeladen werden sollen.

Werte – Doch indem ich vor Ihnen spreche, erweise ich Ihnen Respekt. Können Sie mir nicht dasselbe entgegenbringen?

Balance – Welchen Wert hat das Recht, unsere Sexualität auszuleben, wenn wir nicht auch das Recht haben, zu sprechen ...

Nun, die Zuhörer werden ihm möglicherweise nicht gerade zugejubelt haben, aber zumindest käme er so mit dem Leben davon.

Dies ist nur ein möglicher Kommunikationsansatz. Wir könnten die unterschiedlichsten anderen Ansätze ausprobieren.

Wie steht es beispielsweise mit der Kombination Humor – Erzählung – Kürze, um eine Konferenzrede zu eröffnen (Abb. 1.6)?

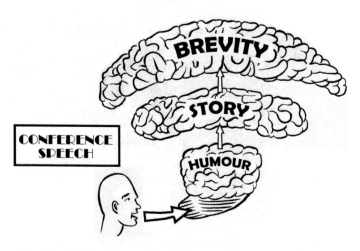

Abb. 1.6 Die Konferenzrede. (Kürze, Erzählung, Humor)

Wären Entschlossenheit – Werte – Dreierfigur eine gute Möglichkeit, um ein inspirierendes Gespräch zu eröffnen (Abb. 1.7)?

Wie siehts mit Atemlosigkeit – Übertreibung – Zahl aus, wenn Sie eine wichtige Produkteinführung beginnen (Abb. 1.8)?

Die Möglichkeiten sind unbegrenzt. Das Wichtigste ist, dass Sie den instinktiven und den emotionalen Bereich des Gehirns für sich gewinnen, bevor Sie auch nur versuchen, mit Logik daherzukommen. Das sind die Elemente, von denen so viele Führer nichts wissen – und das bricht ihnen das Genick. Das gesamte Gehirn überzeugen, nicht nur einen Teil des Gehirns – das ist es, was Führern, welche

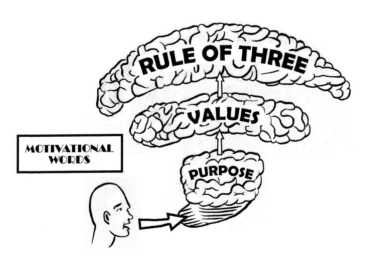

Abb. 1.7 Motivierende Worte. (Dreierfiguren, Werte, Entschlossenheit)

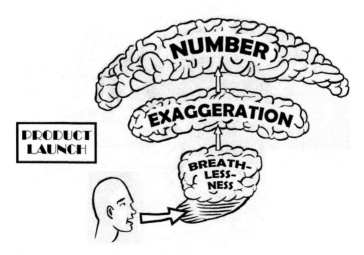

Abb. 1.8 Die Produkteinführung. (Zahl, Übertreibung, Atemlosigkeit)

die Sprache der Menschenführung beherrschen, den entscheidenden Vorteil verschafft.

Szenario 2: Überzeugende Reden halten

Gut, steigern wir nun den Anspruch. Versuchen wir, zwei Kommunikationsansätze hintereinander zu realisieren, also insgesamt sechs Methoden anzuwenden. Mal sehen, ob es uns gelingt, auf diese Weise eine schnelle, ausdrucksstarke und in sich geschlossene Rede zu formulieren (Abb. 1.9).

Die erste Methode ist Atemlosigkeit. Kurze, knackige Sätze. Wie Cameron. Das spricht die Instinkte an. Und vermittelt Gefahr.

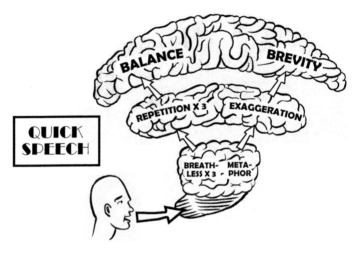

Abb. 1.9 Die schnelle Rede. (Balance, Kürze; Wiederholung × 3, Übertreibung; Atemlosigkeit × 3, Metapher)

Die zweite Methode ist Wiederholung. Wiederholungen zeigen Emotionen. Wiederholungen zeigen Leidenschaft. Wiederholungen zeigen Überzeugung.

Die dritte Methode ist Balance. Das legt nahe, dass unsere Ideen nicht bescheuert sind, sondern ausgewogen; keine Verrücktheit, sondern maßvoll; kein Irrsinn, sondern logisch.

Die vierte Methode ist die Metapher. Wenn wir den Samen einer Idee pflanzen, müssen wir darauf achten, dass er nicht unkontrolliert wächst, da wir noch Raum brauchen für die nächste Methode.

Die fünfte Methode ist die Übertreibung. Das Allerbeste überhaupt. Es haut die Leute schlichtweg um. Jedes Mal.

Und dann mit Kürze enden. Einfach so.

Probieren wir nun diese beiden Ansätze nacheinander aus. Wir plädieren für etwas, bei dem wohl niemand anderer Meinung sein wird (sofern er keine Allergie hat): den Genuss von Nüssen.

> *Cashewkerne. Pistazien. Haselnüsse.*
> *Nüsse schmecken klasse auf einem gehaltvollen Schokodessert.*
> *Nüsse schmecken zu Weihnachten vor dem Kamin klasse.*
> *Nüsse schmecken klasse, wenn man sie während eines guten Films nascht.*
> *Es ist nicht nur der Geschmack, den ich mag, sondern das Gesamterlebnis …*
> *Wie ein Orgasmus!*
> *Da laufen mir Schauer vom Kopf bis zu den Zehen herunter.*
> *Gehen Sie mir also nicht auf die Nüsse, essen Sie Nüsse.*

Das ist recht wirkungsvoll: Da jeder Bereich des Gehirns nacheinander angesprochen wird, gibt es einen natürlichen Handlungsbogen. Das funktioniert. Doch ebenso gut kann diese Struktur angewendet werden, um die gegenteilige Ansicht zu vertreten:

> Das Plädoyer gegen Nüsse:
> *Reich an Öl. Reich an Fett. Stark gesalzen.*
> *Nüsse sind sehr schlecht für unsere Gesundheit.*
> *Nüsse sind sehr schlecht für den staatlichen Gesundheitsdienst.*
> *Nüsse sind sehr schlecht für die Gesellschaft.*
> *Sie sehen so klein aus, aber ihre Wirkung ist enorm.*
> *Leise Killer, die im Schatten der Gesellschaft lauern.*
> *Zuerst denken wir, dass wir nur eine einzige essen, doch dann wollen wir noch eine weitere … Bevor wir wissen, wie uns geschieht, stopfen wir uns damit voll und können nicht aufhören.*
> *Sagen Sie einfach Nein.*

Diese Formel funktioniert eindeutig bei banalen Themen wie Nüsse. Probieren wir Sie nun an einem größeren
Thema aus, an etwas, das die Menschen wirklich bewegt,
wie zum Beispiel der Klimawandel. Das ist tatsächlich ein
Problem, das ein Handeln erfordert.

Beginnen wir mit einem Handlungsaufruf an die Welt:

Die Welt hat nicht genug gegen den Klimawandel getan:
Überflutungen in London. Dürren in Afrika. Außergewöhn-
liche Schneestürme in New York.
Doch noch immer gibt es Menschen, die behaupten, dass es so
etwas wie den Klimawandel nicht gibt.
Noch immer gibt es Menschen, welche die Wissenschaftler in
Misskredit bringen, die so hart dagegen kämpfen.
Noch immer gibt es Menschen, die dafür sind, zur Tages-
ordnung überzugehen.
Der Klimawandel ist keine ferne Bedrohung, er ist da.
Wir können nicht länger unseren Kopf in den Sand stecken.
Das ist die größte Bedrohung der Menschheit. Wenn wir sie
nicht bekämpfen, wird niemand es tun. Es gab nie einen
besseren Zeitpunkt, um zu handeln.
Los geht's!

Okay. Nun drehen wir den Spieß um und versuchen uns
an der gegenteiligen Meinung:

Die Welt hat die Initiative ergriffen, um den Klimawandel
zu bekämpfen:
Neue Umweltsteuern. Innovative Kohlenstoffmärkte. Massive
Investitionen in erneuerbare Energien.
Der ganze Planet stimmt darin überein, dass es einen Klima-
wandel gibt.
Der ganze Planet akzeptiert, dass der Klimawandel vom
Menschen ausgelöst worden ist.

Und der ganze Planet zieht nun an einem Strang, um dieses Problem zu lösen.

Statt zu kritisieren und darüber zu schimpfen, was nicht getan worden ist, sollten wir an einem Strang ziehen und den Fortschritt anerkennen, der erzielt worden ist.

Wir wissen, dass noch viel zu tun bleibt.

Doch wenn wir es übertreiben und zu schnell sind, besteht die Gefahr, dass der globale Konsens zerbricht.

Dann ist das Spiel aus.

Das sind nur illustrierende Beispiele. Die Möglichkeiten sind unbegrenzt. Entscheidend ist, zu Beginn das instinktive Gehirn für sich zu gewinnen. Sehen wir uns also nun zum Einstieg diesen faszinierenden Teil unseres menschlichen Verstands genauer an.

Literaturverzeichnis und Endnoten

1. Das Weltwirtschaftsforum befragt die rund 1500 Mitglieder seines Rats für die globale Agenda im Vorfeld der jährlichen Treffen im Schweizer Davos, um die größten Probleme der Welt zu ermitteln. Bei der Umfrage des Jahres 2015 zählte zu den drei vorrangigen Problemen der Welt ein „Mangel an Führerschaft" – nach einer Verschärfung der Einkommensungleichheit und einem Zuwachs bei den Langzeitarbeitslosen; 86 Prozent der Befragten stimmten darin überein, dass es in unserer heutigen Welt eine Führungskrise gibt. Vertrauen ist ein kritisches Problem. Auf einer Skala von 0 bis 10 (wobei 0 für „überhaupt kein Vertrauen" und 10 für „volles Vertrauen" steht) waren Führer von Nichtregierungs- und Wohltätigkeitsorganisationen die einzigen, die auf einen höheren Wert als 5 kamen. In jedem anderen Bereich lag die Bewertung bei unter 5. Der Bereich mit den niedrigsten Werten, der noch hinter den Führern aus Wirtschaft, Politik

und Medien landete, waren religiöse Führer. Siehe hierzu
http://reports.weforum.org/outlook-global-agenda-2015/
top-10-trends-of-2015/3-lack-of-leadership/. Aufgerufen am
5.2.2015.

2. Es gibt zahlreiche Untersuchungen über das Vertrauen
auf nationalem und globalem Niveau. Die wichtigste in
Großbritannien ist der „Ipsos MORI Veracity Index", der
das Vertrauen in viele wichtige Berufe bis zurück ins Jahr
1983 erfasst. Die Frage ist, ob Sie darauf vertrauen, dass
ein bestimmter Berufs stand im Allgemeinen die Wahrheit
sagt oder nicht. Im Jahr 2014 vertrauten lediglich 16 Prozent der Menschen darauf, dass Politiker die Wahrheit sagten, während 32 Prozent der Menschen darauf vertrauten,
dass Wirtschaftsführer die Wahrheit sagten. Siehe hierzu
https://www.ipsos-mori.com/researchpublications/research-
archive/15/Trust-in-Professions.aspx.   Aufgerufen   am
5.2.2015. Edelman PR führt globale Untersuchungen zum
Vertrauen rund um die Welt durch. Im Jahr 2015 zeigte das
„Edelman Trust Barometer" einen weltweiten Rückgang
des Vertrauens im Laufe des vergangenen Jahres, und die
Anzahl der Länder, in denen man Institutionen vertraute,
war in informierten Kreisen auf ein Allzeittief gesunken.
Siehe hierzu http://www.edelman.com/insights/intellectu-
al-property/2015-edelman-trust-barometer/trust-around-
world. Aufgerufen am 5.2.2015.

3. Gallups „State of the Global Workplace Report". Er
beschreibt engagierte Arbeitnehmer als Menschen, die mit
Leidenschaft arbeiten und eine tiefe Verbindung zu ihrem
Unternehmen haben. Sie sorgen für Innovationen und
bringen das Unternehmen voran. Nicht-engagierte Arbeitnehmer sind im Grunde „abgemeldet". Sie schlafwandeln
durch den Tag, investieren Zeit, aber keine Leidenschaft
auf ihre Arbeit. Aktiv „abgekoppelte" Arbeitnehmer sind

bei der Arbeit nicht zufrieden und damit beschäftigt, ihre Unzufriedenheit auszuleben. Tag für Tag unterwandern diese Angestellten, was ihre engagierten Kollegen erreichen. Siehe hierzu http://www.gallup.com/business-journal/166667/five-ways-improve-employee-engagement. aspx. Aufgerufen am 5.2.2015.

4. Die britische Medienaufsichtsbehörde OFCOM veröffentlicht jährlich einen Bericht über die Nutzung der Medien und Einstellungen. Seit mehreren Jahren hat sich darin eine außergewöhnliche Zunahme bei der Nutzung von Medien auf unterschiedlichen Geräten gezeigt. Siehe hierzu http://stakeholders.ofcom.org.uk/market-data-research/other/researchpublications/adults/adults-media-lit-14/. Aufgerufen am 5.2.2015.

5. Die Angabe, um wie viel stärker das emotionale Gehirn im Vergleich zum logischen Gehirn ist, variiert und liegt zwischen ungefähr dem Fünffachen (Jonas Ridderstrale und Kjelle Nordstrom) und dem Zwanzigfachen (Lance Rennka). Es reicht wohl, wenn man sagt, dass es wesentlich stärker ist, in Anbetracht der Tatsache, dass es in der Lage ist, diese einflussreichen Chemikalien zu produzieren. Simon Baron-Cohen (2004): *Mind Reading: The Interactive Guide to Emotions,* London: Jessica Kingsley Publishers.

6. Malcolm Gladwell (2006), *Blink: The Power of Thinking Without Thinking,* London: Penguin.

7. Diese Studie fand heraus, dass eine Zehntelsekunde ausreicht, um einen Eindruck vom Gesicht eines Menschen zu bekommen. Ein längerer Blick auf das Gesicht einer Person veränderte die Reaktion nicht wesentlich. Siehe hierzu Janine Wills und Alexander Todorov (2005): *First Impressions: Making Up Your Mind After a 100-Ms Exposure to a Face,* Pyschological Science, Princeton University, NJ, verfügbar unter http://psych.princeton.edu/psychology/

research/todorov/pdf/Willis%26Todorov-PsychScience.pdf. Aufgerufen am 5.2.2015.

8. Die Gesichter von 40 weiblichen und 40 männlichen Studenten wurden nach ihrer Vertrauenswürdigkeit bewertet. Die Augenfarbe hatte eine erhebliche Auswirkung. Gesichter mit braunen Augen wurden als vertrauenswürdiger eingestuft als Gesichter mit blauen Augen. Man fand heraus, dass die Gesichtsform ebenfalls eine Rolle spielte, nicht nur die Augenfarbe an sich. Siehe hierzu Karel Kleisner, Lenka Priplatova, Peter Frost und Jaroslav Flegr (2013): „Trustworthy-Looking Face Meets Brown Eyes", Public Library of Science, verfügbar unter http://journals.plos.org/plosone/article?id=10.1371/journal.pone.0053285. Aufgerufen am 5.2.2015.

9. Ilfat Maoz (2012): *The Face of the Enemy: The Effect of Press-reported Visual Information Regarding the Facial Features of Opponent Politicians on Support for Peace*, Political Communication, 01/2014, 31 (1), S. 149–167. Verfügbar unter http://www.researchgate.net/publication/239798108_The_Face_of_the_Enemy_The_Effect_of_Press-Reported_Visual_Information_Regarding_the_Facial_Features_of_Opponent_Politicians_on_Support_for_Peace. Aufgerufen am 5.2.2015.

10. Ben Jones und Lisa DeBruine, vom Institut für Neurowissenschaft und Psychologie an der University of Glasgow haben das „Face Research Lab" gegründet und zahlreiche Experimente über Gesichtsvorlieben durchgeführt. Unter: www.faceresearch.org können Sie selbst an kleinen Online-Experimenten teilnehmen.

11. Diese Studie basierte auf den Gesichtern der Kandidaten für Gouverneurswahlen – den wichtigsten Wahlen in den USA nach den Präsidentschaftswahlen. Charles C. Ballew II und Alexander Todorov (2007): „Predicting Political

Elections from Rapid and Unreflective Face Judgements",
PNAS, 2007, Bd. 104, Nr. 46.

12. Simon Lancaster (2010), *Speechwriting, The Expert Guide*,
London: Robert Hale.

13. James Geary: „Metaphorically Speaking", verfügbar unter
ted.com. Aufgerufen am 5.2.2015. Es herrscht jedoch selbst
unter Metaphern-Experten Uneinigkeit darüber, woraus
eine Metapher genau besteht, da Metaphern sich in unsere
Sprache einschleichen und zu Worten werden. Wenn wir
beispielsweise vom „Fuß" eines Berges oder von einem
„Bergrücken" sprechen – wären das Metaphern? Manche
würden sagen: Nein, das sind einfach Worte. Doch für
mich deuten sie ein Bild der Personifizierung an, dass der
Berg also eine Person ist, sollten also als Metaphern gelten.
Und wie ist es zum Beispiel mit dem Wort Propaganda?
Der Wortursprung basiert auf der metaphorischen Idee,
dass Ideen Samen sind: Propaganda verbreitet diese Ideen,
sodass sie wachsen. Wie dem auch sei: Entscheidend ist,
dass Metaphern deutlich häufiger vorkommen, als die meisten Leute denken würden.

14. Die Antidiffamierungsliga führt regelmäßig Umfragen
über Ereignisse im Mittleren Osten durch. Diese Umfrage
basierte auf 1200 Interviews, die im Oktober 2011 geführt
wurden. Verfügbar unter: http://archive.adl.org/israel/
adl-2011-middleeast-11.9.11.pdf. Aufgerufen am 5.2.2015.

15. Dr. William Casebeer und Dr Paul Zac: „Empathy, Neuro-
chemistry and the Dramatic Arc", Futureofstorytelling.org.
Das Video finden Sie unter: https://www.youtube.com/
watch?v=DHeqQAKHh3M. Aufgerufen am 5.2.2015.

16. Ian Sample: „Brain scan sheds light on secrets of speech",
The Guardian, 3. Februar 2004. Verfügbar unter: http://
www.theguardian.com/uk/2004/feb/03/science.higheredu-
cation. Aufgerufen am 5/2/2014.

17. Suzanne B. Shut und Kurt A. Carlson (2013): „When Three Charms but Four Alarms: Identifying the Optimal Number of Claims in Persuasion Settings", Social Science Research Network, Verfügbar unter: http://www.anderson.ucla.edu/faculty/suzanne.shu/Shu%20Carlson%20Three%20in%20Persuasion.pdf. Aufgerufen am 5.2.2015.

18. Es gibt eine ganze Reihe von neuen Studien, welche die Vorherrschaft des instinktiven Gehirns belegen. Die Arbeit des Nobelpreisträgers Daniel Kahneman steht an der Spitze dieser Studie. Ich kann sein Buch aus dem Jahr 2011 sehr empfehlen: *Schnelles Denken, langsames Denken*, München: Siedler Verlag. Jonathan Haidts hervorragendes Buch aus dem Jahr 2012 – *The Righteous Mind: Why Good People are Divided by Politics and Religion*, St. Ives: Allen Lane – enthält ebenfalls faszinierende, häufig höchst amüsante Beispiele, wie das instinktive Gehirn uns täuschen kann. Das APET-Modell zeigt, wie das instinktive Gehirn vorgeht; die Reihenfolge ist:

(i)   A – „activating agent", Aktivierung. Also ein Reiz.

(ii)   P – „pattern", Muster. Das instinktive Gehirn findet heraus, ob es sich um etwas Gutes oder Schlechtes handelt.

(iii) E – Emotion. Die grundlegenden emotionalen Reaktionen werden ausgelöst und gegebenenfalls Hormone freigesetzt.

(iv)   T – „thought", Gedanken. Der kognitive Prozess, der zu einem aktiven Nachdenken darüber führt, wie eine angemessene Reaktion aussähe.

Teil I

Die Instinkte für sich gewinnen

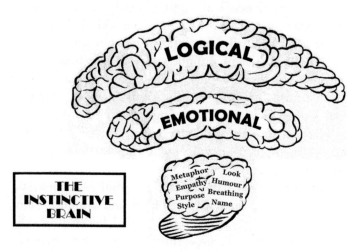

Abb. Teil I.1 Das instinktive Gehirn. (Logik; Emotionen; Metapher, Aussehen, Empathie, Humor, Entschlossenheit, Atem, Stil, Name)

„Ich werde nicht versuchen, Instinkte zu definieren."
Charles Darwin, *Über die Entstehung der Arten*

„Der Instinkt führt, die Intelligenz folgt lediglich."
William James, 1902

Der instinktive Verstand als Überlebenssystem

Stellen Sie sich vor, Sie wandern über einen hohen Berg, vollständig nackt, nasses Gras unter Ihren Füßen, der Wind bläst Ihnen um die Ohren. Weiter unten hören Sie einen Bach rauschen, und Sie lächeln. Sie wissen instinktiv, dass in dieser Jahreszeit im Tal jede Menge Waldfrüchten zu finden sind, und obwohl Sie schon einige Kilometer gelaufen sind, fühlen Sie sich immer energiegeladener, je näher Sie Ihrem Ziel kommen. Die Vorstellung von reifen Brombeeren und frischem Wasser entsteht vor Ihrem geistigen Auge. Dann ist da plötzlich ein Geräusch. Ein Ast knackt. Sie bleiben wie angewurzelt stehen. Gelähmt. Voller Angst. Auf einmal bricht ein wildes Tier aus dem Wald, die Augen weit aufgerissen und mit gefletschten Zähnen. Es kommt direkt auf Sie zu. *Was machen Sie jetzt?*

Mit dieser Welt hatten wir es vor fünf Millionen Jahren zu tun. Es ist eine Welt der Jäger und Sammler – eine Welt, in der jeder Tag ein Kampf ums Überleben ist. Das ist die Welt, für die unser instinktives Gehirn gemacht wurde.

Für den Instinktbereich des Gehirns gelten zwei Aufträge von oberster Priorität: Gefahr miniminieren und Belohnungen maximieren.[1] Unser ganzer Körper ist darauf ausgelegt, diesen Befehlen zu gehorchen, ohne zu fragen. Wird irgendeine Gefahr wahrgenommen, sind wir hoch motiviert, uns damit auseinanderzusetzen: Cortisol und Adrenalin werden ausgeschüttet, damit wir uns konzentrieren und unsere Sinne schärfen. Sofern es eine Aussicht

Abb. Teil I.2 Der instinktive Führer

auf Belohnung gibt, sind wir hoch motiviert, sie zu erhalten: Das Gehirn setzt immer mehr Dopamin frei, um uns unserer Belohnung näher und näher zu bringen.

Diese Vorgänge waren für die Welt, wie sie vor fünf Millionen Jahren war, wunderbar optimiert. Das Problem ist, dass sich die Welt um uns herum bis zur Unkenntlichkeit verändert hat, während das instinktive Gehirn im Prinzip gleich geblieben ist.

Die großen Führer der heutigen Zeit wären auch vor fünf Millionen Jahren große Führer gewesen. Sie sprechen die Bedürfnisse des instinktiven Bereichs unseres Gehirns an, die Gefahr zu minimieren und die Belohnung zu maximieren. Sie bieten das Versprechen von Sicherheit und Belohnung. Sehen wir uns das mal genauer an.

Der Führer verspricht Sicherheit

Die Menschen entscheiden innerhalb von einer Zehntel-sekunde, ob sie einem Führer trauen oder nicht. Während die internen Überwachungskameras die Personen schnell von oben bis unten scannen, ist ein Teil des Körpers besonders wichtig: die 6,25 Zentimeter zwischen Mund und Augenbrauen. Ein spezieller Bereich unseres Gehirns ist für die Gesichtserkennung zuständig; er ist unglaublich gut darin, zu interpretieren und zu verstehen, was in dieser Region vor sich geht. Und der instinktive Part des Gehirns ist erstaunlich vollkommen: Er kann Dinge wahrnehmen, die das bloße Auge niemals bemerken würde.

> Die Menschen entscheiden innerhalb von einer Zehntelse-kunde, ob sie einem Führer trauen oder nicht.

So *wissen* unsere Instinkte einfach, ob ein Lächeln echt ist oder nicht. Bewusst könnten Sie nie die 14 Muskelbe-wegungen identifizieren, die ein echtes Lächeln ausma-chen. Doch der Instinktbereich Ihres Gehirns kann sofort diese verräterische Kontraktion des großen Jochbeinmus-kels sowie die Kontraktion des Augenringmuskels erken-nen, die Ihr Urteilsvermögen wissen lassen, ob Sie sicher sind oder nicht.

Ähnliches gilt für die Augen. Die Augen sind das Fens-ter zur Seele, wie Shakespeare schrieb, und die Instinkte können darin die alleraußergewöhnlichsten Dinge sehen. In einigen Studien wurden Männern Bilder von Frauen vorgelegt, deren Attraktivität sie einschätzen sollten. Die

Männer wurden durchweg von Frauen angezogen, deren Augen am weitesten geöffnet waren. In der Tat ist es so, dass sich bei Frauen, die sexuell erregt sind, die Augen natürlicherweise weiten. Dagegen können sie nichts tun. Doch die Männer schworen, sie hätten nicht bemerkt, dass die Augen weit geöffnet waren. Sie schworen auch, sie hätten nicht gewusst, dass weit geöffnete Augen ein Zeichen für sexuelle Erregung sind. Der rationale Bereich ihres Gehirns hatte also keinen Hinweis darauf, was da vor sich ging, doch die Instinkte erledigten die harte Arbeit der Auswahl und führten die Männer zu jenen Frauen, bei denen die Chancen am größten waren, Sex zu haben.[2]

Unbeabsichtigterweise können Augen sexuelle Erregung aufdecken, doch sie können auch zu erkennen geben, wenn jemand feindliche Gefühle hegt. Dadurch wird den Menschen geholfen, Führer zu meiden, die eine Bedrohung darstellen könnten. Aber das ist ein Risiko für jeden Führer, der verärgert ist. Also müssen große Führer dies vermeiden. Eine Führungskraft, mit der ich zusammenarbeite, hat da einen geschickten Ansatz: Immer wenn diesem Chef ein eventuell konfliktbeladenes Treffen bevorsteht, vermeidet er es, beim Gespräch einander gegenüberzusitzen, sondern tauscht sich lieber während eines gemeinsamen Spaziergangs aus („walk and talk"). Er nimmt die Leute mit zu einem Gang durch die nahegelegenen Kensington Gardens. Das erspart den Menschen das Gefühl, beobachtet zu werden. Außerdem hat es auch andere Vorteile: Durch das Gehen werden Endorphine freigesetzt, und die körperliche Bewegung unterstützt die metaphorische Bewegung. Win-win-win.

„Walk and talk" wurde durch eine Geschichte in der Fernsehserie *The West Wing* bekannt und ist eine Technik, die im wirklichen Leben von Steve Jobs angewendet wurde. Jim Gianopulos, Chef von Fox, hat berichtet, wie die Gespräche zum Stillstand gekommen waren, als Apple Verhandlungen führte, um ein neues Geschäftsmodell zum Verkauf von Filmen über iTunes zu finden. Gianopulos zog sich zur Erholung auf seine Urlaubsinsel zurück und nahm keine Gespräche entgegen. Schließlich schickte Steve Jobs ihm eine E-Mail mit dem Vorschlag, auf seine Urlaubsinsel zu kommen, damit sie zusammen am Strand spazieren gehen könnten. Sie legten ihre Differenzen bei, schlossen einen hervorragenden Vertrag für iTunes und wurden gute Freunde.[3]

Große Führungspersönlichkeiten drängeln nicht, sie zeigen Bescheidenheit. Sie schüchtern nicht ein, sondern akzeptieren. Sie terrorisieren und kommandieren nicht, sondern bieten eine freundliche, angenehme Umgebung. Der Führer streckt die Hand aus und sagt: „Komm rein. Schließ dich uns an. Spüre die Herzlichkeit." Das ist eine attraktive Vorgehensweise. Die Menschen sind sehr motiviert, sich Gruppen anzuschließen. Wieweit wir auch in der Geschichte zurückgehen, von der afrikanischen Savanne bis in den Regenwald am Amazonas, haben Menschen sich zu Gruppen von 50 bis 150 Personen zusammengeschlossen. Warum? Aus Sicherheitsgründen. Einmal haben Lucy und ich in der Serengeti gezeltet – zwischen uns und den Löwen war nichts außer dem Zelttuch. Wir waren sicher, da wir mit einer Gruppe zelteten. Die Löwen hätten sich nicht getraut, uns anzugreifen, da unsere Zeltgruppe größer war als ihr Rudel. Unser instinktives Gehirn weiß, dass die Gruppe für unsere Sicherheit sorgt. Sie hat einen mächtigen Einfluss. Unser Bedürfnis, dazuzugehören, ist ebenso grundlegend wie unser Bedürfnis nach Nahrung und Sauerstoff.[4] Wenn Menschen sich einer Gruppe angeschlossen haben, tun sie deshalb alles, um dabei zu bleiben. Und der Führer kontrolliert, wer dazugehört und wer nicht. Die Gruppe ist alles: Es gibt kein „Du" und „Ich", sondern nur ein „Wir".

Der Führer verspricht Belohnung

Die Menschen werden außerdem instinktiv von Führern angezogen, die eine Belohnung versprechen. Dabei geht es nicht darum, herauszufinden, wer ein dickes Portemonnaie besitzt, sondern darum zu erkennen, wer das gewisse Extra hat: das Funkeln in den Augen, die Ausstrahlung, Charisma. Ich kann das in einem einzigen Wort zusammenfassen: Entschlossenheit. Man fühlt sich von Führern angezogen, die ein Ziel haben. Es gibt einen eindeutigen Überlebensgrund, dessentwegen das instinktive Gehirn uns zu Personen führen sollte, die eine Zielsetzung haben: Menschen mit einem Ziel vor Augen bringen die Gesellschaft voran, sichern unsere Vormachtstellung und gewährleisten unser Überleben.

Zwei Dinge geschehen im Gehirn, wenn wir uns mit zielgerichteten Personen umgeben. Erstens werden unsere Spiegelneuronen in Gang gesetzt. Nur wenn wir Menschen zielstrebig handeln sehen, werden die Spiegelneuronen aktiviert, meint der Neurowissenschaftler Dan Siegel von der University of California, Los Angeles.[5] Auf diese Weise können Spiegelneuronen sich als entscheidend für die Gestaltung des Gruppenverhaltens erweisen: indem Menschen dazu gebracht werden, das Verhalten zu kopieren. Wie der US-amerikanische Philosoph Eric Hoffer einmal sagte: „Wenn die Menschen frei sind, sich zu verhalten, wie sie möchten, imitieren sie sich in der Regel gegenseitig."[6] Mit diesem Wesenszug werden wir alle geboren. Das Kopieren ist nichts, das wir erlernen. Eine Studie zeigte, wie ein Baby seine Mutter kopierte, als diese nur 41 min nach der Geburt die Zunge rausstreckte.[7] Das Kopieren muss also instinktiv geschehen.

Große Führer wissen das: Sie wissen, dass sie selbst begeisterte, engagierte und leistungsstarke Führungskräfte sein müssen, wenn sie eine begeisterte, engagierte und leistungsstarke Belegschaft haben wollen. Sie wissen, dass sie die Verantwortung dafür tragen, das Verhalten zu lenken, und dass sich das Verhalten nicht von alleine ändert. Haben Sie sich jemals gefragt, warum die Zuschauer bei den Konzerten der Beatles geschrien haben? Weil die Beatles selbst geschrien haben. Sie haben damit angefangen. Spiegelneuronen.

Das Zweite, wodurch Menschen sich von zielstrebigen Führern angezogen fühlen, ist der Reiz des Dopamins. Große Führer haben eine Vision. Indem sie ihre Vision und ihre Zielsetzung deutlich erläutern, aktivieren sie das Belohnungssystem des Gehirns. Das führt dazu, dass immer mehr Dopamin ausgeschüttet wird, je näher die Verwirklichung dieser Vision kommt. Je klarer die Vision ist, desto größer ist die Dopaminfreisetzung. Ist die Vision verschwommen, unscharf oder unklar, wird der instinktive Bereich des Gehirns nicht behelligt.

Bilder hinterlassen im instinktiven Bereich des Gehirns einen großen Eindruck, da dieser hauptsächlich sinnesabhängig ist. Sobald dem Gehirn eine kraftvolle Vision präsentiert wird, ist es unmöglich, diese wieder loszuwerden. Wenn ich zu Ihnen sage: „Denken Sie nicht an einen großen, grünen Elefanten." – was geschieht dann in Ihrem Gehirn? Und wie sehr Sie sich auch bemühen: Diesem großen, grünen Elefanten entkommen Sie nicht. Oder wenn ich sage: „Stellen Sie sich mich nicht nackt vor, wie am Tag meiner Geburt, mit einem Gewehr in einer Hand und einem Schinkenbrot in der anderen". Was haben Sie nun vor Augen? Tut mir leid. Ich will damit lediglich etwas beweisen. Der Instinkt ist ein lustiges Wesen – und nicht so raffiniert, wie wir hoffen würden. Insbesondere ist der Instinkt nicht in der Lage, zwischen negativer und positiver Bildsprache zu unterscheiden: Sie sind beide gleich mächtig. Deshalb ist es so sinnlos, wenn Eltern ihre Kinder anschreien: „Fass das Messer nicht an!" Das Erste, was das Kind tun wird, ist, nach dem Messer zu greifen, da dies dem Bild entspricht, das sein Gehirn vor Augen hat.[8]

Manche klugen Führer umgehen dies und nutzen es umgekehrt – wie beispielsweise einer von Obamas Sprechern, als er sagte: „Ich behaupte nicht, dass es in Amerika Morgen ist".[9] Er beschwor dieses mächtige Bild herauf, obgleich er sagte, dass er nicht versuche, diese Verbindung herzustellen. Das Bild, das er präsentierte, war metaphorisch. Für das instinktive Gehirn ist die Metapher wesentlich kraftvoller als die wortgetreue Bedeutung. Aus diesem Grund sehen wir uns nun als Erstes die Metapher an. Metaphern werden Sie umhauen. Und ja: Auch das war eine Metapher.

Literaturverzeichnis und Endnoten

1. Evian Gordon (2000): *Integrative Neuroscience: Bringing Together Biological, Psychological and Clinical Models of the Human Brain*, Ohio: CRC Press.
2. David Eagleman (2011): *Incognito – The Secret Lives of the Brain*, Chatham: Canongate, S. 5.
3. http://allaboutstevejobs.com/sayings/stevejobsanecdotes_all.php. Aufgerufen am 03.02.2015.
4. Richard Restak (2009): *The Naked Brain*, New York: Three Rivers Press, S. 216.
5. Sandra Blakeslee: *Cells that Read Minds*. Verfügbar unter http://www.nytimes.com/2006/01/10/science/10mirr.html?pagewanted=all&_r=0. Aufgerufen am 03.02.2015.
6. Eric Hoffer (2006): *The Passionate State of Mind: And Other Aphorisms*, Titusville, NJ: Hopewell Publications.
7. David Brooks (2011): *The Social Animal*, Suffolk: Short Books.
8. Es gibt eine ganze Menge großartiger Literatur über die Macht der Bilder im instinktiven Gehirn. Zwei Bücher, die ich sofort empfehlen könnte: George Lakoff (2004): *Don't Think of an Elephant: Know Your Values and Frame the Debate: The Essential Guide for Progressives*, Vermont: Chelsea Green; und Eamonn Holmes (2004): *Drop the Pink Elephant: 15 Ways to Say What You Mean… and Mean What You Say*, Oxford: Capstone.
9. „President Obama, Elizabeth Warren have different message on the middle class" von Steven Mufson, Karen Tumulty und Anne Gearan. Verfügbar unter http://www.washingtonpost.com/business/economy/president-obama-elizabethwarren-share-different-message-on-the-middle-class/2015/01/07/8c0eb516-9681-11e4-8005-1924ede3e54a_story.html. Aufgerufen am 03.02.2015.

2

Metaphern und ihre Wirkung auf das Gehirn

Bei weitem am großartigsten ist es, Metaphern zu beherrschen. Das allein kann man nicht von anderen lernen; und es ist ein Zeichen von GENIE, denn eine gute Metapher setzt ein Auge für die Ähnlichkeit voraus.

Aristoteles

Menschenführung und Bildsprache

Das finstere Mittelalter. Die Aufklärung. Die unsichtbare Hand des Marktes. Die industrielle Revolution. Der Eiserne Vorhang. Der Wind des Wandels. Die „Swinging Sixties". Der Winter der Unzufriedenheit. Die eiserne Lady. Der Sturm im Finanzsektor. Die Kreditkrise. Die Immobilienblase. Schubs. Blinzel. Die Kehrtwende.

© Springer-Verlag GmbH Deutschland, ein Teil von
Springer Nature 2018
S. Lancaster, *Winning Minds*,
https://doi.org/10.1007/978-3-662-57471-3_2

Das sind alles Metaphern. Sie zeigen, dass ein Bild mehr sagt als tausend Worte. Nun, diese Handvoll Metaphern hat Hunderte von Bildern hervorgebracht, die sich in Millionen von Gehirnen festgesetzt haben. Metaphern bündeln eine enorme Aussagekraft auf engstem Raum. Sie pflanzen Ideen tief in den instinktiven Bereich des Gehirns, wo sie Wurzeln schlagen und wachsen, sich verbreiten und die Art beeinflussen, wie die Menschen denken, fühlen und handeln.

> Metaphern pflanzen Ideen tief in den instinktiven Bereich des Gehirns.

Metaphern sind ein entscheidender Bestandteil der Sprache der Menschenführung. Doch lassen Sie uns mit den Grundlagen beginnen: Was ist eine Metapher?

Metaphern

Im Grunde ist eine Metapher ein Ersatz. Wenn wir eine Metapher nutzen, ersetzen wir ein Ding durch etwas anderes. Aus mathematischer Sicht würde die Grundformel für eine Metapher folglich lauten: $x = y$.

Lassen Sie mich das näher erläutern. Wenn ich Ihnen sage: „Ich stehe an einem Scheideweg." wäre die Metapher ($x = y$) in dieser Aussage mein Leben = eine Reise. Das ist das Bild, das ich ins Gehirn einpflanze: Dieses Bild steuert dann unser Gespräch in unterschiedlicher Weise; so nutzen Sie es beispielsweise eventuell selbst in Ihrer Antwort.

Sie fragen vielleicht: „Und welchen Weg nehmen Sie?"
Indem ich ein bestimmtes Bild in unsere Diskussion ein-
bringe, steigt die Wahrscheinlichkeit, dass Sie bestimmte
Ansichten äußern, und es wird unwahrscheinlich, dass Sie
andere einbringen.

Es gibt zahlreiche gut eingeführte Beispiele für $x = y$.
Viele Menschen sehen Gruppen zum Beispiel als Behält-
nisse an (sie können eine *undichte Stelle* haben), Streitig-
keiten als Krieg (er hat sein *Pulver* verschossen), Ideen
als Personen (sie werden auf *Herz* und *Nieren* geprüft, sie
haben *Hand* und *Fuß*). George Lakoff hat in seinem Buch
Leben in Metaphern viel über die verschiedenen Metaphern geschrieben.[1]

Wir nutzen dauernd Metaphern: Nicht nur in der
Dichtung oder bei hochgestochener Rhetorik, sondern
auch als Bestandteil alltäglicher Plaudereien. Es fällt
schwer, lange Zeit zu sprechen, ohne irgendeine Art von
Metapher zu verwenden. Durchschnittlich nutzen wir alle
sechzehn Wörter eine Metapher. Unsere Konversation ist
also mit Metaphern übersät. Sehen Sie? So etwas zum Beispiel. „Übersät". Doch ist das eine passende Metapher? Ist
dies das Bild, das ich heraufbeschwören möchte? Die Gleichung $x = y$ lautet hier Metaphern = Müll. Das ist nicht
das Bild, das ich präsentieren will: Ich möchte Sie überzeugen, dass Metaphern kraftvoll sind.

Wir nutzen alle sechszehn Wörter eine Metapher.

Lassen Sie es mich also noch einmal probieren. Wie
wäre es damit: „Unsere Konversation ist mit Metaphern

aufgeladen." Besser? Die Gleichung x = y lautet hier Metaphern = Waffen … Das ist nicht schlecht. Natürlich würde dies zu Lakoffs Gleichung „Auseinandersetzungen = Kriegsmetaphern" passen, die wir problemlos unterschreiben können. Doch ich persönlich bin nicht verrückt nach Kriegsmetaphern. Probieren wir eine andere Metapher aus. Wie wäre es damit: „Wir *streuen* überall Metaphern *ein.*" Ja. Das gefällt mir. Die Gleichung x = y lautet hier Metaphern = Samen. Das scheint eine gute Metapher zu sein: Das Bild von Ideen als Samen existiert bereits seit Tausenden von Jahren. Tatsächlich geht das Wort Propaganda ursprünglich auf diesen metaphorischen Rahmen zurück: Wir *propagieren* Ideen. Also: Das passt. Diese Metapher werde ich nutzen: Die Gleichung x = y wird sein Metaphern = Samen.

In der Tat habe ich diese Metapher bereits zu Beginn des Kapitels verwendet, als ich sagte, dass Metaphern Ideen tief in den instinktiven Bereich des Gehirns *pflanzen,* wo sie *Wurzeln schlagen* und *wachsen* und *sich verbreiten.* Zu diesem Zeitpunkt mag Ihnen diese Formulierung nicht als Metapher aufgefallen sein – und genau dadurch sind Metaphern so mächtig. Immer wenn eine Metapher verwendet wird, leitet sie die Menschen in gewisser Weise. Das ist die geheime Macht der Metapher.

Die überzeugenden Eigenschaften von Metaphern

Als der frühere britische Premierminister Harold Macmillan in einer Rede, die er 1960 in Südafrika hielt, meinte: „Ein Wind des Wandels weht über den afrikanischen

Kontinent.", beschwor er das Bild des afrikanischen Nationalismus als Naturgewalt herauf.[2] Das suggerierte die Unvermeidbarkeit des gesamten Prozesses und dass es wenig gäbe, was wir in dieser Hinsicht tun könnten. Ich möchte nun nicht behaupten, Macmillan hätte Berater in der Downing Street gehabt, die ihm nah gelegt hatten, dies sei die beste Metapher; vermutlich war dies wirklich seine Sicht der Dinge, sodass er diese Metapher verwendete. Und die Metapher war sehr überzeugend: Das britische Volk teilte schließlich seine lebendige Meinung über die Demontage des Britischen Weltreichs. Frankreichs damaliger Präsident Charles de Gaulle hatte eine andere Sicht auf die Welt. Er glaubte, dass der afrikanische Nationalismus sich sehr wohl stoppen ließe, und deshalb nutzte er eine andere Metapher. Das x = y, das er verwendete, war afrikanischer Nationalismus = Ungeziefer. Das führte die Menschen zu einer anderen Einstellung: dass Aufständische ausgemerzt werden sollten.

Durch die Gleichsetzung von Menschen mit Ungeziefer legitimieren wir Hinrichtungen. Dieser Tatsache begegnen wir in den unterschiedlichsten Zusammenhängen. Hochrangige Mafiosi beschreiben FBI-Informanten als „Ratten", und der FBI reagiert auf ähnliche Weise, indem er davon spricht, Kriminelle „auszurotten". Wenn wir uns die Sprache eines Völkermords ansehen, begegnen uns immer wieder Ungeziefer-Metaphern. In Nazi-Deutschland wurden die Juden als *Schlangen* bezeichnet; in Ruanda nannte man die Tutsi *Kakerlaken;* heutzutage wird in der westlichen Presse die Ungeziefer-Metapher häufig verwendet, wenn es um islamistische Extremisten geht: Es geht immer darum, sie zu *jagen,* zu *ergreifen,* ihnen *Fallen* zu stellen, sie *auszumerzen* oder ihre *Höhlen* aufzuspüren.

Die Medien beschrieben, dass sich Gaddafi in einer Kanal-
röhre und Saddam Hussein in einem Erdloch versteckt
hatte, während man immer vermutete, dass Bin Laden
sich in einer Höhle verbarg, obgleich er schließlich in
einem Gebäude gefunden wurde: Das sind alles Bilder, die
zur Ungeziefer-Metapher passen.

Diese Bilder sind kraftvoll und haben eine über-
zeugende Wirkung: Kam es Ihnen nicht ein wenig merk-
würdig vor, dass kaum jemand in Großbritannien – einem
Land, das die Todesstrafe eindeutig ablehnt – mit der
Wimper zuckte, als Saddam Hussein hingerichtet wurde?
Das ist die Macht der Metapher.

Metaphern ändern das Verhalten

Darum geht es: Metaphern beeinflussen Einstellungen,
Werte und Verhaltensweisen. Wie bereits erwähnt, kann
der einfache Austausch einer Metapher die Erwartungen
zutiefst verändern, zum Beispiel ob ein Aktienkurs steigen oder fallen wird – und dadurch beeinflusst sie, ob
die Menschen eher kaufen oder verkaufen.[3] Vereinfacht
gesagt: Wenn in einer Metapher, in der es um einen
Aktienkurs geht, auf ein Lebewesen angespielt wird, ist
die Wahrscheinlichkeit höher, dass die Menschen denken, der Kurs könne steigen. Wenn Sie also zum Beispiel
heute sagen, dass die Aktien der Deutschen Post nach
oben *springen* oder *klettern,* steigt die Wahrscheinlichkeit,
dass die Menschen glauben, diese Aktien könnten morgen an Wert gewinnen, als wenn Sie eine andere Metapher
genutzt hätten.

Metaphern beeinflussen Einstellungen, Werte und Verhaltensweisen.

Warum? Nun, möglicherweise haben Sie Ihre eigene Theorie, doch ich denke, dass wir ein natürliches Vertrauen in die Fähigkeit von Lebensformen haben, einen bestimmten Zweck zu erfüllen. Folglich sieht der instinktive Teil unseres Gehirns voraus, dass der Aktienpreis wieder auf die *Füße* kommen wird, auf seine frühere Höhe *klettern* oder sogar einen neuen Höchststand *erklimmen* wird. Sie sehen, wie die Metapher uns beeinflusst und ermutigt, bestimmte Denkweisen anzunehmen ...

Doch verlassen wir nun diese Idee. Probieren wir es mit einer anderen Metapher – ohne Bezug auf Lebewesen. Probieren wir eine Maschinen-Metapher aus. Wir könnten also sagen, dass der Aktienkurs von Fresenius nach oben *katapultiert* worden oder nach oben *geschnellt* ist – oder vielleicht ist er *abgestürzt* beziehungsweise in sich *zusammengefallen*. Wenn wir eine solche Metapher verwenden, ist die Wahrscheinlichkeit geringer, dass die Menschen glauben, dieser Kurs werde morgen wieder steigen. Warum? Nun, möglicherweise stellt sich unser instinktives Gehirn vor, dass früher oder später der *Schwung* verloren gehen, *Reparaturen* oder ein *Nachrüsten* nötig sein werden.

Darum geht es: Metaphern können manchmal ein vollkommen falsches und nicht beabsichtigtes Bild aussenden. Lassen Sie mich ein persönliches Beispiel dafür geben. Letztes Jahr wurde bei meiner ältesten Tochter Lottie Typ-1-Diabetes diagnostiziert. Sie braucht nun jeden Tag vier Insulinspritzen. Anfangs hasste sie Nadeln und hatte Angst. Wir probierten einfach alles, um ihr zu helfen, ihre Angst zu überwinden. Dabei fiel uns auf, wie aggressiv die Diabetes-Sprache ist: Man *sticht* sich und *jagt* eine Spritze hinein, während bei Blutproben *Lanzetten* verwendet werden. Das sind Kriegsmetaphern. Unsere Tochter wurde also ermutigt, mit ihrem eigenen Körper in den Krieg zu ziehen. Dieses Bild war selbst in den Comics präsent, die sie als „Hilfe" erhielt: Da wurden Soldaten mit Maschinengewehren gezeigt, die mit Insulin gefüllt waren und die lästigen, giftigen Zuckermoleküle in ihrem Blutkreislauf niederschossen. Kein Wunder, dass sie Angst hatte. Wir änderten aktiv die Sprache, gaben allem Namen. Wir sagten „gut gemacht", wenn die Injektion gut war, und schimpften mit den Spritzen, wenn sie Lottie wehtaten. Indem wir sie personifizierten, machten wir sie zu Menschen: Also konnte sie lernen, sie zu mögen. Und statt ihr einen *Stich* zu verpassen, gaben wir ihr Insulin. Heute geht sie ganz entspannt damit um. Ich möchte nicht behaupten, dass die Sprache das einzige war, was half – sie ist so stark und unglaublich tapfer.

Metaphern enthüllen unseren Blick auf die Welt

Das Problem in dem Beispiel mit Lotties Insulinspritzen war, dass der Staatliche Gesundheitsdienst (NHS) eine Metapher verwendete, die für den Dienst funktionierte, nicht aber für den Patienten. Klinikärzte nutzen immer Kriegsbilder: Sie sprechen davon, den Krebs zu *bekämpfen* und eine Krankheit zu *besiegen*. Sie mögen diese Bilder: Dadurch bleiben sie konzentriert, ihr Cortisol- und Adrenalinspiegel steigt, und es entsteht ein starkes Zusammengehörigkeitsgefühl innerhalb des gesamten Gesundheitsdienstes.

Doch diese Metapher kann sich auf Patienten negativ auswirken. Studien haben gezeigt, dass die Verwendung von Kriegsmetaphern bei Krebspatienten ein Gefühl von Selbsthass auslösen kann, da sie sich selbst als Feind betrachten. Zum Zeitpunkt der Veröffentlichung dieses Buches stellte eine Gruppe von Wissenschaftlern ein Metaphernhandbuch zusammen, um herauszufinden, welche Metaphern sich positiv auf die Gefühle der Patienten auswirken.[4]

Der Staatliche Gesundheitsdienst ist ein interessantes Studienobjekt, wenn es um die Verwendung von Metaphern geht. Es stellt sich heraus, dass verschiedene Bereiche des NHS verschiedene Metaphern nutzen, was ihre unterschiedliche Perspektive widerspiegelt; doch die Verwendung dieser unterschiedlichen Metaphern untermauert die Trennlinien innerhalb der Organisation. So wissen wir beispielsweise alle, dass es eine klare Trennung zwischen Klinikärzten und Managern innerhalb des Gesundheitsdienstes gibt – und das macht sich auch in ihrer Sprache bemerkbar. Während die Klinikärzte Kriegsmetaphern verwenden, scheinen die Manager sich eher an die Metapher zu halten, dass der NHS ein Auto ist. In den vergangenen Jahren haben sie sich für einen Wellness-*Schub*, für mehr *Antrieb* im Bereich der Demenz und für einen Innovations*schwung* eingesetzt. Sie haben ein *klinisches Armaturenbrett* installiert. Sie sprechen davon, dass man Patienten auf den *Fahrersitz* setzen solle. Einmal haben sie einen *Werkzeugkasten* für Engagement präsentiert. (Ich weiß … das Gehirn erschrickt … Was ist ein Werkzeugkasten für Engagement? Vermutlich meinten sie schlicht „einen Mund".)

Die Metaphern der Menschen spiegeln ihre Perspektive wider. Verschiedene Personen haben verschiedene Perspektiven. Für mich als Redenschreiber ist das eine Herausforderung. Da ich für Dritte schreibe, muss ich die Welt so beschreiben, wie meine Kunden sie sehen – nicht wie ich sie sehe. Also analysiere ich ihre Metaphern: Das kann sehr aufschlussreich sein. Es liefert mir Einblicke in ihre Sicht auf die Welt. Ich muss wissen, ob sie ihr Unternehmen wie Menschen, Organismen oder Maschinen sehen. Ihre unterschiedlichen Perspektiven entscheiden darüber, ob sie vom *Herz* ihres Unternehmens sprechen, vom *Kern* des Unternehmens oder vom *Maschinenraum* des Unternehmens. Manchmal haben selbst innerhalb desselben Unternehmens verschiedene Menschen unterschiedliche Perspektiven und verwenden deshalb auch unterschiedliche Metaphern.

Einmal habe ich die Sprache eines glücklich verheirateten Paares analysiert, das auch zusammen arbeitet. Der Mann sieht das Geschäftsleben als Spiel an, also nutzt er Bilder wie: *Die Würfel sind gefallen, Das Glücksrad wird gedreht* oder *den Jackpot gewinnen.* Seine Frau käme nie auf die Idee, solche Sätze zu verwenden. Für sie ist die Leitung eines Geschäfts wie eine Wissenschaft: Sie spricht von den *essenziellen Elementen,* von *Katalysatoren* und *explosiver Wirkung.* Beide Partner enthüllen instinktiv ihre eigenen Perspektiven. Sie hat Chemie in Oxford studiert, was ihren Blick auf die Welt geformt hat; und er könnte am Samstagabend auch im örtlichen Casino zu finden sein, vermute ich.

Auf diese Weise können Metaphern Licht auf einen Charakter werfen. Meine Leidenschaft gilt der Musik: Nachdem ich die Schule verlassen habe, bestand mein erster Job darin, in einem Restaurant Klavier zu spielen. (Ich weiß! Ich wünschte, ich hätte das nie aufgegeben ...) Noch immer bin ich stellvertretender Keyboard-Spieler in einer Coverband: „Soul Lotta Funk". Hinweise auf meine Leidenschaft können Sie in der Verwendung meiner Metaphern erkennen. Ich nutze recht häufig Musikmetaphern: *in Harmonie* sein zum Beispiel, *den Ton angeben* oder *ein großes Crescendo.*

Metaphern können sogar auf die politische Einstellung einer Person hinweisen. Im Vorfeld der Unterhauswahlen 2010 in Großbritannien habe ich ein Forschungsprojekt über die Metaphern geleitet, die von den verschiedenen politischen Parteien verwendet wurden. Es wurden Hunderte von Reden von Dutzenden Politikern analysiert, die es insgesamt auf über eine Million Wörter brachten. Es war eine zermürbende, mühsame und sehr anstrengende Arbeit für den damit betrauten armen Studenten. (Danke, Scott Mason.) Doch sie war nicht vergebens. Unsere Arbeit lieferte eine wertvolle Erkenntnis: Es gibt entscheidende Unterschiede zwischen den Metaphern der größten politischen Parteien.

Die Labour Party (Arbeitspartei) verwendet doppelt so häufig Konfliktmetaphern wie die Tories: Sie sprechen vom „*Kampf* für unsere Rechte", von der „*Verteidigung* des NHS vor den *Angriffen* der Tories" und davon, „Ressourcen an die *Frontlinie* zu bringen". Die Liberal Democrats (Liberaldemokraten) bevorzugen Reisemetaphern und nutzen diese doppelt so oft wie die anderen Parteien, wenn sie zum Beispiel vom *Vorwärtsbewegen* reden, vom Stehen an einer *Weggabelung,* von einem *Richtungswechsel* und so weiter. Die Tories (Conservative Party, die Konservativen) verwenden Natur- und Personifizierungsmetaphern doppelt so häufig wie die Labour Party: Sie sprechen über „das *Herz* unserer Gemeinden", davon, dass Großbritannien „*groß* in der Welt" dasteht und dass sich bei Europa „die *Arterien* verschließen."

Man kann eine Verbindung zwischen den gewählten Metaphern und der Geschichte beziehungsweise Philosophie dieser drei Parteien erkennen. Da die Labour Party während der revolutionären Wirren des 19. Jahrhunderts gegründet wurde, fällt es nicht allzu schwer zu verstehen, warum sie Kriegsmetaphern bevorzugt. Die Liberal Democrats hingegen halten sich für politisch progressiv, sodass es nicht verwundert, dass sie Reisemetaphern mögen. Die Konservativen haben eine zurückhaltende Einstellung gegenüber der Rolle des Staates, setzen auf wirtschaftsliberales Verhalten und die natürliche Problemlösung der Welt – also überrascht es nicht, dass sie sich für Naturmetaphern entscheiden.

Dann hatten wir noch ein anderes Aha-Erlebnis. Wir stellten fest, dass die Metaphern auch mit den Logos der Parteien in Verbindung standen. Das Logo der Tories ist ein Baum – Natur. Die Liberaldemokraten verwenden eine Taube – Reise. Und die Labour Party verwendet zwar aktuell eine rote Rose, aber diese geht auf eine Zeit zurück, als die Strategie darin bestand, die Sprache der Tories aufzugreifen – doch die Labour Party ist im Herzen noch immer eine revolutionäre Partei, die als Hymne am Ende jeder Sitzung „The Red Flag" singt.

Diese Metaphern sind innerhalb der politischen Parteien weit verbreitet und gebräuchlich. Wenn die Mitglieder zusammenkommen, bei Ausschusstreffen oder Parteitagen, nutzen sie dieselbe Metapher: Das zeigt instinktiv die übereinstimmende Sichtweise. Sie alle sehen die Dinge auf dieselbe Weise. Sie sind sicher. Wenn verschiedene Metaphern verwendet werden würden, wäre das ein Anzeichen für eine Spaltung. Die Aufgabe der Führungskräfte besteht darin, eine metaphorische Bildsprache zu finden, die für alle funktioniert. Das ist die Sprache der Menschenführung.

Was ist eine gute Metapher?

Was ist also eine gute Metapher?

In der Sprache der Menschenführung sollten Sie auf die verwendeten Metaphern hören, wenn Sie Menschen für sich gewinnen wollen. So erhalten Sie einen Einblick in deren Weltbild: einen Einblick, der Ihnen helfen kann, sie von sich zu überzeugen.

> Wenn Sie Menschen für sich gewinnen wollen, sollten Sie auf ihre Metaphern hören.

Lassen Sie mich ein Beispiel geben. Ich muss recht häufig rausgehen, um meine Dienste anzubieten: Seminare geben. Wenn ich einen Personalchef treffe, der mir sagt, dass er das Kommunikationspotenzial des Vorstands *erschließen* wolle, antworte ich ihm, der *Schlüssel* seien die Seminare über die Sprache der Menschenführung. Das demonstriert auf einem instinktiven Niveau, dass ich seine Perspektive teile. Es zeigt, dass er sich bei mir sicher fühlen kann. Wir stehen auf derselben Seite.

Wenn ich jedoch antworten würde: „Nun, zuerst müssen wir ihre Einstellung ausmerzen, dass Kommunikation nicht wichtig ist.", könnte er ein wenig zurückschrecken. Das würde ihm nicht gefallen. Ich hätte ihm gezeigt, dass ich die Welt anders sehe. Er würde mich für den Angehörigen eines anderen Stammes halten, eines aggressiveren Stammes. Und die Gefahr wäre größer, dass ich den Vertrag nicht bekäme.

Uneinheitliche Metaphern

In dem „Schlüssel"-Beispiel verwende ich eine Metapher, von der ich weiß, dass sie bei meinem Gegenüber ankommt. Ich weiß, dass sie funktioniert, weil ich weiß, dass dies das metaphorische Bild ist, das die Person, die ich zu überzeugen versuche, vor Augen hat.

Doch viele der Metaphern, die in der geschäftlichen und politischen Kommunikation verwendet werden, haben keinerlei Überzeugungskraft. Viele Metaphern aus dem Geschäftsleben sind entweder wirr oder falsch beurteilt. Da sprechen die Menschen zum Beispiel davon, einen Weg offensiver Aktionen auszuarbeiten, die einen Vorteil gegenüber der Konkurrenz aufbauen sollen, gut ausgeführt werden müssen und mit dem gesamten

Geschäftsmodell verbunden sein sollen, basierend auf der Aussaat von Samen, von den Grundmauern beginnend … Vermutlich schütteln Sie jetzt den Kopf, aber ich werde es wieder gutmachen. Dieser Satz war ein typisches Beispiel für eine Art zu schreiben, die im Geschäftsleben weit verbreitet ist.

Es klingt sehr autoritär und selbstbewusst, doch das Problem ist, dass es kein eindeutiges Bild gibt, das unser instinktives Gehirn aufgreifen könnte. Dieses Beispiel spiegelt eine verwirrte Perspektive wider. Das Problem sind uneinheitliche Metaphern. Wir bewegen uns vom Reisen (Weg) über die Abgrenzung (gegenüber), den Kampf (Konkurrenz), die Konstruktion (aufbauen), Design (Modell), Maschinen (verbunden) bis hin zum Gärtnern (Samen) und wieder zurück zum Bau (Grundmauern). Der Satz ist metaphorisch überladen. Auf instinktiver Ebene schreckt ein solcher Text ab, da die Sprache verwirrt und die Vision unklar ist. Es wäre einfacher, die Metaphern vollständig zu streichen oder zumindest nur eine einzige, einfache Metapher zu gebrauchen. Wenn Sie es mit einem wirklich entstellten Text zu tun haben, finden Sie Ihren Weg hindurch meistens am besten, indem Sie die Metaphern streichen.

Als Ursache für einen solch schrecklichen Text vermute ich in der Regel „viele Köche": Menschen mit unterschiedlichen Perspektiven haben zusammen an einem Text gearbeitet. Sie sind sich über die Visionen nicht einig, aber niemand möchte einen Streit beginnen – also wehrt sich niemand, solange die eigene Metapher berücksichtigt wird.

Zynischere Leser könnten den Verdacht hegen, dass ein derartiger Text nicht aufgrund von Inkompetenz

entstanden ist, sondern bewusst so designet worden ist –
dass die Menschen absichtlich uneinheitliche Metaphern
verwenden, damit ein so chaotischer Text entsteht, dass
niemand ihn genauer überprüft. Der Autor geht davon
aus, dass keiner den Text kontrollieren wird, da jeder
befürchtet, sich dadurch möglicherweise zu blamieren.
Und das stimmt möglicherweise auch.

Nachfolgend finden Sie einen Auszug aus einem Text
der Unternehmensberatung McKinsey. Es handelt sich um
Empfehlungen für die britische Regierung, die darlegen,
wie beim staatlichen Gesundheitsdienst NHS 20 Mrd.
Pfund eingespart werden könnten. Hier ein Auszug auf
der Kurzfassung:

> Eine wesentliche Veränderung im Gesundheitswesen wird
> einen Wandel zwingend erforderlich machen, die Nutzung
> formeller Mechanismen zur Erreichung von Effizienz-
> zuwächsen, die Entwicklung von WCC-Strukturen und
> -Prozessen, Beseitigung der nationalen Hindernisse für
> Veränderungen, Einführung von Plänen für Fördergelder
> und eine Erweiterung der Kenntnisse und Fähigkeiten, um
> Kosten herauszuschlagen.
>
> Wir empfehlen ein national aktiviertes Programm,
> zur Verfügung gestellt von den Strategieabteilungen und
> Krankenpflegern, um Effizienzeinsparungen durchzu-
> ziehen. Das Gesundheitsministerium sollte direkt handeln,
> um einige Gelegenheiten zu nutzen, z. B. Tarife senken.
> Außerdem sollte es die Förderung ermöglichen, indem es
> eine überzeugende Geschichte liefert, Hindernisse aus dem
> Weg räumt, den Rahmen und die Werkzeuge entwickelt
> und den Drang nach Effizienzsteigerung in existierende
> Mechanismen einbettet, z. B. WCC.[5]

Was heißt das? Fragen Sie 20 Personen, und Sie erhalten 20 unterschiedliche Antworten. Es bedeutet alles und nichts. Es ist eine Schande, dass es in so wirrer Art und Weise ausgedrückt wird. Mit einer eindeutigen Vision und klaren Ausdrucksweise hätten diese Einsparungen erreicht werden können. Es genügt zu sagen, dass die 20 Mrd. Pfund im NHS-Haushalt nicht eingespart werden konnten. Im Gegenteil: Die Ausgaben steigen weiterhin jedes Jahr an.

Missverstandene Metaphern

Eben haben wir uns einige Beispiele für konfuse Metaphern angesehen. Ein weiteres weit verbreitetes Problem bei Metaphern ist, dass sie nicht richtig verstanden werden: Das ist der Fall, wenn jemand eine Metapher verwendet, die für ihn das Richtige aussagt, aber dafür sorgt, dass der Adressat ablehnend reagiert.

Metaphern aus dem Bereich des Sports sind dafür ein gutes Beispiel. Fußballfans mag es gefallen, wenn von *Toren* die Rede ist oder davon, dass Leute auf der *Ersatzbank* sitzen beziehungsweise im *Abseits* stehen. Für sie funktionieren solche Metaphern, doch für viele andere Menschen sind sie eher unpassend. Andere sprechen möglicherweise über Cricket, über *gedrehte Bälle,* einen *Schlagmann* oder einen *Schläger.* Das funktioniert nicht für jedermann. Tatsächlich ist es wohl am sichersten, wenn man bei Sportmetaphern davon ausgeht, dass man mehr Personen befremdet als man damit zu locken vermag.

Auch Kriegsmetaphern können manchmal ins Auge gehen. Die Menschen sprechen beispielsweise über das Kämpfen, Waffen, Truppen und so weiter. Für viele klingt das zu aggressiv und prahlerisch. Über die Verbreitung von Kriegsmetaphern in der britischen Labour Party habe ich bereits gesprochen. Im Vorfeld der Unterhauswahlen 2015 sagte der damalige Parteichef der Labour Party, Ed Miliband, er werde kämpfen, um die Öffentlichkeit davon zu überzeugen, dass er die Fähigkeiten habe, die ein Premierminister brauche. Hm. Ich denke, dass es nicht der beste Weg ist, die Wählerschaft für sich zu gewinnen, wenn man mit ihr in den Krieg zu zieht. Es wurde berichtet, dass er den staatlichen Gesundheitsdienst NHS während der Unterhauswahlen „zu einer Waffe machen" wolle. Die Menschen waren entsetzt angesichts des Vorschlags, dass diese viel geliebte Institution zu einer politischen Waffe werden könnte. Das Problem bestand darin, dass Politik für Ed Miliband Krieg war, und seine Metaphern spiegelten dies wider. Das mag für ihn persönlich richtig gewesen sein, da es seiner Art, über Politik zu denken, entsprach, aber wenn er die Menschen für sich einnehmen wollte, hätte er eine andere Ausdrucksweise verwenden sollen. Einfach ausgedrückt: Er hätte weniger Zeit damit verbringen sollen, von seinem Waffenarsenal zu sprechen.

Manch einer verwendet Computermetaphern. In den letzten Jahren sind diese besonders modern geworden – und das überrascht nicht, wenn man bedenkt, wie diese Technologien die Denkweise der Menschen verändern. Immer mehr Menschen sprechen davon, bei ihren Unternehmen einen *Reset* vorzunehmen, eine *Sicherungskopie* von etwas anzufertigen oder sogar Informationen

bei ihren Kollegen *runterzuladen.* Das ist eine schrecklich entpersönlichte Weltsicht. Der Satz „Der Mittlere
Osten benötigt einen *Reset.*" vermittelt eine unglaublich
arrogante Perspektive. Millionen von Menschen können nicht an- und ausgeschaltet werden wie ein Computer. Die Metapher geht auf einen Wunsch nach Kontrolle
zurück, funktioniert aber nicht, wenn sie auf Menschen
angewendet wird, die Sie kontrollieren möchten.

Doch die möglicherweise am weitesten verbreitete
Problemmetapher bezieht sich auf das Auto, wie ich
bereits bei den NHS-Managern erwähnt habe. In
zahlreichen organisatorischen Reden ist dies die vor-
herrschende Metapher. Sie kommt überall vor. Menschen sprechen von einer *treibenden Kraft,* von der
Beschleunigung einer Reform oder davon, bei der Innovation in einen *höheren Gang zu schalten.* Sie reden davon,
auf die *Bremse zu treten,* Dinge irgendwo zu *parken* oder
den *Turbo einzuschalten.* Da wird der *Hebel* angesetzt, *Gas
gegeben* und über *Dreh- und Angelpunkte* gesprochen. Und
wenn etwas schiefgeht, verlieren die Dinge an *Schwung*
oder haben eine *Panne:* Manchmal mag das daran liegen,
dass eine *Schraube* locker ist …

Die Autometapher funktioniert für Führungspersönlichkeiten gut, wenn sie über ihr Unternehmen *nachdenken.*
Damit können sie schwierige operative Entscheidungen
über Dinge wie Entlassungen auf eine unbeteiligte,
unpersönliche Weise treffen, ohne die Konsequenzen
für die Menschen und die emotionalen Verwicklungen
sowie den Druck zu berücksichtigen, den diese mit sich
bringen. Das entspricht auch ihrem Wunsch nach Kontrolle: Es setzt voraus, dass ihre Organisation vorhersagbar,

effizient und reaktiv funktioniert und alle Antworten von den Entscheidungen der Chefs abhängen. Wenn sie sich also vorwärtsbewegen wollen, müssen sie folglich lediglich den Zündschlüssel umdrehen, den Gang einlegen, den Fuß auf das Gaspedal stellen – und los geht's. Ist das nicht ein verführerisches Bild? Allerdings wird jeder mit echter Führungserfahrung Ihnen sagen, dass es so in der Realität nicht funktioniert. Es ist eher so: Man setzt sich ins Auto, dreht den Schlüssel herum und denkt, hm. Was ist da geschehen? Während die Autometapher für die Führungsetage attraktiv ist, fehlt ihr also in der Wirklichkeit die Grundlage.

Doch das Schlimmste an Maschinenmetaphern ist, dass sie die Menschen schwächen und belasten, die sie inspirieren sollten. Statt dass sie sich sicher fühlen, nehmen sie eine Bedrohung wahr. Denn wenn ein Unternehmen ein Auto ist, und der Chef ist der Fahrer – was heißt das dann für die Angestellten? Es reduziert sie zu Bestandteilen und Komponenten, die weder für Innovationen und Kreativität noch zum Denken gebraucht werden: Sie sind lediglich da, um eine bestimmte Funktion zu erfüllen; und wenn sie diese Funktionen nicht erfüllen, werden sie entfernt und bedenkenlos ersetzt. Die Maschinenmetapher nimmt dem Personal seine Menschlichkeit. Sie führt zu maschinenartigem Denken. Sie setzt die Menschen herab.

> Maschinenmetaphern schwächen und belasten die Menschen.

Woher kommt dann aber diese Autometapher? Warum ist sie so verbreitet? Meine Theorie ist, dass sie hauptsächlich

von Unternehmensberatern ausgeht. Die beiden Gründer-
väter der modernen Denkweise von Unternehmens-
beratungen – Frederick Winslow Taylor, nach dem der
sogenannte Taylorismus benannt ist, und Henry Gantt, der
das Gantt-Diagramm entwickelte – waren beide Ingenieure
und schrieben Ende des 19. beziehungsweise zu Beginn
des 20. Jahrhunderts, als das große Thema im Geschäftsleben die Massenfertigung von Autos war: So konnte
es zu einer modernen Metapher werden. Auch damals
führten sehr viele Menschen sich immer wiederholende
Arbeiten aus, bei denen sie nicht denken mussten –
also war die Metapher möglicherweise passend. Doch die
Zeiten haben sich geändert. Heute würden die meisten
Unternehmen behaupten, dass sie Angestellte suchen, die
innovativ, reaktiv und anpassungsfähig sind. Und wenn
das der Fall ist, brauchen wir neue Metaphern. Wir müssen jene Metaphern hinter uns lassen, die Menschen zu
Schrauben und Hebeln in einer großen Maschine machen,
und eine neue Metapher für neue Zeiten finden.

Metaphern in der Sprache der Menschenführung

In der Sprache der Menschenführung sprechen Metaphern
direkt die zwei dringendsten Bedürfnisse des instinktiven
Bereichs im Gehirn an: Sicherheit und Belohnung. Solche
Metaphern sind unabhängig von Zeiten, Kulturen und
Kontinenten. Sie sollten ein universelles Echo auslösen, da
sie universelle Bedürfnisse ansprechen.

> In der Sprache der Menschenführung sprechen Metaphern direkt die zwei dringendsten Bedürfnisse des instinktiven Bereichs im Gehirn an.

Im Rest dieses Kapitels möchte ich einen genaueren Blick auf fünf besondere Metaphern werfen, die in diese Kategorie gehören. Natürlich will ich damit nicht nahelegen, dass dies die einzigen Metaphern sind, die man verwenden sollte, und dass man sich stets an ihnen orientieren sollte; ich möchte lediglich sagen, dass diese Metaphern Sie zu neuen und spannenden Orten führen können. Und bestimmt werden sie sich als erfolgreicher erweisen, als wenn Sie Menschen mit den Einzelteilen eines Autos vergleichen.

Metaphern in der Sprache der Menschenführung:
Personifizierung
Reisen
Klima und Natur
Lebensmittel und Ernährung
Familie und Freunde

Personifizierungsmetaphern

Wenn Menschen etwas nicht mögen, rutschen sie wie von selbst in den Bereich der Maschinenmetaphern. Sie sagen zum Beispiel: „Ich höre, wie sich die *Zahnräder* drehen.", wenn sie vom Intellekt einer Person nicht überzeugt sind. Und wenn es in der Ehe nicht so gut läuft, sprechen sie vielleicht von einem *Leerlauf.* Umgekehrt gilt: Wenn Menschen eine Sache mögen, verwenden sie natürlicherweise eine personifizierende Metapher. Gartenfans sagen beispielsweise, dass ihre Pflanzen etwas *durstig* aussehen. Schluckspechte reden vielleicht von einem *frechen Fläschchen,* während stolze Hausbesitzer ihre Küche als *Herz des Hauses* bezeichnen.

Sehen Sie sich die Beispiele in Tab. 2.1 an, dann wissen Sie, was ich meine.

Tab. 2.1 Beispiele für Personifizierung

Charles Brower, Werbeguru	„Eine neue Idee ist empfindlich. Sie kann durch eine spöttische Bemerkung oder ein Gähnen getötet werden. Sie kann von einem Scherz erstochen und vom Stirnrunzeln des richtigen Mannes zu Tode geängstigt werden."
Mary Portas, Handelsguru	„Hauptstraßen sind das Herz der Städte und Gemeinden … Manche Hauptstraßen florieren, doch die meisten haben zu kämpfen. Viele sind siech, andere stehen auf der Roten Liste und einige sind schon tot. Wir können nicht versuchen, jede Hauptstraße zu retten, und das sollten wir auch nicht tun; doch aufgrund meiner Erkenntnisse denke ich: Es besteht dringender Handlungsbedarf, wenn es nicht noch mehr Opfer geben soll."
Jonathan Freedland, Wirtschaftsguru	„Will man einer Konjunktur, die nach Luft schnappt, Leben einhauchen, soll man nicht den Gürtel enger schnallen, sondern ihr Sauerstoff geben."

Wenn Sie jemals mit jemandem gesprochen haben, der gerade an einem großen Projekt arbeitet, sind Sie wahrscheinlich Zeuge authentischer Personifizierungsmetaphern geworden. Ich verhalte mich jedenfalls so. Anhand der Metapher, die ich nutze, können Sie beurteilen, wie zufrieden ich mit meiner Arbeit bin. Spreche ich über eine Rede, die meiner Ansicht nach gut ist, erwähne ich das *Herz* und *Rückgrat* der Rede, oder vielleicht sage ich auch, dass sie auf eigenen *Beinen* steht. Bin ich weniger zufrieden, bezeichne ich die Rede vielleicht als *funktional* oder sage, dass ich noch nicht alle Einzelteile *zusammengesetzt* hatte, womit ich mich in den Bereich der Maschinenmetaphern begebe. Das ist der Unterschied zwischen der Personifizierungsmetapher und der gefürchteten Maschinenmetapher: Man vermittelt Leidenschaft – oder eben nicht (Abb. 2.1).

Künstler personifizieren häufig. Kürzlich sah ich ein schönes Zitat von Richard Curtis, dem Drehbuchautor von „Vier Hochzeiten und ein Todesfall" und anderen Filmen. Er sagte: „Der Unterschied zwischen der Idee für einen Film und der Produktion eines Films ist wie der Unterschied zwischen der Beobachtung einer Frau auf der anderen Seite des Raums und der Anwesenheit an ihrer Seite während der Geburt deines dritten Kindes.". Das trifft es genau: Sein Film ist sein Baby. Dasselbe Gefühl habe ich übrigens bei diesem Buch. Ich werde wütend sein, wenn die Redakteurin Teile des Textes *vernichtet*: Das wäre für mich gleichbedeutend mit einem *künstlerischen Mord*. (Ich wette, nun habe ich ihr einen Mordsschrecken eingejagt …)

Abb. 2.1 Personifizierungs- versus Maschinenmetapher

Das Tolle an der Personifizierung ist, dass sie vollkommen universell ist. Es handelt sich um eine Metapher, die wir alle verstehen können, unabhängig von unserem Alter, dem Geschlecht oder der Religion. Trotz aller Unterschiede gibt es eine gemeinsame Erfahrung, die jede Person auf diesem Planeten teilt: Wir stecken in einem menschlichen Körper. Es ist eine wirklich globale Metapher, die Sprachen, Kulturen und Kontinente überwindet. Im Westen sprechen wir oft herablassend über den chinesischen Gedanken des *Gesichts,* doch die Metapher des Gesichts für die menschliche Würde ist in der westlichen Kultur ebenso verankert: Im Deutschen reden wir davon, dass jemand „sein wahres *Gesicht* zeigt", dass etwas ein „Schlag ins *Gesicht*" ist, dass man den „Tatsachen ins *Gesicht* sehen muss" oder sein „*Gesicht* verlieren" kann.

Personifizierungen sind so mächtig, dass sie in jeder Kultur funktionieren, auch mit den einzelnen Körperteilen. Manchmal arbeite ich in Malaysia. Im Englischen und im Malaiischen wird häufig derselbe metaphorische Rahmen verwendet. So ist zum Beispiel das Auge in beiden Sprachen eine Metapher für sexuelles Interesse – im Deutschen ebenfalls. So kann man bei uns „ein *Auge* auf jemanden werfen", einer Person „schöne *Augen* machen" oder sie sogar „mit den *Augen* ausziehen". In Malaysia wird ein sexuell perverser Mensch als „mata keranjang" bezeichnet, was so viel bedeutet wie „ein grobes Auge", und Flirten wird „bermain mata" genannt, das heißt „spielendes Auge".[6]

Die unteren Körperregionen liefern ebenfalls gute Metaphern. Als ich einem der weltweit führenden Metaphern-Experten einen Entwurf meines ersten Buches schickte – *Speechwriting: The Expert Guide* –, erschrak ich zunächst über seine Antwort. Er hatte über das Metaphernkapitel „Scheiße" gekritzelt. Als ich dann weiter nach unten sah, stand dort „… das ist auch eine gute Metapher …".

Er hatte Recht: Scheiße ist in der Tat eine kraftvolle und universelle Metapher. Natürlich nennen die Franzosen es „merde" und die Briten sprechen von „shit". Sie begegnet uns in einer Vielzahl unterschiedlicher Gestalten. Boris Johnson sagte über Ed Miliband, er komme „aus dem *Gedärm* der Gewerkschaftsbewegung" (Ed Miliband = Scheiße). Charles Saatchi erklärte, Politiker seien wie *Windeln* – sie sollten häufig gewechselt werden

(Politiker = voller Scheiße). Dennis Skinner äußerte, Blair und Brown seien zwei Hälften desselben Arschs (die „New Labour"-Politik = Scheiße). Ronald Reagan sagte über die Regierung, sie sei wie ein *Baby* – mit einem riesigen Appetit einerseits und keinem Verantwortungsbewusstsein andererseits (Leistung der Regierung = Scheiße).

Körpermetaphern sind sehr stark. Wenn unsere Metaphern sich auf körperliche Aktionen beziehen – zum Beispiel: „Dieses Unternehmen hat wirklich *Biss.*" oder „Wir müssen die Gelegenheit beim Schopf *packen.*" – zeigt die funktionelle Magnetresonanztomografie, dass der Teil des Gehirns aktiviert wird, der mit diesen Tätigkeiten zusammenhängt. Also stellen sich die Menschen tatsächlich die Aktion des Beißens oder Zupackens vor. Aus diesem Grund ist die Personifizierung so effektiv: Man gelangt buchstäblich in die Köpfe der Menschen.

Personifizierung in der Praxis

Ein Kommunikationsteam kann einem Unternehmen eine *Stimme* geben. Unser Strategieteam könnte das *Gehirn* sein. Das Kontrollteam mag *Augen* und *Ohren* aufsperren. Wir bezeichnen unser Unternehmen vielleicht als *Zuhörer* oder beschreiben, wie wir *kämpfen* oder *überleben*. Möglicherweise erklären wir, dass wir „erhobenen *Hauptes*" dastehen, „Chancen *ergreifen*" oder „unseren Freunden eine helfende *Hand* reichen". Wir müssen den *Charakter* unserer Firma und unsere *Identität* auf dem Markt verstehen. Es ist wichtig, unsere *Visionen* und *Werte* zu kennen. Was ist unsere *Hintergrundgeschichte?* Welche

Eigenschaften und *Charakteristika* haben wir? Warum *lieben* uns die Menschen? Die Nutzung dieser Sprache fühlt sich ganz anders an als die Sprache, die Sie mit Maschinenmetaphern erhalten, und auch die Sicht auf die Welt ist eine ganz andere. Tab. 2.2 beschäftigt sich mit einem Vergleich der beiden Metaphern.

Durch die Personifizierung wird die Sprache persönlich. Unternehmer sprechen über die von ihnen gegründete Firma häufig mit Personifizierungsmetaphern. Einmal hörte ich, wie ein Unternehmer über Einsparungen sprach, die aufgrund schlechter Zeiten erforderlich geworden waren. Er sagte: „Wir waren *schwabbelig* geworden. Das war die Wahrheit. Wir mussten *Gewicht* verlieren. Und es gibt viele Möglichkeiten, wie man Gewicht verlieren kann. Sie können zu Weight Watchers gehen. Sie können auf Atkins zurückgreifen. Sie können sich den Magen verkleinern lassen. Ich hingegen habe mich für die Amputation entschieden." Dann lachte er. Die Metapher war einfach. Das Bild war klar.

Tab. 2.2 Patriot versus Sozialtechniker

Patriot	Sozialtechniker
Ich werde Ihnen etwas über den britischen Geist erzählen …	Großbritannien macht mächtig Dampf
Verantwortung ist das Blut, das in den Venen und Arterien Großbritanniens fließt	Wir verdrahten verschiedene Bereiche der Gesellschaft:
Wir können Großbritannien wieder auf die Füße stellen, sodass es erhobenen Hauptes in der Welt steht	Wir bringen Großbritannien zurück in die Poleposition

Personifizierung kann bewusst eingesetzt werden, um für Vertrautheit zu sorgen: Als Adam Smith über die „unsichtbare *Hand* des Marktes" sprach, vermittelte er den Menschen die Vorstellung, dass Märkte wie Personen seien. Das hatte direkt mit der größten Kritik an Smiths Wirtschaftslehre zu tun – nämlich, das die Märkte zwar effizient sein mögen, aber gleichgültig: Sie können fröhlich und bedenkenlos Zehntausende Menschen arbeitslos machen. Durch die Verwendung einer personifizierenden Metapher eröffnete er die Möglichkeit, dass der Markt zu Mitgefühl fähig sein könnte. Und Adam Smith wusste, was er tat: Er hielt Vorlesungen über Rhetorik an der Universität Glasgow. Seine Vorlesungen sind im Internet verfügbar. Sie sind sehr lesenswert und lassen auch keinen Zweifel daran, dass er wusste, wie kraftvoll diese spezielle Metapher war.[7]

Die meisten großen Marken basieren auf Personifizierungen.[8] Sie helfen den Menschen, sie zu lieben. Auf diese Weise können wir eine Marke als Freund ansehen. Sehen Sie sich einmal in Ihrer Küche um: Meister Proper und Uncle Ben zum Beispiel. Und denken Sie an Werbesprüche: „Mars macht mobil." (Mars, Schokoriegel), „Bizzl auf der Zunge lacht." (bizzl, Limonade), „Der Käse, der aus der Reihe tanzt." (Babybel, Käse). Sehen Sie sich in Ihrem Zuhause um. Meine Töchter freuen sich jedes Mal, wenn der Staubsauger Henry aktiv wird. Indem Marken oder Unternehmen ihren Produkten eine Persönlichkeit verleihen, erwecken sie diese zum Leben. Disney setzt die Vermenschlichung in seinen Animationsfilmen ein. Große Führungspersönlichkeiten verwenden die Personifizierung, um zu überzeugen. Bei seiner Einführung sprach

Steve Jobs über den Macintosh, als sei er eine Person. Er redete sogar mit ihm. Das iPhone stellte er als eine schöne Frau vor, die er verführerisch liebkoste – und er ging sogar so weit zu sagen: *„Wir haben die Schaltfläche so schön gestaltet, dass Sie daran lecken wollen."* Hm. Woran er da wohl gedacht hat?

> Große Marken basieren auf Personifizierungen.

Manche Unternehmen versuchen bewusst, ein menschliches Gesicht in ihr Design zu integrieren. Wenn das gut funktioniert, aktiviert es den Teil des Gehirns, der sich mit der Gesichtserkennung beschäftigt – und dadurch wird die so genannte physiognomische Wahrnehmung ausgelöst.[9] Deshalb stehen die Zeiger bei Uhren im Geschäft immer auf 10 vor 2. Manche Häuser sind so erbaut, dass sie wie ein menschliches Gesicht aussehen.[10] VW-Wohnmobile und Mini Coopers sind ebenfalls großartige Beispiele: Die funktionelle Magnetresonanztomografie zeigt, dass bei Personen, die einen Mini Cooper sehen, der Teil des Gehirns aktiv wird, der mit der Gesichtserkennung zu tun hat. Das ist einer der Gründe, warum die Besitzer dieser Autos sie so sehr lieben, ihnen Namen geben und sie als Familienmitglieder beschreiben. Ich spreche hier aus eigener Erfahrung. Ich habe einen VW. Doch ich kann Ihnen auch eine Geschichte erzählen, welche die Vorteile illustriert, die Personifizierung beim Verkauf bieten kann. Als Lucy und ich bei eBay suchten, um ein Wohnmobil zu kaufen, stießen wie auf die beiden Anzeigen, die Sie in Tab. 2.3 sehen.

Tab. 2.3 Mit oder ohne Metapher?

Personifizierende Metapher	Ohne Metapher
Starten Sie in den Urlaub mit Lolly, dem viel geliebten Wohnmobil! Ich habe dieses Wohnmobil letztes Jahr für mich und meine vierjährige Tochter gekauft, doch wir haben im Moment so viel zu tun, dass wir entschieden haben, es zu verkaufen und uns später mal ein anderes Wohnmobil zu besorgen, wenn das Leben weniger hektisch ist. Lolly ist ein tolles Wohnmobil. Sie startet immer und hat ihren TÜV im April dieses Jahres zum ersten Mal ohne irgendeine Beanstandung bekommen! (Wir waren so stolz auf sie.) Wie ihr auf den Fotos sehen könnt, ist sie nicht ohne Makel, doch man hat wirklich Spaß mit ihr. Alles, was an ihr gemacht werden muss, ist kosmetisch, nicht mechanisch. Es wird Freude machen und nicht viel Geld kosten, sie wieder in Form zu bringen, sodass sie wieder fantastisch aussieht für das nächste Abenteuer, Festival oder Wochenende außerhalb	Volkswagen T25 Camper Van, 1981. 2 L, Luftkühlung, kürzlich überholt. Dabei wurde ab dem Dach alles professionell neu lackiert, der gesamte Rost entfernt und Karosserieteile ersetzt, sofern erforderlich. Neue Reifen mit Radkappen und Verkleidungen aus Chrom. Der Motor wurde ausgetauscht und angepasst, mit allen Dichtungen und Anschlüssen. Der Vergaser samt Dichtungen und Anschlüssen wurde gewartet. Der Tank wurde durch einen guten gebrauchten Tank ersetzt, der gereinigt und lackiert worden ist. Der Motor startet und läuft gut, würde aber davon profitieren, wenn er neu eingestellt werden würde. Der Innenraum ist sauber und aufgeräumt

Die Beschreibung auf der rechten Seite ist funktional und informativ – nichts weiter. Sie ist weder emotional, noch überzeugend. Die linke Anzeige personifiziert das Wohnmobil nicht nur, sie verleiht ihm auch einen lebendigen Charakter. Wir erfahren, dass Lolly Spaß macht, unbekümmert und einfach toll ist – jemand, mit dem wir wohl gerne einen Urlaub verbringen. Schließlich sahen wir uns ausschließlich Lolly an, legten den weiten Weg nach Worcester zurück, um sie uns anzusehen: Sie war ein einziger Rosthaufen. Trotzdem waren wir motiviert, sie uns anzusehen, und das ist der entscheidende erste Schritt bei jedem Verkauf. Und da wir gerade von ersten Schritten sprechen: Lassen Sie uns weitergehen zu unserer nächsten Metapher in der Sprache der Menschenführung – Reisemetaphern.

Reisemetaphern

In seiner Siegesrede sagte Barack Obama 2008 vor 250.000 Menschen im Grant Park, Chicago: „Die Straße, die vor uns liegt, ist lang, der Weg wird steil sein. Wir werden unser Ziel vielleicht nicht in einem Jahr und möglicherweise nicht einmal in einer Amtsperiode erreichen. Aber, Amerika, ich war noch nie so hoffnungsvoll wie heute Abend, dass wir es schaffen! Ich verspreche, dass wir als Volk es schaffen werden."

Dieser schöne, viel zitierte Auszug erinnerte an sehr viele große Führer der Vergangenheit. Alle großen Führer verwenden Reisemetaphern: von Jesus, Mohammed und Buddha bis hin zu Mahatma Gandhi, Nelson Mandela und Martin Luther King. In der Sprache der Menschenführung ist die Reisemetapher sehr kraftvoll. Wenn ein Führer eine Reise beschreibt, spricht er von einer Voraussetzung der Menschenführung. Ich sehe den Weg vor mir. Das ist ein Grund dafür, dass die Reisemetapher so stark ist.

Der zweite Grund ist, dass sie das Belohnungssystem im Gehirn aktiviert. Wenn Menschen sich vorstellen können, wohin sie gehen, wissen sie, wann sie Fortschritte machen, und ihr Fortschritt wird unterwegs durch kleine Dopaminausschüttungen belohnt. Diese Metapher greift auf die Reisen unserer Vorfahren zurück. Sie kommt auch in Liedern sehr häufig vor: „Ain't No Mountain High Enough", „Long and Winding Road", „He Ain't Heavy", um nur einige zu nennen.

Die Reise kann so herrlich und glanzvoll sein, wie wir wollen. Je verlockender und attraktiver die Reise ist, desto mehr darf sich das Belohnungssystem freuen. Lassen Sie uns sehen, was es außer dem *Vorwärtsgehen* und der *Weggabelung* noch gibt. Holen Sie Ihre buntesten Farben hervor und gestalten Sie die Reise bunt. Lassen Sie sie real werden. Gestalten Sie sie farbenfroh. Vielleicht ist die Straße, auf der wir reisen, holperig? Vielleicht sollten wir uns vor Bananenschalen in Acht nehmen? Vielleicht warten hinter der nächsten Kurve Banditen, die uns ausrauben wollen? Vielleicht verändert sich die Landschaft, durch die wir reisen, ständig? Vielleicht versinken wir im Morast? Vielleicht blicken wir über eine Felskante? Wie wäre es, ein paar Naturmetaphern einzustreuen: Samen werden gesät, Blumen erblühen oder man erlebt eine Blütezeit – all das symbolisiert eine bessere Zukunft.

Einen weiteren Punkt sollten wir bei unserer Reise im Blick behalten: das Wetter.

Das Wetter

Während der britischen Unterhauswahlen 2010 sagte Gordon Brown:

> Wir haben zwar das Schlimmste dieses schrecklichen Sturms überstanden, aber die See ist noch rau. Wir haben es gemeinsam durch diesen Sturm geschafft, doch es stehen uns noch beträchtliche Gefahren bevor. Es geht nun darum, den Mut zu haben, die Mission zu erfüllen, schwere Entscheidungen zu treffen und an ihnen festzuhalten, ohne vom Kurs abzukommen. Wir überstehen den Sturm. Wir dürfen jetzt nicht umkehren. Wir werden an unserem Kurs festhalten, und wir werden unsere Mission erfüllen.

Ist Ihnen etwas aufgefallen? Die Sturmmetapher ist klar. Sie war auch genial. Die Sturmmetapher diente zwei Zielen. Erstens deutete sie an, dass die Finanzkrise des Jahres 2008 eine Naturgewalt war. Also waren nicht gierige Banker, ängstliche Politiker und ineffektive Regulierungsbehörden schuld, sondern höhere Gewalt. In der Tat: Ist es nicht seltsam, dass trotz zahlreicher Berichte und Untersuchungen auf regulatorischer, institutioneller und individueller Ebene noch immer niemand für seine Rolle bei der Finanzkrise ins Gefängnis gekommen ist? Die Metapher gibt die Antwort. Wäre eine Metapher verwendet worden, die auf die Beteiligung von Menschen hingewiesen hätte, wie beispielsweise ein *Crash* oder *Kollaps* der Finanzmärkte, dann hätten möglicherweise mehr Menschen verlangt, dass jene Verantwortlichen zur Rechenschaft gezogen werden. Doch niemand stellte die Metapher infrage – das heißt abgesehen von meinem guten Freund Tom Clark, der in seinem fantastischen Buch *Hard Times* (2014) die *Sturm*-Metapher ablehnte. Er meinte, ein Sturm hätte dazu geführt, dass es gleichermaßen auf alle herabgeregnet hätte; doch in diesem Fall hätte es sich eher um einen *Taifun* gehandelt, der einige Gemeinden verwüstete, während andere unberührt blieben.

Der andere Grund, warum Browns Metapher so kraftvoll ist: Er positionierte sich selbst als Kapitän auf einem Schiff, das durch stürmische Wasser segelt. Das war eine tolle Möglichkeit, die Reisemetapher weiterzuentwickeln. Indem er das Bild eines Schiffs im Meer heraufbeschwor, stärkte er seine eigene Position, sodass es unwahrscheinlicher wurde, dass die Menschen versuchen würden, ihn abzusetzen (was einige ältere Minister des Kabinetts wollten). Wir alle können verstehen, dass es verrückt wäre, einen Kapitän inmitten eines Sturms auszuwechseln. Als eine seiner Ministerinnen, Hazel Blears, aus Protest über die Amtsführung des Premierministers zurücktrat, trug sie bei ihrer Rücktrittsrede eine Brosche mit der Aufschrift „Rocking the boat" – „das Schiff zum Schwanken bringen". Sie sehen: Sobald sich eine Metapher etabliert hat, kann ihr Bild unwiderstehlich sein, selbst für Personen, die eine vollkommen andere Perspektive haben.

Auch Klimametaphern kommen in der Sprache der Menschenführung häufig vor und können von Führern verwendet werden, um ihre Position zu stärken. Tony Blair versprach eine neue *Morgendämmerung*. David Cameron sprach über *Sonnenschein,* der den Tag erobert.

Führungskräfte aus der Wirtschaft reden vom *Wind* der Erneuerung, von *Stürmen* und dem Auge des *Hurrikans*.

All diese Metaphern gehen auf unser ererbtes Gedächtnis zurück. Sie sprechen intensiv das Bedürfnis des instinktiven Bereichs unseres Gehirns an, Sicherheit und Belohnung anzustreben. Die verlockende Aussicht auf Sonnenschein, jenes sanfte Leuchten in der Ferne, die Wärme der Sonne auf unserer Haut. Doch gleichermaßen gilt: Wenn man von eisiger Kühle, frostigen Aussichten oder mächtigen Stürmen spricht, kann das dazu führen, dass die Leute instinktiv zurückschrecken. Das ist ein Sicherheitsinstinkt. Eine der Folgen der Finanzkrise 2008 war ein niedrigeres Niveau an Unternehmensneugründungen und Innovationen. Die Sturmmetapher hätte in dieser Hinsicht nicht geholfen. Denn was tun wir bei einem Sturm? Wir suchen einen Unterschlupf, bringen uns in Sicherheit und warten, bis er vorbei ist.

Metaphern rund um Licht und Dunkelheit können genauso effektiv sein: Licht wird im Allgemeinen als Metapher für das Gute angesehen, während die Dunkelheit für das Böse steht. Filmregisseure spielen immer mit dem Licht, um uns instinktiv zu zeigen, wer die Guten und wer die Bösen sind – und große Führer können dieselbe Technik anwenden, um Anziehungskraft oder Ablehnung hervorzurufen. Während das Licht zum Leben führt, bringt die Dunkelheit den Tod, sodass diese Metaphern direkt den instinktiven Bereich des Gehirns ansprechen. Eine andere Metapher, die unmittelbar die Instinkte anspricht, ist die Nahrung.

Nahrungsmetaphern

Wenn wir auf unserer Reise sind, brauchen wir Lebensmittel zum Essen und Wasser zum Trinken. Ohne dies werden wir sicher sterben. Es ist eine Frage des Überlebens. Die Aussicht auf Nahrung und Wasser setzt unser Belohnungssystem in Gang. Deshalb eignet sie sich für kraftvolle Metaphern.

Informationen können wie Wasser sein – sie *tröpfeln* herein oder sie *fließen*. Dadurch klingen die Informationen verlockend. Oder wir *ertrinken* in Daten. Das ist dann weniger attraktiv.

Doch Informationen können auch Nahrung sein. Dieses Bild reicht mindestens bis zur Bibel zurück und ist derzeit insbesondere in der Informatik weit verbreitet. Wir alle kennen *Apple*. Weniger Menschen wissen, dass Macintosh tatsächlich eine Apfelsorte ist, die in Nordamerika vorkommt. Google nutzt ebenfalls eine Nahrungsmetapher, ist aber nicht so gesundheitsbewusst wie Apple: Das Unternehmen benennt sein Android-Betriebssystem jedes Jahr nach einem Lebensmittel, das ungesund, aber lecker ist – von *Cupcake* über *Donut* bis hin zum *Éclair* … Mmmm. Wenden wir uns nun dem Blackberry zu … Das ist eine großartige Metapher. Das metaphorische Bild einer Brombeere („blackberry") lässt buchstäblich die Realität, mit Ihrem Büro in der Tasche unterwegs zu sein, nicht nur attraktiv, sondern sogar richtig verlockend erscheinen. So kann eine Metapher die Wahrnehmung verändern – doch es ist wichtig, dass das Bild auch genau passt. Ich habe gehört, dass bei der Diskussion rund um die Markenentwicklung des

Blackberry darüber nachgedacht wurde, ihn „strawberry" (Erdbeere) zu nennen. Doch dann entschied man, eine Erdbeere sei zu füllig, zu gehaltvoll. Eine Brombeere schien perfekt zu sein. Und das ist sie auch, oder? Ein großartiges Beispiel für die Sprache der Menschenführung. Aber ich wette, sie regen sich jedes Mal furchtbar auf, wenn jemand den Blackberry als „crackberry" bezeichnet (Wortspiel, mit dem der Blackberry als süchtig machend bezeichnet wird).

Auch Geld kann wie Wasser sein. Die Banken sprechen von Liquiditäts*pools,* dem *Fluss* von Bargeld und *Dürre*perioden. In harten Zeiten denken sie eventuell daran, den *Hahn* zuzudrehen, Vermögenswerte *einzufrieren* und so weiter. Die Botschaft lautet hier, dass Geld für unser Überleben von entscheidender Bedeutung ist. Das ist ein kraftvoller Gedanke. Wenn Kapitalsysteme nicht mehr funktionieren, sterben wir alle. Und Geld kann ebenfalls Nahrung sein: Im Englischen wird Geld auch als *dough* (Teig) oder *bread* (Brot) bezeichnet. Wenn wir das Gefühl haben, etwas zu kurz gekommen zu sein, sagen wir, dass wir uns mit den *Brotkrumen* begnügen müssen. Außerdem sagt man von Ideen, dass sie „schwer zu schlucken" oder „schwer zu verdauen" sind; alternativ können sie uns aber auch „schmecken". Bei der Aussicht auf eine Fusion kann uns „das Wasser im Munde zusammenlaufen". Die Nahrungsmetapher geht immer auf eine *Leckerei* zurück und ist leicht *verdaulich.* Sie hinterlässt keinen schlechten *Geschmack* im Mund. Es sei denn, viele Köche verderben den *Brei* …

Die Idee der Nahrung bringt uns unweigerlich an den Küchentisch, an dem auch unsere Freunde und Familienmitglieder sitzen.

Familien- und Freunde-Metaphern

Instinktiv wollen wir in der Nähe unserer Freunde und Familie sein, dazugehören. Wenn man von Kooperationspartnern, Interessensgruppen oder der Infrastruktur eines Unternehmens spricht, wird dieser Instinkt nicht angesprochen. Doch Bilder von Freunden und Familie funktionieren, rund um ein Feuer oder am Küchentisch sitzend: Dadurch wird ein Gefühl von Intimität und Zuneigung erzeugt.

Die Europäische Union ist eine *Familie* von Nationen. Die Gewerkschaftsbewegung ist eine *Bruderschaft*. Manchmal können wir eine Nation auch wie eine *Familie* betrachten: In Großbritannien ist die Regierung der *Vater*, wir haben *Mutter* Natur, und die BBC wird als *Aunty* (Tante) Beeb bezeichnet. Führer können diese Metapher nutzen, um Menschen in die Wärme der Familie zu locken, doch sie können die Situation auch umdrehen und zu einer Bedrohung werden lassen. Beim Referendum über die Unabhängigkeit Schottlands warnte der damalige Premierminister David Cameron davor, dass ein Zerbrechen des Vereinigten Königreichs wie eine „schmerzvolle *Scheidung*" sei. Ich weiß nicht, wie es Ihnen geht, aber ich habe noch nie jemanden getroffen, der mit einer Scheidung etwas Positives verbindet. Das war eine effektive Metapher, mit der die Schotten von der Unabhängigkeit weggeführt wurden.

Doch es hätte auch eine andere Metapher zum Einsatz kommen können, um ein ganz anderes Gefühl hervorzurufen. Als es zur Aufspaltung der Föderation Malaya in

Singapur und Malaysia kam, sagte der damalige Premierminister Tun Abdul Razak:

> Lassen Sie uns bei der Trennung Singapurs von Malaysia
> die beiden nicht als Teile eines unglücklich verheirateten
> Paares betrachten, die sich nach der Scheidung gegen-
> seitig die Schuld zuweisen und jeweils um einen möglichst
> hohen Unterhalt oder eine Wiedergutmachung zur eige-
> nen Unterstützung kämpfen, nachdem ihr gemeinsames
> Leben ein Ende gefunden hat. Nein, lassen Sie uns die
> Trennung Singapurs von Malaysia wie die Trennung von
> siamesischen Zwillingen betrachten: die Trennung zweier
> Kinder, die gemeinsam von der Mutter Malaya geboren
> wurden. Eine Operation zur Trennung siamesischer Zwil-
> linge ist eine heikle und komplizierte Angelegenheit und
> eine Meisterleistung der modernen Wissenschaft in dieser
> modernen Welt. Man muss an das Nervensystem denken,
> an den Blutkreislauf, an die Knochen und an alles andere,
> wodurch sie miteinander verbunden sind. Doch die
> moderne Wissenschaft ist heute in der Lage, siamesische
> Zwillinge erfolgreich zu trennen, sodass sie unabhängig
> voneinander laufen, unabhängig handeln und unabhängig
> gedeihen können. Und dennoch werden Sie überall auf der
> Welt feststellen, dass bei der Trennung siamesischer Zwil-
> linge eine mentale Verbindung bestehen bleibt, selbst nach
> ihrer rein körperlichen Trennung. Sie sind nach wie vor
> Geschwister.[11]

Er lehnte die Scheidungsmetapher ab und verwendete
stattdessen die Metapher der Zwillinge, die sich zu ihrer
eigenen Sicherheit trennen müssen. Diese Bildsprache
bestimmt bis heute die Art, wie viele Malaysier und

Singapurer über die Trennung denken: Sie betrachten einander mit großer Zuneigung, Nähe und einem ausgeprägten Sinn für die gemeinsame Geschichte. Da ist nichts von der Bitterkeit und dem Groll zu spüren, die eine schmutzige Scheidung auslösen würde. Hoffen wir, – falls Schottland sich jemals vom Vereinigten Königreich abspaltet –, dass dies die Bildsprache sein wird, die wir verwenden.

Familienmetaphern sind äußerst effektiv, wenn es um internationale Beziehungen geht, doch sie funktionieren ebenso gut innerhalb von Unternehmen: wenn es um die *befreundeten* Firmen geht, um die Gründer*väter,* um *Schwester*organisationen und so weiter. Wenn man bemerkt, welche metaphorischen Bezeichnungen verwendet werden, kann dies einen Einblick in tiefer liegende Probleme liefern.

Ich habe einmal mit einem großen Unternehmen zusammengearbeitet, das gerade eine Spaltung hinter sich hatte. Sogleich merkte ich überrascht, dass jeder in dem Unternehmen, auf beiden Seiten, von einer „Scheidung" sprach. Diese Metapher war eindeutig negativ. Wir machten uns daran, eine neue Metapher zu suchen, eine Geschichte von zwei Unternehmen, die in demselben Zuhause aufwuchsen, unter einem gemeinsamen Dach, als Teil derselben Familie, die aber schließlich so groß, stark und erfolgreich wurden, dass sie sich jeweils ihren eigenen Platz suchen mussten, um weiter wachsen zu können. Anschließend unter den Angestellten durchgeführte Umfragen zeigten deutliche Verbesserungen. Statt auf die Vergangenheit zu blicken, begannen die Leute, in die Zukunft zu schauen. Die Spaltung wurde als positive Gelegenheit zur Veränderung gesehen.

Umsetzung in die Praxis

Hier gibt es eine Menge zu bedenken. Lassen Sie sich davon nicht einschüchtern. Wenn Sie wissen, wie Metaphern eingesetzt werden und welche Macht sie haben, verleiht Ihnen dies schon einen riesigen Vorteil gegenüber Ihren Kollegen und Konkurrenten – sowohl im Hinblick auf das Verständnis, was der Redner Ihnen tatsächlich sagen möchte, als auch in Bezug auf die Möglichkeiten, die Sie selbst finden können, um andere für sich zu gewinnen.

Ein Bewusstsein über die Wirkung von Metaphern könnte Ihnen auch helfen zu vermeiden, dass Sie Dinge sagen, die unbeabsichtigt dazu führen, dass sich jemand schlecht fühlt: Das kann nicht nur bei den bereits erwähnten Auto-, Computer- oder Sportmetaphern passieren, sondern auch bei noch schlimmeren Szenarien.

Ein Beispiel: Einer meiner Freunde hatte vor kurzem an der Arbeit eine wirklich schwere Zeit. Er ist Finanzprüfer, und ein wichtiges Beweisstück war bei einer Untersuchung verloren gegangen. Sein Manager sagte zu ihm: „Sind Sie sicher, dass es nicht auf Ihrem Schreibtisch vor sich hin gammelt?" Er konnte diesen Kommentar nicht aus seinem Kopf kriegen. Am Sonntag wachte er in den frühen Morgenstunden auf und dachte darüber nach. Er schrie seine Frau an. Er fand nicht heraus, warum ihn das so mitnahm. Doch das war wirklich nicht überraschend.

Sein Chef hatte über seinen Schreibtisch gesprochen, als wäre er ein Mülleimer oder eine schmutzige Wunde. Kein Wunder, dass er sich angegriffen fühlte.

Achten Sie also darauf, welche Metaphern Sie selbst verwenden und welche Metaphern andere nutzen. Spielen Sie die Metaphern anderer Leute zu ihnen zurück, wenn möglich: Es wird Ihnen helfen, sie für sich zu gewinnen. Wenn Sie zum Beispiel über eine Vorstandssitzung nachdenken, wird Ihnen aufgefallen sein, wie unterschiedlich die verwendeten Metaphern sind. So erhalten Sie Einblicke in die verschiedenen Perspektiven der Menschen. Das hilft Ihnen wiederum, in einer Art und Weise zu sprechen, die in deren Weltsicht passt. Und wenn Sie bemerken, dass Menschen Metaphern verwenden, die nicht zusammen passen, können Sie vermittelnd eingreifen und eine neue, gemeinsame Metapher finden, die für jeden funktioniert.

Wenn Sie Metaphern ernst nehmen wollen, sollten Sie jedoch die Zeit investieren, die richtige Bildsprache zu wählen (Abb. 2.2). Vielleicht ziehen Sie auch in Betracht, ein Seminar zu besuchen, um sicherzustellen, dass Sie und Ihr Spitzenteam eine gemeinsame Vision haben. Sie können zum Beispiel fragen:

- Welche Art von Person ist unser Unternehmen? Sind wir unerschrockene, aufregende Entdecker oder ernsthafte, sachliche Profis? Wie sehen uns andere Menschen?
- Wohin steuern wir? Wie sieht unser großes Ziel aus? Können wir es bunt und lebendig beschreiben? Streben wir ein Zauberland an oder vermeiden wir einfach nur die Hölle? Wie sieht der vor uns liegende Weg aus, und was mag uns am Wegesrand begegnen?

Abb. 2.2 Verstehen Sie Ihre Metaphern?

- Wie werden die klimatischen Bedingungen sein? Haben wir Wind in unseren Segeln oder kämpfen wir gegen einen Sturm? Wie reagieren wir? Können wir den Kurs halten?
- Welche Nahrung brauchen wir? Was benötigen wir, um fit, stark und gesund zu bleiben? Wo finden wir diese Nahrung? Wie wird sie schmecken?
- Wer sind unsere Freunde auf dieser Reise? Wer ist unsere Familie? Wie eng sind unsere Verbindungen, und sollten wir versuchen, diese Bande zu stärken?

Spielen Sie mit diesen Fragen, und werden Sie vielleicht sogar ein Künstler darin, anderen beim Verständnis dessen zu helfen, was Sie bildlich sagen – das kann dazu beitragen, dass Sie eine ganz neue Sprache und ein Vokabular entwickeln, das die drängendsten instinktiven Bedürfnisse der Menschen anspricht. Natürlich sind dies nicht die einzigen Metaphern, die Sie verwenden sollten. Es gibt endlos viele Möglichkeiten. Es kommt ausschließlich darauf an, dass Ihr Bild funktioniert.

Bei der Menschenführung ist die Bildsprache entscheidend. Dem Bild des Anführers kommt eine besondere Bedeutung zu. Und darum kümmern wir uns im nächsten Kapitel – „Äußerer Schein und Menschenführung".

Literaturverzeichnis und Endnoten

1. George Lakoff (1981): *Metaphors We Live By*, Chicago: University of Chicago Press.

2. *Great Speeches of the 20th Century* (2008, Guardian) enthielt einen Auszug aus der „Wind of Change"-Rede mit einigen Kommentaren des früheren Außenministers Douglas Hurd. Verfügbar unter http://www.theguardian.com/world/series/great-speeches-harold-macmillan. Aufgerufen am 3.2.2015.

3. Michael W. Morris, Oliver J. Sheldon, Daniel R. Ames und Maia J. Young (2005): *Metaphors and the market: Consequences and preconditions of agent and object metaphors in stock market commentary*, Columbia Business School. Verfügbar unter http://www1.gsb.columbia.edu/mygsb/faculty/research/pubfiles/2205/2005%2Epdf. Aufgerufen am 3.2.2015.

4. Charlie Cooper: „Mind your language: ‚Battling' cancer metaphors can make terminally ill patients worse", *The Independent*, 3. November 2014. Verfügbar unter http://www.independent.co.uk/life-style/health-and-families/health-news/mind-your-language-battling-cancer-metaphors-can-make-terminally-illpatients-worse-9836322.html. Aufgerufen am 3.2.2015.

5. Dieser Bericht wurde von McKinsey vertraulich für das Gesundheitsministerium vorbereitet. Er ist 2009 an *The Times* durchgesickert und sorgte für eine Kontroverse. Die neue Koalitionsregierung beschloss 2010, den gesamten Bericht zu veröffentlichen. Er ist hier zu finden: http://www.nhshistory.net/mckinsey%20report.pdf. Aufgerufen am 4.2.2015.

6. Jonathan Charteris-Black (2001): *A comparative, corpus-based study of figuration and metaphor in English and Malay phraseology.* Doktorarbeit. University of Birmingham.

7. Adam Smith (1985): *Lectures on Rhetoric and Belles Lettres,* herausgegeben von J. C. Bryce, Bd. IV der Glasgower Edition der Werke und Korrespondenz von Adam Smith, Indianapolis: Liberty Fund.

8. Iain MacRury (2009): *Advertising,* London: Routledge.

9. Martin Lindstrom (2009): *Buyology: How Everything We Believe About Why We Buy Is Wrong,* London: Random House.

10. Verfügbar unter http://www.robots.newcastle.edu.au/~chalup/chalup_publications/p045.pdf. Aufgerufen am 4.2.2015.

11. http://library.perdana.org.my/Speech_ab/TR1965.pdf. Aufgerufen am 20.4.2015.

3

Äußerer Schein und Menschenführung

Nur der Überzeugte überzeugt.

Max Dessoir, französischer Psychologe

Ein FTSE-Chef lud mich einmal ein, ihn bei einem „Rundgang" durch sein Unternehmen zu begleiten. Für mich als sein Redenschreiber war das eine großartige Gelegenheit. Ein solcher Rundgang ist für jede Führungskraft einer der größten Tests. Dabei lernt man, wie dieser Mensch wirklich ist. Er kann nicht einen ganzen Tag lang schauspielern: Früher oder später muss die Maske fallen, und dann kommt es zu einem jener „Momente der Wahrheit", wenn die wahre Identität einer Person enthüllt wird. Einer meiner besten Freunde hat seinen Chef drei Mal getroffen. Jedes Mal hatten sie genau dasselbe Gespräch.

© Springer-Verlag GmbH Deutschland, ein Teil von Springer Nature 2018
S. Lancaster, *Winning Minds,*
https://doi.org/10.1007/978-3-662-57471-3_3

„Wie heißen Sie?" „Und was machen Sie?" „Das klingt sehr wichtig. Machen Sie weiter so!" Sein Chef scheitert bei diesem „Moment der Wahrheit".

Nun, mit meinem Kunden gab es einen solchen Moment nicht. Er war den gesamten Tag unter Hochdruck. Wenn wir einen Raum betraten, war es, als kämen 20 Menschen herein. Im Gespräch strahlte er eine enorme Wärme aus, selbst wenn die diskutierten Themen eher nüchtern waren. Als wir uns am Ende des Tages ins Auto setzten, fragte ich: „Wie haben Sie es geschafft, den ganzen Tag über so interessiert auszusehen?" Er wirkte bestürzt: „Ich bin interessiert!", sagte er. Ich schämte mich, an ihm gezweifelt zu haben.

In diesem Kapitel geht es um den äußeren Schein und die Menschenführung. Das soll nicht heißen, dass es nur ein einziges mögliches Aussehen für eine Führungskraft gibt. Doch wir wissen, dass der instinktive Bereich des Gehirns sich von einem bestimmten Menschentypus angezogen fühlt – und zwar von jenen Personen, die Sicherheit und Belohnungen versprechen. Folglich widmet sich dieses Kapitel der Frage, wie Führer das erreichen können.

Es gibt alle möglichen Dinge, über die wir sprechen könnten. Ich habe mich auf drei entscheidende Merkmale konzentriert. Große Führer müssen stark, aufrichtig und *sexy* wirken.

> Große Führer müssen stark, aufrichtig und sexy wirken.

Stark

Die größten Führer der Geschichte schienen alle stark zu sein, wenn auch in jeweils unterschiedlicher Weise. Manche integrierten die Stärke in ihren Namen: Wilhelm der Eroberer, Richard Löwenherz, Alexander der Große. Andere zeigten Gesten der Stärke: Malcolm X mit seiner geballten Faust, George W. Bush mit seiner Prahlerei, John F. Kennedy mit seinem erhobenen Zeigefinger. Andere brachten in ihrer Sprache Stärke zum Ausdruck: „Wir werden an den Stränden kämpfen." und „Das ist eine Sache, für die ich zu sterben bereit bin." Und die übrigen waren tatsächlich körperlich stark: Arnold Schwarzenegger mit seinem außergewöhnlichen Fitnessprogramm, Nelson Mandela mit seinen sportlichen Übungen im Gefängnis; und die Reihe athletisch aussehender Führer der jüngeren Zeit: die Obamas im Fitnessstudio, Christine Lagard und ihr tägliches Schwimmen sowie Tim Cook mit seinem Training um fünf Uhr morgens.

Stärke bedeutet nicht zwangsläufig körperliche Fitness: Winston Churchill, John Harvey Jones und Heinrich VIII. waren wohl kaum als Inbegriff der Gesundheit zu bezeichnen – aber trotzdem waren sie wie Bulldoggen. Sie würden sich nicht mit ihnen anlegen wollen. Das entspricht unseren instinktiven Bedürfnissen. Die Menschen müssen wissen, dass ihr Führer sie gegen Bedrohungen von außen verteidigen wird. Deshalb müssen Führer so aussehen, als würden sie sich mit allen Mitteln für uns einsetzen. Es geht nicht darum, ob sie stark *sind,* sondern darum, ob sie stark *wirken.* Es kommt auf das Auftreten an, nicht auf die Realität. Das mag oberflächlich wirken, doch auf diese Weise werden Führungspersönlichkeiten beurteilt. Bekanntermaßen glaubten jene, die in den 1960er Jahren Nixon und Kennedy während der Präsidentschaftsdebatten im Radio zuhörten, dass Nixon der Sieger werden würde, doch wer ihnen im Fernsehen zusah, dachte, Kennedy würde gewinnen. Der Unterschied lag in ihrem Aussehen: Während John F. Kennedy gebräunt, schlank und gesund wirkte, sprengte Nixon fast seinen schlecht sitzenden Anzug, zuckte und schwitzte. JFK sah stärker aus – und siegte.

Für weibliche Führungspersönlichkeiten gilt dasselbe: Auch große Frauen wirken stark. Denken Sie nur an die britannische Königin und Heerführerin Boudicca, die Nationalfigur Großbritanniens Britannia, Jeanne d'Arc und Kleopatra. Erinnern Sie sich an das archetypische Bild von Margaret Thatcher: auf einem Panzer stehend, mit einem Kopftuch – ein bisschen wie die Boudicca-Statue in der Nähe der Westminster Bridge.

Thatcher entwickelte ein Bild von enormer körperlicher Stärke, obgleich sie in Wirklichkeit wahrscheinlich jeden Wettbewerb im Armdrücken gegen einen der so genannten „Waschlappen" aus ihrem Kabinett verloren hätte. In der Sprache der Menschenführung kommt es nicht darauf an, stark zu *sein*, sondern stark zu *erscheinen*. Das Aussehen ist bei der Menschenführung im Wesentlichen eine Illusion. Und Thatcher wirkte stark, obwohl das alles eine Inszenierung war: ihre belegte, gesenkte Stimme, ihre breiten Schulterpolster, die Stöckelschuhe und natürlich die metaphorische Bildsprache der „Eisernen Lady" (ein Ausdruck, der von den Russen geprägt worden ist).

Menschenführung ist im Wesentlichen eine Illusion.

Als Hillary Clinton sich 2008 um die Nominierung als demokratische Präsidentschaftskandidatin bewarb, ließ sie sich von Mark J. Penn beraten, einem der wichtigsten US-amerikanischen Kommunikationsgurus. Ein Teil seiner Ratschläge wurde bekannt. Besonders war seine Einschätzung, dass das amerikanische Volk den Präsidenten der Vereinigten Staaten als „Vater" der Nation betrachte. Er argumentierte, die Menschen seien nicht darauf vorbereitet, den Präsidenten der USA als „Mutter" der Nation zu sehen; doch sie seien bereit, eine Frau in der Rolle des „Vaters" der Nation anzunehmen. Penn betonte, es habe in der westlichen Politik erst einen einzigen Präzedenzfall für eine Frau in der Rolle des „Vaters" der Nation gegeben, und das war Margaret Thatcher.

Thatcher hatte Anleihen bei Boudicca genommen, und Hillary Clinton nahm nun Anleihen bei Thatcher. Das ist es, was in der Sprache der Menschenführung geschieht. Große Bilder mit Symbolcharakter werden von Generation zu Generation weitergegeben wie alte Kleider und verleihen jenen, die sie tragen, zeitlose und magische Kräfte. Es existieren ausreichend Bilder mit Symbolcharakter, bei denen man sich bedienen kann. Viele britische Führer orientieren sich stark an Churchill, wenn sich die Gelegenheit bietet: Falls Boris Johnsons Karriere jemals zum Stillstand kommt, könnte er sich als professioneller Churchill-Imitator seinen Lebensunterhalt verdienen. Gleichermaßen geben sich viele amerikanische

Führer Mühe, JFK zu ähneln. Wir alle kennen das: Wir wissen, was sie tun, sie wissen, was sie tun, und jeder ist zufrieden. Das ist die Kurzform für: „So bin ich." Barack Obama überrascht mich manchmal mit einer Kombination aus Lincoln, Kennedy und Martin Luther King.

Auch die Stimme zeigt Stärke. Ich habe bereits erwähnt, dass Thatcher ihre Stimme senkte. Eine leise Stimme ist ein Zeichen von Stärke. Bei allen acht Präsidentschaftswahlen zwischen 1960 und 2000 gewann der Kandidat mit der leiseren Stimme.[1]

Machen Sie Pausen, um Stärke zu zeigen. In einem normalen Gespräch sagen die meisten Menschen mehr als 200 Worte pro Minute. Große Redner bringen es eher auf etwa 90 Worte pro Minute. Sie erreichen diese Frequenz nicht dadurch, dass sie langsam, langweilig oder herablassend sprechen, was schnell sehr störend wirken würde, sondern durch Pausen zwischen den einzelnen Gedanken – Pausen, in denen die Menschen Zeit zum Nachdenken haben. Diese Pausen fühlen sich in einem normalen Gespräch unnatürlich an – tatsächlich kann jede Pause, die länger als eine Sekunde ist, wie eine „peinliche Stille" wirken –, doch bei einem Führer sind sie ein Zeichen von Stärke.

Einer der anderen Faktoren, die dazu beitragen, dass ein Führer stark wirkt, ist sein Wille, alleine dazustehen. Denken Sie an die Bildsprache des modernen „TED Talk": Der Führer steht alleine, auf der Bühne, nicht verborgen hinter einem Pult, sondern frei, verletzbar, als würde er sagen: „Das bin ich – nehmt mich, wie ich bin." Dieses Bild allein ist schon ein Ausdruck von Stärke.

Große Führer stehen alleine. Diese Einsamkeit entspricht unserem instinktiven Verständnis von der Führungsrolle innerhalb einer Gruppe. Wenn Sie jemals in einem Zoo gewesen und das Leittier der Gorillas, Löwen oder Schimpansen gesehen haben, wissen Sie, was ich meine: Es sitzt ein wenig abseits, ist ein wenig anders als alle anderen Tiere, und es steht außer Frage, dass es das mächtigste Tier der Gruppe ist.

Führer *sind* anders als alle anderen. Das scheint der Intuition zu widersprechen. Es gibt die weit verbreitete Wahrnehmung, dass Führer aus der breiten Masse oder dem Establishment stammen. Definitionsgemäß muss ein Führer sich leicht abseits vom Rest halten: Andernfalls führt er nicht, sondern steht einfach in der Schlange.

Denken Sie nur an die großen Führungspersönlichkeiten der Geschichte. Winston Churchill und Margaret Thatcher waren beide Außenseiter bei den Tories: Churchill stimmte zwei Mal in seiner Karriere gegen die eigene Partie. Tony Blair war ein Außenseiter in der Labour Party. Und Barack Obama war definitiv ein Außenseiter, als er in der Demokratischen Partei seinen Weg machte. Mandela war ein Außenseiter im ANC: In der Organisation, die ihm seine erste Plattform bot, galt er als Alptraum, wie er in seinen Memoiren beschreibt. Auch Gandhi war ein Außenseiter: Er predigte den Frieden, während viele seiner Zeitgenossen sich für die Revolution einsetzten.

Dasselbe Phänomen gibt es im Geschäftsleben. Während ihrer gesamten Karriere nutzten Steve Jobs, Richard Branson und Rupert Murdoch die Tatsache, dass sie Außenseiter waren. Selbst als sie Teil des Establishments, superreich und marktbeherrschend wurden, justierten sie noch immer dauernd ihr Image neu, sodass sie zumindest im Hinblick auf die Wahrnehmung Rebellen blieben, keine Insider. Es ist vielleicht kein Zufall, dass sie alle irgendwann einmal mit dem Gesetz in Konflikt gerieten. Diese Menschen sind anders als die anderen.

Wir werden instinktiv von den Außenseitern angezogen. Aus diesem Grund haben Sie bei einer Talk-Show im Fernsehen (wie der Sendung „Günther Jauch" oder „Maischberger") sicher schon bemerkt, dass immer die Person, die aus der Reihe fällt, den lautesten Beifall erhält: Personen, die an Russell Brand, Salman Rushdie oder Nigel Farage erinnern. Als der britische Musiker John Lydon kürzlich in der BBC-Sendung „Question Time" auftrat, erhielt er sieben Mal mehr Applaus als der nächstbeliebtere Teilnehmer – trotz des Schwachsinns, den er erzählte.

Der Außenseiter muss zweifellos stark, aber auch glaubwürdig sein.

Aufrichtig

Die Menschen erkennen sehr gut, wenn jemand lügt. Der instinktive Bereich unseres Gehirns übernimmt diese harte Arbeit, sucht nach Zeichen für Unaufrichtigkeit und signalisiert dann ein vages Gefühl von Unbehagen. Wir wissen einfach, wenn eine Person nicht ganz ehrlich ist. Das instinktive Gehirn bildet dieses Urteil, indem es nach Anzeichen für Unstimmigkeiten sucht: Widersprüche zwischen dem, was ein Mensch sagt, und dem, was sein Körper offenbart. Wenn zum Beispiel jemand auf Sie zukommt und sagt: „Ich freue mich, dich zu sehen!", dabei die Arme weit öffnet, mit einem strahlenden Lächeln, Ihre Hand ergreift und sie heftig schüttelt, werden Sie davon ausgehen, dass stimmt, was er sagt. Doch wenn jemand zu Ihnen „Ich freue mich, dich zu sehen!" sagt, während seine Füße von Ihnen weg zeigen, könnte dies dazu führen, dass die Alarmlampen angehen: Die Richtung, in welche die Füße einer Person weisen, zeigt an, wo sie sich befinden möchte. Wichtig ist, dass die Körpersprache zu dem passen muss, was verbal geäußert wird: Gibt es eine Diskrepanz, ist die Körpersprache ausschlaggebend.

In den 1970er Jahren führte Professor Mehrabian Untersuchungen durch. Er wollte wissen, wie Menschen reagieren, wenn es einen Konflikt gibt zwischen dem Gesagten und der Art, wie es gesagt wird. Er bewertete die relative Wichtigkeit der Worte einer Person (ihre verbale Kommunikation), den Tonfall ihrer Stimme (ihre vokale Kommunikation) und ihre Körpersprache (ihre physische Kommunikation) und zog die Schlussfolgerung: Wenn ein Konflikt vorliegt, schlägt der verbale Inhalt (also die Worte) mit lediglich sieben Prozent der Kommunikation zu Buche. Der Rest entfällt auf die Körpersprache und den Tonfall der Stimme. Das ist ein enormer Unterschied und bedeutet: Was wir sagen, ist deutlich weniger wichtig als wie wir es sagen.

> Worte machen nur sieben Prozent der Kommunikation aus. Der Rest entfällt auf Körpersprache und Tonfall.

Es klingt weit hergeholt, und manche Menschen haben Mehrabians Schlussfolgerung infrage gestellt – doch denken Sie einfach mal an Ihre persönliche Erfahrung. Wenn ich beispielsweise spüre, dass Lucy nicht gut drauf ist, sie frage, ob etwas nicht in Ordnung ist, und sie antwortet „Nichts." mit zusammengebissenen Zähnen, dann weiß ich, dass ich etwas falsch gemacht habe … (Wenn sie diesen Absatz liest, wird sie garantiert einen leichten Schmollmund machen. Und wenn ich sie frage, was los ist, wird sie antworten: „Nichts.")

Als Führer muss man unbedingt wissen, dass der Körper einen verrät. Wie Freud sagte: „Wer Augen hat zu sehen und Ohren zu hören, überzeugt sich, dass die Sterblichen kein Geheimnis verbergen können. Wessen Lippen schweigen, der schwätzt mit den Fingerspitzen, aus allen Poren dringt ihm der Verrat."[2] Oder wie Roald Dahl meinte: „Wenn ein Mensch hässliche Gedanken hat, zeigt sich das auf seinem Gesicht. Aber wenn du schöne Gedanken hast, leuchten sie hell wie Sonnenstrahlen in deinem Gesicht, und du wirst immer schön aussehen."[3] Die Wahrheit kommt heraus. Sie können nicht verhindern, dass der instinktive Bereich des Gehirns Ihre wahren Gefühle kommuniziert – genau das ist, es was geschieht. Behalten Sie also im Hinterkopf: Wenn Sie Menschen respektieren, werden die Menschen diesen Respekt sehen; genauso gilt, dass offenbar wird, wenn Sie die Menschen nicht respektieren.

Solche Widersprüche sind mit bloßem Auge nicht immer erkennbar, doch der Aufmerksamkeit des instinktiven Gehirns entgehen sie nicht. Auch wenn wir verzweifelt versuchen, unsere Gefühle zu verbergen, geben wir winzige mimische Veränderungen oder kurze Blicke preis, die unsere wahren Gefühle zum Ausdruck bringen, wenn auch nur für den Bruchteil einer Sekunde. Wenn ich zum Beispiel eine Rede vor 500 Menschen im Fußballclub in Chelsea halte, könnte ich sagen: „Ich freue mich, hier zu sein ...", doch wenn Sie meine Rede filmen und langsam rückwärts abspielen würden, könnten Sie wahrscheinlich eine Hundertstelsekunde der Besorgnis sehen. Wir können unsere wahren Gefühle einfach nicht verstecken: Sie entkommen.

Polizeiliche Ermittler wissen das: Tatsächlich war es ein FBI-Ermittler namens Paul Eckman, der als Erster den Begriff „Mikromimik" verwendete. Wenn Polizeibeamte einen Mordverdächtigen fragen, was er mit einem Messer getan hat, könnte seine verbale Antwort lauten: „Ich habe es nie berührt!", doch seine physische Antwort wäre in der Lage, ihn zu verraten: So könnte er beispielsweise eine Bewegung mit seiner rechten Hand machen, die zeigt, dass er das Messer zur Seite geworfen hat.

Der beste Rat für Führungspersönlichkeiten besteht folglich darin, ehrlich zu sein. Doch dadurch entsteht eine Spannung, denn Ehrlichkeit ist nicht immer die beste Strategie. Wenn Sie sich die Ruhmeshalle der großen Führer der Geschichte ansehen, werden Sie feststellen, dass das verbindende Element zwischen ihnen nicht die Ehrlichkeit ist. Wenn Sie mich fragen, welche Geschäftsrede der letzten 30 Jahre am ehrlichsten war, würde ich Gerald Ratners Rede im „Institute of Directors" in der Londoner Albert Hall im Jahr 1991 nennen. Da sagte er: „Die Menschen fragen mich, wie es möglich ist, dass ich Sherry-Dekantiergefäße aus Kristallglas im Set mit sechs

Gläsern auf einem Silbertablett ... für lediglich £ 4,95 verkaufen kann. Und ich antworte ihnen: ‚Weil das echter Scheiß ist.'" Das war eine ganz ehrliche Antwort – und was geschah? Innerhalb von 24 h war er auf den Titelseiten der Boulevardzeitungen, innerhalb von einer Woche fiel der Aktienkurs um eine halbe Milliarde, und innerhalb eines Monats wurde er aus dem Unternehmen gedrängt, das seinen Namen trug. Es gibt ähnliche Beispiele jüngeren Datums – wie zum Beispiel Tony Hayward, Chef von BP, der nach der Umweltkatastrophe rund um die Bohrplattform „Deepwater Horizon" 2010 sagte: „Ich will einfach nur mein Leben zurück." Oder Matthew Barrett, Chef von Barclays, der vor einem Sonderausschuss des britischen Unterhauses äußerte, dass er niemals Geld auf eine Kreditkarte aufnehmen würde.

Anstelle von uneingeschränkter Ehrlichkeit besteht der Trick darin, die Illusion von Ehrlichkeit zu erzeugen. Es geht darum, kleine Zeichen auszusenden, die darauf hinweisen, dass Sie vollkommen ehrlich sind, während Sie tatsächlich ziemlich vorsichtig sind und kontrollieren, was Sie verbergen und was Sie preisgeben.

Boris Johnson tut das sehr schön. Ich habe ihn im hinteren Bereich von Konferenzsälen gesehen, direkt vor seinem Auftritt, als er bewusst sein Haar zerstrubbelte und sein Hemd aus der Hose zog. Dadurch wirkt er ehrlich und aufrichtiger. Boris Johnson ist eigentlich sehr zurückhaltend und lehnt es rundheraus ab, über bestimmte Abschnitte seines Lebens zu sprechen.

Eine Art, wie Führer diesen Anschein von Ehrlichkeit erzeugen, besteht darin, zu sagen: „Meine PR-Leute werden mich wahrscheinlich umbringen, wenn ich das sage,

aber …" Und dann sagen sie etwas wie, dass sie nicht
wissen, wie man einen Computer anmacht, oder dass sie
ein großer „Star Treck"-Fan sind. Das ist klasse. Die Menschen lieben sowas. Sie haben das Gefühl, den authentischen Menschen kennenzulernen. Ich will Ihnen ebenfalls
ein Geheimnis verraten: Nicht nur das Publikum liebt so
etwas, die PR-Leute lieben es ebenfalls.

Manchmal kann es schwer fallen, ehrlich zu sein –
wenn der Führer tatsächlich selbst nicht glaubt, was er
sagt. Das kommt im öffentlichen Leben häufiger vor, als
wir möglicherweise zugeben wollen. Es liegt in der Natur
kollektiver Verantwortung, dass ein Chef, der für eine
Gruppe oder Organisation spricht, gelegentlich Argumente vorbringen muss, die er selbst nicht ganz glaubt.
Ich weiß, dass Kabinettsminister, die sich privat gegen
den Irakkrieg aussprachen, ihn in der Öffentlichkeit ver-
teidigten. Ich habe Geschäftsleute gesehen, die angesichts
einer bestimmten Bekanntmachung zahlreiche Zweifel hegten, diese aber öffentlich anpriesen, als handele es
sich um das Beste seit der Erfindung des Schnittbrots. Ich
habe Führungskräfte gesehen, die sich hinter der Bühne
über eine Sache zynisch und skeptisch äußerten, sich aber
begeistert dafür einsetzten, als die Kameras liefen. Wie
machen sie das?

Kommen wir noch einmal auf Max Dessoirs Zitat zu
Beginn dieses Kapitels zurück: Um überzeugen zu können, müssen wir überzeugt sein. Tony Blairs Frau Cherie
sagte einmal über ihn: „Wenn Tony etwas glaubt, glaubt
er es zu 110 Prozent." Das ist wahr. Sehen Sie sich eine
beliebige seiner Leistungen an. Er ist nie halbherzig bei
der Sache. Er scheint stets von Dingen zu sprechen, die

für ihn absolut essenziell sind. Sehen Sie sich auf You-Tube an, was er über die „People's Princess" Diana nach deren Tod sagte: Er sieht ganz bestürzt aus, während er seine Rede optimal darbietet. Sehen Sie sich seine Rede über die Kräfte des Konservativismus an – wenn er die Bühne verlässt, sein Hemd schweißnass. Sehen Sie sich seine Irak-Reden im britischen Unterhaus an, bei denen er angesichts der Gefahr eines Anschlags in London aufrichtig entsetzt klingt.

Das war ein Teil seines Erfolgsgeheimnisses: Er konnte den Anschein erwecken, zutiefst von einer Angelegenheit überzeugt zu sein, wie wichtig oder banal sie auch sein mochte. Er wirkte überzeugt, und das machte ihn überzeugend. Dadurch schien er zugleich ehrlich und stark zu sein. Wie ein Politiker während der Irakkrise zu mir sagte: Das britische Volk wird einem Führer vergeben, der sich irrt, aber es wird niemals einem Führer vergeben, der schwach oder unentschlossen ist.

Ich habe immer gedacht, Gordon Browns Problem bestünde darin, dass er selten mit großer Überzeugung zu sprechen schien. Er schien sich in einem immerwährenden Konflikt zu befinden: einem Konflikt zwischen dem, was er für moralisch richtig hielt und dem, was er für die taktisch richtige Position hielt. Das kam in einem Widerspruch zwischen seinen Worten und seinem Aussehen zum Ausdruck. So konnte Brown beispielsweise sagen, dass er zuhöre und lerne, und zugleich mit der Faust auf das Rednerpult hauen. Das war nicht sehr überzeugend.

Die ganze unerträgliche „Mrs. Duffy"-Episode zeigte in meinen Augen die grundlegende Spannung aufzeigte, die es in Gordon Browns Außenwirkung gab. Für mich klang er vollkommen aufrichtig, als er – in dem Glauben, privat mit einem Berater zu sprechen – vor eingeschaltetem Mikrofon die Wählerin Mrs. Duffy als „borniert" bezeichnete. Als er sich später bei Mrs. Duffy entschuldigte – einer der erniedrigendsten Momente in der Geschichte der Premierminister –, hatte er ein falsches Grinsen auf dem Gesicht; und ich glaube nicht, dass wir da den ehrlichen Gordon Brown sahen. Ich glaube auch nicht, dass irgendjemand anderes ihm das abnahm. Ich denke, das war eine schlimme Fehleinschätzung seinerseits: Es wäre besser gewesen, zu seiner ursprünglichen Meinung zu stehen und sich nur dafür zu entschuldigen, Mrs. Duffys Gefühle verletzt zu haben – aber das ist eine andere Geschichte.

Bill Clinton war ein anderer Führer, der Überzeugung anscheinend im Handumdrehen aufbringen konnte. Als er dem Land ins Auge blickte und sagte, er habe „mit dieser Frau keine sexuelle Beziehung unterhalten", war auf seinem Gesicht kein Anzeichen von Unaufrichtigkeit zu sehen. Experten für Körpersprache sahen sich die Videobänder genau an und meinten, er zeige keine der typischen Zeichen für eine Täuschung. Die einzige Möglichkeit, wie er so überzeugend sein konnte, bestand darin, dass er sich tatsächlich selbst überzeugt hatte. Wer weiß, welche mentalen Verrenkungen er gemacht hatte – doch es funktionierte: Er überzeugte sich selbst, und dadurch konnte er andere überzeugen. Vielleicht stellte er sich vor, dass nicht er selbst eine sexuelle Beziehung zu Monica Lewinsky hatte, sondern seine Zigarre?

Sexy

Trotz seines Fehlverhaltens bleibt Bill Clinton eine mächtige globale Führungsperson. Etwas Ähnliches geschah in Großbritannien, als die Presse enthüllte, dass der Politiker Paddy Ashdown (oder „Paddy Pantsdown" [„Hosen runter"], wie er genannt wurde) hinter dem Rücken seiner Ehefrau eine Affäre mit seiner Sekretärin hatte – da stiegen seine Beliebtheitswerte. Das bringt uns zum dritten Element des Themas „Äußerer Schein und Menschenführung": Wir fordern auch, dass unsere Führer zumindest ein kleines bisschen sexy sind. Es gibt einen guten Grund, warum der instinktive Bereich unseres Gehirns sich zu solchen Führungspersonen hingezogen fühlt: Wir müssen den Fortbestand des Stammes sichern – also sind Männlichkeit und Fruchtbarkeit bei einem Führer entscheidende Merkmale. Es ist aufschlussreich, dass Ed Miliband, David Cameron und Nick Clegg – alle drei Parteiführer in Großbritannien, während ich an diesem Buch schrieb – sehr kleine Kinder hatten. Das erfüllt den Wunsch des instinktiven Gehirns zu wissen, dass die Führer den Fortbestand des Stammes sicherstellen können.

Führungspersonen, die nicht attraktiv sind, mögen wir nicht sehr. Es gibt nicht viele Führer mit fettigem Haar, unreiner Haut oder schlechter Körperhygiene. Sie müssen relativ gut aussehen. In seinem Buch *The Communication of Leadership* schreibt Jonathan Charteris-Black, einer der Gründe, warum die Labour Party unter Michael Foot und Neil Kinnock so schlecht abgeschnitten habe, sei, dass „ihr Aussehen in einem Medienzeitalter nicht förderlich" gewesen sei.[4] Ich denke, das ist eine höfliche Weise, um zu sagen, dass sie zu hässlich waren.

Hier entsteht eine Spannung. Sexy = gut. Pervers = nicht so gut. Ich habe einmal jemanden gesehen, der ein YouTube-Video anklickte, während er zu den Mitarbeitern sprach. Wie die meisten wissen, gibt es bei YouTube jene hilfreiche Funktion der „empfohlenen" Videos, die auf früheren Suchen basiert. Das Video, das YouTube dieser illustren Führungskraft vorschlug, war „Junge Sekretärin beugt sich in einem engen Lederrock vornüber". Es gab einen dumpfen Schlag, als 250 Kiefer gleichzeitig nach unten klappten.

Äußerer Schein und Menschenführung in der Praxis

Wenn Sie auf praktische Orientierungshilfe hoffen, wie Sie stark oder sexy wirken können, lesen Sie das falsche Buch. Wer Ratschläge in dieser Richtung sucht, sollte sich eine Ausgabe der Zeitschrift *GQ* oder *Vogue* kaufen beziehungsweise einen persönlichen Trainer engagieren: So werden Sie den richtigen Weg finden.

Doch auch ich weiß einige Dinge, die Sie problemlos tun können. Kaufen Sie sich ein paar Kleidungsstücke, in denen Sie sich toll fühlen. Die neue Kleidung wird Ihnen nicht nur helfen, glaubwürdig zu wirken, Statussymbole wie neue Kleidungsstücke lassen auch den Serotoninspiegel ansteigen – und ein hoher Serotoninwert geht mit Menschenführung einher. Also los geht's – eine wissenschaftliche Rechtfertigung für Ihre Shoppingtour haben Sie nun!

Außerdem würde ich vorschlagen, dass Sie irgendeine Art von körperlicher Bewegung in Ihren Alltag integrieren. Ich bin überrascht, wie viele meiner Kunden regelmäßig Sport treiben – vom Kajakfahren über Radfahren bis hin zu Formel 3-Rennen. Das kann nicht schaden. Wir wissen, dass Endorphine uns kraftvoll wirken lassen, und das kann nicht schlecht sein. Sie müssen beweisen, dass Sie auf sich selbst achten können. Wenn Sie auf sich selbst achten können, kann man Ihnen einen Stamm anvertrauen. Wenn Sie nicht auf sich selbst achten können, muss Ihre Eignung zur Menschenführung infrage gestellt werden. Sie können sich nicht leisten, krank zu sein.

Ich erinnere mich, einmal auf einer Vorstandsebene eine Telefonkonferenz zwischen dem Chef und seinem Spitzengremium gehört zu haben. Mittendrin hatte der Chef einen Hustenanfall, der gut 10 bis 15 s anhielt. Es war schrecklich: Da warteten 400 Menschen am anderen Ende der Leitung. Die Telefonkonferenz dauerte zwei Stunden, doch alles, woran man sich erinnerte, war der Hustenanfall. Bei Führern ist so etwas beunruhigend: Führer müssen widerstandsfähig wirken.

Was die Ehrlichkeit betrifft, kann ich Ihnen ein paar Ratschläge erteilen: Der einfachste Weg, glaubwürdig auszusehen, ist, glaubwürdig zu sein. Sagen Sie lediglich Dinge, die Sie wirklich glauben können. Machen Sie sich nicht selbst vor, ein guter Lügner zu sein. Aller Wahrscheinlichkeit nach sind Sie es nicht. Man wird Ihnen auf den Zahn fühlen. Wenn Sie also etwas sagen müssen, das Sie nicht ganz glauben, dann sollten Sie sich damit so kurz wie möglich aufhalten, bevor Sie zu einem anderen Thema wechseln, bei dem Sie aufrichtig sein können.

> Machen Sie sich nicht selbst vor, ein guter Lügner zu sein. Aller Wahrscheinlichkeit nach sind Sie es nicht.

Lassen Sie mich ein Beispiel geben. Sagen wir mal, es gibt jemanden in Ihrem Team, den Sie wirklich nicht leiden können. Stellen Sie sich nun vor, diese Person kommt eines Tages zu Ihnen, seufzt und sagt: „Ich habe schlechte Nachrichten. Ich verlasse die Firma. Ich habe einen anderen Job." Natürlich wird der instinktive Bereich Ihres Gehirns jubilieren, doch Sie wissen, dass Sie das nicht zeigen dürfen. Sie wissen, dass Sie etwas erwidern sollten wie: „Oh, das ist tatsächlich eine schlechte Neuigkeit: Wir werden Sie wirklich vermissen." Doch wenn Sie das sagen, verzieht sich Ihr Gesicht angesichts des Drucks, eine solche eklatante Lüge auszusprechen. Ihr heimtückisches instinktives Gehirn bricht durch, um Ihre wahren Freudengefühle zum Ausdruck zu bringen. Die Person, mit der Sie reden, weiß, dass Sie lügen. Sie wissen, dass Sie lügen. Das ist alles ein bisschen peinlich.

Doch wie können Sie so etwas vermeiden? Versuchen Sie, etwas zu antworten, dass Ihren wahren, tiefsten Gefühlen eher entspricht. Das wird es Ihnen ermöglichen, Ihr Lächeln zurecht aufzusetzen. Wie wäre es beispielsweise mit: „Das ist eine tolle Neuigkeit. Wie schön für Sie. Man muss sich im Leben auch mal verändern. Erzählen Sie mal mehr von diesem Job. Freuen Sie sich schon?" Sie haben nicht gelogen und Ihrem echten Gefühl, also der Freude, freien Lauf gelassen.

Der äußere Schein ist alles für den Führer. Zu den anderen Dingen, die der Führer ausstrahlen muss, gehört die Entschlossenheit. Und die Entschlossenheit ist das nächste Geheimnis der Sprache der Menschenführung, dem wir uns widmen wollen.

Literaturverzeichnis und Endnoten

1. Verfügbar unter http://www.bakadesuyo.com/2011/11/do-we-pick-leaders-based-on-their-voice/. Aufgerufen am 4.2.2015.
2. Sigmund Freud (1997): *Bruchstück einer Hysterie-Analyse*, Frankfurt: Fischer.
3. Roald Dahl (1980): *Die Zwicks stehen Kopf*, Reinbek: Rowohlt.
4. Jonathan Charteris-Black (2007), *The Communication of Leadership: The Design of Leadership Style*, Bolton: Routledge.

4

Innere Entschlossenheit

Kein vernünftiger Fisch würde irgendwohin ohne Grundel gehen.
Alice im Wunderland, Lewis Carroll

Immer wenn ich zu einer Konferenz oder einer Veranstaltung gehe, bin ich überrascht, wie manche Menschen herausragen: Sie sind von einer Art magischem Summen umgeben, einer Aura, die alle um sie herum erregt. Wenn sie sprechen, hört jeder zu. Wenn sie sich bewegen, folgen ihnen andere. Sie wissen, von welcher Art von Personen ich spreche: jene, von denen Sie wissen, dass Sie hinter Ihnen stehen, auch ohne dass Sie sich umdrehen. Solche Menschen sind geborene Führer: Jedes ihrer Worte und jede ihre Aktionen spricht für sich von Menschenführung. Sie sind ganz anders als die normalen Leute, die sich in die

© Springer-Verlag GmbH Deutschland, ein Teil von
Springer Nature 2018
S. Lancaster, *Winning Minds*,
https://doi.org/10.1007/978-3-662-57471-3_4

Ecken ducken und sich an ihren Teetassen oder Keksen festhalten. Führer wissen, warum sie da sind, und sie wissen, was sie tun. Sie sind entschlossen und haben ein Ziel. Entschlossenheit ist für die Sprache der Menschenführung von entscheidender Bedeutung.

Das instinktive Gehirn wird naturgemäß von Menschen mit Zielsetzung angezogen. Entschlossenheit ist ein unglaublich attraktiver Wesenszug. Ich wette, Sie können sich an Gelegenheiten erinnern, als Freunde oder Kollegen große Projekte in Angriff genommen haben – einen Marathon laufen, ein Unternehmen gründen, einen Berg besteigen, ein Haus bauen oder ähnliches. Waren Sie nicht voller Begeisterung, als sie ihr Ziel verfolgten?

Es gibt einen Grund dafür, dass wir von entschlossenen Menschen angezogen werden: Sie sind es, die am ehesten die Sicherheit des Stammes garantieren. Sie werden Fortschritt und Veränderung bringen. Sie werden uns voranbringen. Also sorgt der instinktive Bereich unseres Gehirns dafür, dass wir uns hinter sie stellen. Er tut dies auf dreierlei Weise. Erstens aktivieren zielgerichtete Menschen unsere Spiegelneuronen. Zweitens lösen sie bei uns einen Sinn für Entschlossenheit aus, der unser Belohnungssystem aktiviert, sodass Dopamin ausgeschüttet wird. Und drittens fühlen wir uns ihnen verbunden, sodass Oxytocin freigesetzt wird.

Zielgerichtete Menschen aktivieren unsere Spiegelneuronen.

Schließlich ahmen wir sie nach. Wenn Sie sehen möchten, wie das vor sich geht, sollten Sie auf YouTube „Guy starts dance party at Sasquatch music festival" suchen. Dort sehen Sie, wie ein Typ ganz entschlossen tanzt, während alle anderen etwas benommen herumlaufen (wie man das auf Festivals eben macht). Zuerst versammeln sich ein paar Leute um ihn herum und imitieren ihn. Dann sind es bald Dutzende. Und schließlich Hunderte. Bevor er sichs versieht, kopiert das gesamte Festival seine etwas verrückten Tanzbewegungen. Es ist ein inspirierendes Video, ob Sie nun gerne tanzen oder nicht.

Das ist die Macht der Entschlossenheit. Entschlossene Menschen bewegen etwas. Wenn es keine entschlossenen Menschen gibt, passiert nichts. Führungspersönlichkeiten werden aktiv und füllen diese Leere. Fragen Sie sich also selbst: Was ist Ihr Ziel?

Große Führer haben Aufgaben/ Missionen

Große Führer haben ein höheres Ziel. Dieses Ziel verleiht ihnen und ihrer Umgebung Energie. Das bedeutet, dass sie mit großer Überzeugung sprechen, wie eine Naturgewalt. Denken Sie nur an Mandela, Gandhi, Branson, Jobs, Lennon und Geldof. Das waren Menschen auf Kreuzzügen, Kreuzzügen, die von irgendwo ganz tief in ihnen kamen – was man in der asiatischen Kultur als *Hara* oder *Chi* bezeichnet. Im Deutschen würden wir vielleicht sagen, dass sie ihrem Bauch folgen oder eine Berufung haben. Tatsächlich haben Untersuchungen gezeigt, dass unverhältnismäßig viele Führer ihre Arbeit als „Berufung" bezeichnen.[1] Das ist mehr als einfach nur ein Job.

Es gibt eine Verbindung zwischen Religion und Menschenführung. Schon oft habe ich festgestellt, dass ein unverhältnismäßig viele Führungspersonen aus Wirtschaft und Politik nicht nur gläubig, sondern auch aktive Kirchgänger sind. Viele sind Prediger. Ich habe mich häufig gefragt, warum. Vielleicht verleiht ihre Spiritualität ihnen ein stärkeres Gefühl der Sinnhaftigkeit? Vielleicht verleiht ihre Religion ihnen einen tieferen Glauben und Optimismus hinsichtlich des inneren Werts anderer Menschen, sodass sie leichter Menschen für sich einnehmen können? Vielleicht gibt es eine genetische Fähigkeit zu glauben, und das hilft ihnen zu predigen: Wenn sie einen tief verwurzelten Glauben an Gott haben können, ist der Schritt vielleicht nicht zu groß, dass sie auch viel Vertrauen in einen strategischen Plan haben können.

Natürlich gibt es in der Sprache der Menschenführung starke religiöse Strömungen: Große Führer sprechen häufig von „Missionen", „Hingabe", „predigen" und „bekehren". Sie sind Enthusiasten (und in der Tat hat dieses Wort ebenfalls einen religiösen Ursprung, denn es leitet sich vom Griechischen „en theo" ab, was so viel heißt wie „von Gott erfüllt"). Diese Sprache färbt auf die Menschen in ihrer Umgebung ab. So entsteht eine Mission. Auf diese Weise wird eine Bewegung gegründet.

Doch wie finden Sie dieses große Ziel? Meistens ist das einfach eine Frage der Präsentation. Es ist die Art, wie Sie es betrachten.

Eine Vision bekommen

Es gibt eine alte Geschichte. Sie gehen an einer Baustelle vorbei. Drei Bauarbeiter sind dort damit beschäftigt, eine Wand zu errichten. Sie fragen sie, was sie tun. Der erste Bauarbeiter sagt, dass er Steine legt. Der zweite sagt, dass er eine Wand baut. Und der dritte sagt, dass er eine Kathedrale errichtet, die Hunderte von Jahren Menschen einen schönen Raum zum Beten bieten wird. Was meinen Sie: Wer arbeitet am härtesten? Wer genießt Ihrer Meinung nach seine Arbeit am meisten? Und welcher der Bauarbeiter geht wohl am Abend am zufriedensten nach Hause?

Die Geschichte ist alt, doch sie trifft einen wichtigen Punkt: Es ist Ihre Aufgabe als Führer, dass sich die Menschen gut mit dem fühlen, was sie tun: nicht als Akt der Nächstenliebe oder Wohltätigkeit, sondern weil Sie auf diese Weise das Beste aus den Leuten herausholen können. Wenn die Menschen glauben, dass sie einem höheren Ziel dienen, können Sie ihren Leib und ihre Seele haben. Das ist eine riesige Beute. Und genau darum geht es bei der Menschenführung.

Doch was ist ein höheres Ziel? In der Politik oder Geschäftswelt ist das nicht immer sofort offenkundig. Das in der Satzung festgelegte Ziel einer Aktiengesellschaft besteht darin, die Erträge der Aktionäre zu maximieren.[2] Und wenn wir wirklich ehrlich sind, ist das Regierungsziel der meisten politischen Parteien, an die Macht zu kommen und sich an der Macht zu halten. Diese Ziele scheitern, da sie nicht emotional sind. Große Führer haben Missionen, die tiefgründig und bedeutsam sind.

> Große Führer haben Missionen, die tiefgründig und bedeutsam sind.

Es gibt eine bekannte Geschichte: Als in den 1960er Jahren die „Mensch auf dem Mond"-Mission im Gange war, besuchte John F. Kennedy die NASA, um zu sehen, wie die Arbeiten vorankamen. Dort sah er einen Mann mit einem weißen Mantel und einer Kappe. Kennedy blieb stehen und fragte den Mann, was er machte. Der Mann antwortete: „Ich helfe dabei, einen Mann auf den Mond zu bringen." Kennedy lächelte: „Ja, aber was ist Ihre Aufgabe?" „Oh", sagte der Mann, „ich bin Hausmeister in Block D8. Ich beginne gerade meine Schicht."

Einen Mann auf den Mond zu bringen, ist ein Beispiel für eine wahrhaft große und inspirierende Vision – eine, die Menschen in einem gesamten Unternehmen begeistert, die ebenso viel Resonanz bei der Führungsetage wie bei den Reinigungskräften und Hausmeistern findet. Sie funktioniert, da sie groß ist, aber auch, weil sie lebendig ist. Sie liefert ein klares Bild, das sich im instinktiven Gehirn einnistet. Nicht jede Organisation kann zum Ziel haben, „einen Mann auf den Mond zu bringen", doch jede Organisation kann und sollte einen höheren Zweck finden. Es geht darum, eine emotionale Langzeitstrategie zu finden, die eine Verbindung zu den alltäglichen, kurzfristigen Aufgaben hat. Es geht darum, das Banale mit dem Grandiosen zu verbinden.

Wenn Sie solche Dinge in der Praxis sehen wollen, sollten Sie sich in einem Unternehmen wie Glaxo-SmithKline oder Unilever umsehen. Die Angestellten bei diesen beiden Unternehmen sind von ihrer Mission erfüllt. Glaxo rettet Leben – daran sollten Sie nicht zweifeln. Als die Ebola-Epidemie ausbrach und die ganze Welt nach Behandlungsmöglichkeiten suchte, war das gesamte Unternehmen von diesem Ziel erfüllt. Von oben nach unten floss Energie, und die Menschen arbeiteten länger, um ein Medikament zu finden.

Unilever ist ebenfalls ein zielgerichtetes Unternehmen. Wussten Sie, dass Tag für Tag 5000 Kinder unter fünf Jahren aufgrund von Krankheiten und mangelhafter Hygiene sterben? Die Mitarbeiter von Unilever kennen diese Zahl gut, denn ihre Mission besteht darin, sie zu halbieren. Wenn es ihnen einfach nur gelingen würde, mehr Kinder in Entwicklungsländern dazu zu bringen, sich die Hände mit Seife zu waschen, könnten sie Millionen Leben retten. Was würden Sie mit Ihrer Zeit lieber anfangen? Leben retten oder Seife verkaufen?

So finden Unternehmen ihre Berufung, und so bringen große Führungspersönlichkeiten die Menschen dazu, ihr Letztes zu geben. Es gibt haufenweise Untersuchungen, die zeigen, dass die Menschen härter arbeiten, wenn sie glauben, sie täten es für eine gute Sache.[3] Die Welt hat sich von dem alten Modell von der „sozialen Verantwortung des Unternehmens" wegbewegt, das in den 1980er Jahren existierte: Damals konnten Unternehmen sich so unethisch verhalten, wie sie wollten, solange sie ab und zu ein paar Münzen in lokale Projekte investierten. Heutzutage geht es stets darum, wie man die wirtschaftlichen Ziele mit der Moral unter einen Hut bekommt und auf diese Weise tolle Ergebnisse erzielt: für das Unternehmen und für die Welt.

Große Führer verstehen das und haben es schon immer verstanden. Henry Fords Mission bestand darin, das Auto zu „demokratisieren" – also das Auto für die gesamte arbeitende Bevölkerung auf der Erde erschwinglich zu machen. Bob Shapiros erste Rede als Monsanto-Chef war ein Schlachtruf, den weltweiten Hunger zu beenden. Laura Bates, die Gründerin des „Everyday Sexism Project", sieht es als ihre Aufgabe an, für echte Gleichberechtigung überall auf der Welt zu sorgen. Das sind großartige, hehre, inspirierende Ziele – genau das, was wir in der Sprache der Menschenführung wollen.

Der Trick besteht darin, das größte emotionale Ziel zu finden, das zu Ihrem strategischen Ziel passt. Halten Sie sich nicht zurück: Je größer, desto besser. Jim Collins sagt, dass Führungsziele „groß, beherzt und verwegen" sein sollten.[4] Die Beatles haben niemals gesagt, sie wollten die bedeutendste Band in Liverpool sein: Sie nahmen sich vor, das Beste vom Allerbesten zu werden.

Eine ehrenwerte Mission zu finden, die ein ganzes Unternehmen beseelt, kann die erstaunlichsten Auswirkungen haben. Finden Sie also Ihr Ziel. Finden Sie die Verbindung zu Ihrem Unternehmen. Und sorgen Sie dafür, dass jeder es erfährt.

Sichtbarer Fortschritt

Es reicht nicht aus, eine große Vision lediglich zu verkünden. Die Menschen müssen sehen, welche Fortschritte die Umsetzung der Vision macht.

Die Menschen müssen sehen, welche Fortschritte die Umsetzung der Vision macht.

Denken Sie an unser Alter Ego im Gebirge zurück. Wir waren motiviert durch die Vision eines Brombeerstrauchs. Als wir uns dem Strauch näherten, wurde die Vision klarer, sodass eine größere Menge von Dopamin ausgeschüttet wurde, um uns weiter zu motivieren. Das instinktive Gehirn hat dieses kluge Belohnungssystem entwickelt, um sicherzustellen, dass wir nicht in der Mitte der Reise vor Müdigkeit zusammenbrechen, sondern in Erwartung des großen Preises weitermachen. Doch das basiert auf sichtbaren Zeichen eines Fortschritts.

Für Führer bedeutet dies, dass Visionen eindeutig beschrieben werden müssen, doch auch der Fortschritt bei der Erreichung der Vision muss eindeutig demonstriert werden. Es gibt ein sehr großes Einzelhandelsunternehmen, von dem ich weiß, dass jedes interne Meeting mit einem Kunden beginnt, der darüber spricht, wie er persönlich von den Diensten des Unternehmens profitiert hat. Dadurch bleibt jeder klar auf den Nutzen für die Menschen fokussiert. Das ist sehr motivierend. Jeder spürt bei diesen Treffen eine gewisse Erregung. Das ist das Dopamin.

Der charismatische Vizekanzler der Open University, Martin Bean, spricht häufig öffentlich darüber, wieviel ihm daran liegt, jedem Menschen auf der Erde eine gute Ausbildung zugänglich zu machen. Er sorgt für jede Menge Enthusiasmus. Man kann die Freude in den Augen der Menschen sehen, wenn er einzelne Geschichten darüber erzählt, wie das Leben der Menschen bereichert wurde und sich durch die Open University verbessert hat.

In beiden Fällen können die Menschen den Fortschritt im Hinblick auf die Vision sehen. Das brauchen wir alle, um am Ball zu bleiben. Das ist die Befriedigung, etwas auf einer To-do-Liste zu streichen. Die immer weiter ansteigende Wörterzahl hat mich beim Schreiben dieses Buches in Schwung gehalten. Ein guter Anführer sorgt für sichtbare Zeichen des Fortschritts, damit die Menschen hoch motiviert bleiben.

Eine der Arbeitsumgebungen, die mich am meisten motiviert haben, war als Jugendlicher im Telefonmarketing. Ich habe mit 20 etwa Gleichaltrigen in einem engen Raum oberhalb eines Sexshops im Londoner Stadtteil King's Cross gearbeitet und Kaltaquise von Kunden auf der Grundlage der *Gelben Seiten* betrieben. Jeder erfolgreiche Verkauf wurde auf einer riesigen Tafel notiert. Das war ein deutlich sichtbarer Beleg für den Fortschritt. Wir wussten, wie gut wir waren, wie viel Geld wir verdienten (wir arbeiteten auf Kommissionsbasis) und wie weit wir von unserem Ziel entfernt waren. Unser Ziel war ein Verkauf pro Tag – was 300 Absagen pro Tag bedeutete; doch wir bemerkten die Absagen nicht: Wenn der Verkauf aufgeschrieben wurde, fühlten wir uns *großartig*. Dopamin. Serotonin. Reine Freude.

Um welche Vision es auch immer geht: Die Menschen müssen einen Fortschritt sehen (Abb. 4.1). Wenn die Vision zu weit entfernt zu sein scheint, beginnen die Menschen, abzuschweifen. Ich habe zu viele tolle Ideen gesehen, die im Laufe der Jahre im Sande verlaufen sind … Im Jahr 2000 verkündete die Europäische Union beim

Abb. 4.1 Belohnungen und Entschlossenheit

Gipfeltreffen in Lissabon, dass sie innerhalb von zehn Jahren das US-amerikanische Produktivitätsniveau erreichen wolle … Zunächst war das eine spannende Vision, doch der fehlende Fortschritt war innerhalb von wenigen Jahren offensichtlich. Zu diesem Zeitpunkt wandten die Unterstützer sich ab. Das Belohnungssystem des Gehirns ist nicht nur gut darin, Fortschritte wahrzunehmen, es ist auch gut darin, mangelnden Fortschritt zu erkennen – und das macht sich dann durch das Gegenteil eines Dopamin-Hochs bemerkbar: Die Leute fühlen sich mies.

Die Menschen brauchen auch das Gefühl, einbezogen zu werden: Sie müssen eine echte Verbindung zwischen ihrer alltäglichen Arbeit und der großen Vision sehen. Geht diese Verbindung verloren, besteht auch das Risiko, dass sie sich abwenden. Ich kenne zahlreiche Menschen, die auf lokaler Ebene politisch aktiv waren, diese Betätigung aber aufgaben, weil sie keine Verbindung zwischen ihrer Tätigkeit und dem Erfolg der Partei auf nationaler Ebene erkennen konnten. Sie wurden desillusioniert und fühlten sich weniger verpflichtet.

Bei der Menschenführung geht es darum, den Leuten ein Gefühl von Einbeziehung und Erfüllung zu geben. Es geht darum, Träume wahr werden zu lassen. Das ist es, was ein Führer tut. Für uns normale Sterbliche reichen die Träume nach ein paar Flaschen Beaujolais nicht über den Küchentisch hinaus. Führer sind anders: Aus diesem Grund folgen wir ihnen.

In den frühen 1980er Jahren warb Steve Jobs bekanntermaßen den Top-Manager John Scully für Apple von PepsiCo ab – und zwar mit den unvergesslichen Worten: „So. Wollen Sie weiterhin für den Rest Ihres Lebens Zuckerwasser verkaufen oder wollen Sie mit mir kommen und die Welt verändern?" Was glauben Sie, hat Scully getan? Sie haben verdammt Recht. Scully und Jobs arbeiteten erfolgreich zusammen bei Apple, bis offenbar wurde, dass sie trotz einer gemeinsamen Vision nicht einer Meinung darüber waren, wie diese Vision verwirklicht werden sollte. Das bringt uns zum nächsten Kapitel in der Sprache der Menschenführung: Empathie.

Literaturverzeichnis und Endnoten
1. Alvin Ung (2012): *Barefoot Leader: The Art and Heart of Going That Extra Mile*, Malaysia: August Publishing.
2. Aktiengesetz 2006.

3. Dan Pink (2010): *Drive: The Surprising Truth About What Motivates Us*, Chatham: Canongate.
4. Jim Collins und Jerry Porras (1994): *Built to Last: Successful Habits of Visionary Companies*, London: HarperBusiness.

5

Empathie und die Kraft des Schönen

Zu häufig unterschätzen wir die Kraft einer Berührung, eines Lächelns, eines freundlichen Worts, eines zuhörenden Ohrs, eines ernstgemeinten Kompliment oder der kleinsten mitfühlenden Geste, die alle das Potential haben, dem Leben eine neue Richtung zu geben.

Leo Buscaglia

Im Vorfeld der britischen Unterhauswahlen 2010 fanden die ersten Debatten statt, die im Fernsehen übertragen wurden. Alle Parteiführer sahen ihnen mit Bangen entgegen, verzweifelt darum bemüht, nicht als Idiot dazustehen. Danach waren sich die meisten Experten und Meinungsforscher einig, dass Nick Clegg aus den Debatten mühelos als Sieger hervorgegangen war. Nun, es gab eine Reihe von

© Springer-Verlag GmbH Deutschland, ein Teil von
Springer Nature 2018
S. Lancaster, *Winning Minds*,
https://doi.org/10.1007/978-3-662-57471-3_5

Gründen, warum Clegg als Bester abschnitt: erstens war er nicht so bekannt wie David Cameron und Gordon Brown, hatte also den Vorteil, am frischesten zu wirken; zweitens repräsentierte er politisch die Mitte – optimal für die Überzeugungskraft –, die für einen Wandel stand; und drittens, was am wichtigsten war, war er der einzige der drei Parteiführer, der sich besonders anstrengte, sich an das Publikum anzupassen: Er zeigte den Zuschauern, dass er auf ihrer Seite war und nicht gegen sie stand.

Wenn Nick Clegg direkt in die Fernsehkamera blickte und den Zuschauern versicherte, dass er zuallererst verstehe, wie sie sich fühlten, sprach er direkt und eindeutig den instinktiven Bereich ihres Gehirns an. Und er sagte: „Ich bin bei euch. Die anderen sind gegen euch. Bei mir seid ihr sicher."

Unsere Überlebensinstinkte leiten uns naturgemäß zu Menschen, von denen wir wahrnehmen, dass sie auf unserer Seite stehen. Das schützt uns vor Gefahr und bringt Sicherheit. Und welchen einfacheren Weg gäbe es zu zeigen, dass man auf jemands Seite ist, als zu sagen, dass man auf seiner Seite ist? Aus diesem Grund ist Empathie ein so wichtiges Element in der Sprache der Menschenführung.

Die wichtigste Person auf der Welt ist die Person, mit der Sie sprechen

Wenn wir für Menschen Mitgefühl empfinden, lösen wir eine schöne chemische Reaktion in ihrem Gehirn aus. Wir setzen das Oxytocin in Gang. Oxytocin ist die

Liebesdroge. Mütter schütten Oxytocin aus, wenn sie stillen. Oxytocin stellt ein unvergessliches Gefühl von Verbundenheit her. Die Notwendigkeit, uns mit anderen zu verbinden, ist eine der am stärksten motivierenden Kräfte des Menschen – wie bereits erwähnt, ist das Sicherheit in Zahlen; wenn es einem Führer also gelingt, Oxytocin freizusetzen, ist er auf dem richtigen Weg, sich eine Gruppe treuer Anhänger aufzubauen.

Eine Studie hat kürzlich Studenten aufgefordert, Recherchen über eine historische Person anzustellen. Der Hälfe der Studenten wurde erzählt, dass die fragliche Person dasselbe Geburtsdatum habe wie sie, der anderen Hälfte nicht. Die Unterschiede hinsichtlich Anstrengung und Leistung zwischen den beiden Gruppen waren überwältigend. Die Studenten, die glaubten, dass die historische Person dasselbe Geburtsdatum habe wie sie selbst, verbrachten 65 % mehr Zeit mit der Recherche als die anderen. Unterschätzen Sie also die Macht der Verbindung nicht. Wenn Menschen eine persönliche Verbindung spüren, arbeiten Sie um 65 % härter.[1]

> Wenn Menschen eine persönliche Verbindung spüren, arbeiten Sie um 65 % härter.

Doch Sie können lediglich eine Verbindung zu Menschen aufbauen, wenn Sie sie verstehen.

Empathie

Wir kommen nicht mit der Fähigkeit auf die Welt, andere zu verstehen. Wenn wir auf die Welt kommen, gibt es nur eine einzige Weltsicht, die eine Rolle spielt: unsere eigene. Wissenschaftler denken, dass die Fähigkeit, unterschiedliche Perspektiven zu verstehen und anzuerkennen, im Alter von vier Jahren einsetzt. Zu diesem Zeitpunkt setzen Kinder ihr Verständnis der verschiedenen Perspektiven ein, um ihre Urteile zu treffen und die Menschen in ihrem Umfeld zu beeinflussen:

> Eine Möglichkeit, die Empathiefähigkeit eines Kindes zu testen, besteht darin, ein einfaches Puppenspiel vor Kindern aufzuführen. Eine Puppe namens Fred versteckt einen Keks unter einem Kissen und geht ab. Dann kommt eine Puppe namens Clara herein, hebt das Kissen hoch, nimmt den Keks, legt ihn in ihren Korb und geht ab. Nun kommt Fred zurück. Fragen Sie nun die Kinder, wo Fred nach dem Keks suchen wird. Kleine Kinder werden sagen, „im Korb", da sie nicht verstehen können, dass Fred nicht alles weiß, was Clara weiß. Ältere Kinder (ab einem Alter von etwa vier Jahren) verstehen, dass Fred nicht weiß, wo der Keks ist, und werden sagen „unter dem Kissen".

Manche Menschen sind empathischer als andere. Manche haben etwas, das als Gefühlsblindheit bezeichnet wird: eine Unfähigkeit, die Perspektiven anderer Menschen wahrzunehmen.[2] Ich habe einmal von einem Chef gehört, der Hunderte von Fabrikarbeitern entließ und dabei sagte: „Sie denken, Sie hätten Probleme? Ich habe fünf Kinder auf einer Privatschule!" Das ist ein unheilbarer Fall von Gefühlsblindheit.

Simon Baron-Cohen hat ein Online-Tool entwickelt, mit dem Sie testen können, wo Sie in diesem Spektrum stehen. Sie können Ihre eigenen Empathiefähigkeiten testen unter http://psychology-tools.com/empathy-quotient/. Dazu müssen Sie lediglich eine Reihe von Fragen auf Englisch beantworten. Ich habe 52 von 80 Punkten erreicht. Warum probieren Sie es nicht mal aus, um zu sehen, wie Sie abschneiden? Große Führer müssen unterschiedliche Perspektiven verstehen, denn ohne diese Einblicke wird es ihnen schwer fallen, Menschen für sich zu gewinnen.

Der effektivste Minister, mit dem ich jemals im Londoner Regierungsviertel gearbeitet habe, war Alan Johnson. Viele Leute sind der Meinung, er hätte sich um das Spitzenamt bemühen sollen. Mit charakteristischer Bescheidenheit sagte er, er wolle lieber als der beste Premierminister, den wir nie hatten, bekannt werden als in der Rolle des „Scheiß-Katastrophen-Johnson". Ich habe im Laufe der Jahre Tausende Stunden in Sitzungen mit ihm verbracht und zugesehen, wie er mit den unterschiedlichsten Leuten über die unterschiedlichsten Themen verhandelt hat. Ich erinnere mich an die intensive Konzentration, die man während solcher Verhandlungen auf seinem Gesicht erkennen konnte: Seine Augen wurden schmal, seine Augenbrauen waren gerunzelt, und er wiederholte die Position der einzelnen Teilnehmer, oftmals Wort für Wort. Wenn wir aus fiesen Treffen kamen, konnte er die Sichtweise jedes Einzelnen textsicher wiedergeben. Er konnte auch erkennen, wie man zu einem Kompromiss finden konnte, der für alle okay war. Über alles konnte er ein Geschäft abschließen: Er war derjenige, der die Diskussion über die Einführung von Studiengebühren in England gewann (dabei handelte es sich allerdings um eine gemeinsame Charmeoffensive mit Charles Clarke – obwohl, wie manch einer meint, Johnson für den Charme zuständig war und Clarke für die Offensive).

Effektive Empathie beginnt mit dem Zuhören

Zuhören wird als Technik der Menschenführung unterschätzt. Wie das alte Sprichwort sagt: Wir haben zwei Ohren und einen Mund und sollten sie in diesem Verhältnis nutzen. Doch gutes Zuhören ist schwieriger, als es den Anschein hat.

> Zuhören wird als Führungstechnik unterschätzt.

Manchmal frage ich meine Kunden, ob ich unsere Treffen aufzeichnen darf. Das ist etwas, das in meinen Augen entscheidend ist, um ihre Position wirklich zu verstehen. Unter allen Abschweifungen und Ablenkungen kann man leicht eine Nuance überhören: Häufig beginnen diese erst, sich bei einem zweiten oder dritten Abhören herauszukristallisieren. Ein erstes Abhören liefert oft nur ein oberflächliches Verständnis.

Ich weiß, dass ich damit nicht alleine bin. Ich habe häufig sehr berühmte Reden an großen Gruppen ausprobiert: Sie wären erstaunt, wie unglaublich unterschiedlich die Interpretationen ausfallen können und welch große

Textabschnitte anscheinend vollständig überhört werden. Das ist eine grundlegende Schwachstelle in der menschlichen Kommunikation: Die meiste Zeit des Zuhörens sind wir mehr mit unseren eigenen Gedanken beschäftigt als mit den Ideen der sprechenden Person.

Machen Sie sich keine Sorgen, wenn Ihnen das bekannt vorkommt. Hilfe ist nah. Es gibt Modelle von der Stange, die Sie nutzen können, um Ihre Zuhörfähigkeiten zu verbessern. Ein Modell, das gut funktioniert, wenn Sie so etwas mögen, ist als CARESS bekannt. Die CARESS-Methode wird in Tab. 5.1 dargestellt.

Tab. 5.1 Das CARESS-Modell

Konzentrieren	Schalten Sie Hintergrundgeräusche aus. Legen Sie Ihre eigenen Gedanken still. Konzentrieren Sie sich auf den Sprecher
Bestätigen	Stellen Sie Augenkontakt her und bestätigen Sie, was der Sprecher sagt, einschließlich einer Wiederholung dessen, was er gesagt hat
Forschen	Stellen Sie Fragen und liefern Sie Stichworte, um Ihren Gesprächspartner zum Weitersprechen zu ermutigen
Emotionale Kontrolle	Zügeln und kontrollieren Sie Ihre eigenen Reaktionen auf das Gesagte. Erlauben Sie Ihrem Gegenüber, seinen Punkt weiter auszuführen
Spüren	Erspüren Sie nonverbale Botschaften. Beobachten Sie die Körpersprache, um herauszufinden, welche Punkte wirklich wichtig sind
Struktur	Hören Sie, welches Muster beim Argumentieren verwendet wird. Versuchen Sie, es zu veranschaulichen, zum Beispiel durch eine Mind-Map

Wenn dieses Modell bei Ihnen nicht funktioniert, lautet mein schneller und einfacher Rat: Versetzen Sie sich in die Lage der anderen Person. Kontrollieren Sie sich. Schalten Sie Ihre eigenen Beurteilungen, Meinungen und Reaktionen ab. Stellen Sie sich vor, Sie selbst wären an der Stelle des Redners und würden dasselbe sagen. Wie Harper Lee in *Wer die Nachtigall stört* schrieb: „Man versteht eine andere Person nie wirklich ..., bis man sich in ihre Haut begibt und darin herumläuft." Versuchen Sie also, das zu tun. Falls es sich um eine besonders widerliche Person handelt und Sie die Idee abstoßend finden, sich in deren Haut zu befinden, müssen Sie sich keine Sorgen machen: Sie können anschließend wieder aus dieser Haut herausschlüpfen. Doch sich in die Lage der anderen Person zu versetzen, während sie spricht, wird Ihnen helfen, eine natürliche Empathie und ein aufrichtiges Mitgefühl zu entwickeln und sich so als Führer zu etablieren.

Wiederholen

Haben wir die Position eines anderen Menschen verstanden, können wir sie wiedergeben. Die Leute lieben es, wenn ihre eigenen Ansichten wiederholt werden. Wir haben ein tiefes Bedürfnis, angehört und verstanden zu werden, insbesondere wenn dieses Verständnis von einer Person kommt, die wir verehren und respektieren – einem Führer. Dadurch werden Oxytocin und Serotonin ausgeschüttet.

> Die Leute lieben es, wenn ihre eigenen Ansichten wiederholt werden.

Kürzlich habe ich eine Amerikanerin aus dem tiefen Süden gesehen, die eine energische Rede vor einem Publikum hielt, das anfangs Zeichen von Feindseligkeit zeigte. Sie begann mit ganz viel Empathie und versetzte sich vollkommen in die Lage ihrer Zuhörer. „Ich weiß, dass Sie wütend sind. Ich weiß, dass Sie von uns etwas Besseres erwartet haben. Ich weiß, dass Sie sich Sorgen darum machen, was die Zukunft Ihnen und Ihren Familien bringen mag. Ich weiß, dass Sie Rechnung bezahlen, Angehörige versorgen, Verpflichtungen erfüllen müssen, …" In dieser Art und Weise fuhr sie einige Minuten fort. Nachdem sie sich erfolgreich auf die Seite ihres Publikums gestellt hatte, konnte sie sich für ihre eigene Verteidigung einsetzen. Doch sie hätte nicht das Recht gehabt, dies zu tun, wenn sie nicht mit Empathie begonnen hätte. Es ging darum, die instinktive Feindseligkeit zu durchbrechen und eine Verbindung herzustellen.

Ein anderer Weg, diese Verbindung zu stärken, ist die Verwendung der ersten Person Plural. Das habe ich bereits früher erwähnt, doch hier folgt nun die Statistik: Barack Obama nutzt die erste Person Plural (wir, uns, unser) mehr als doppelt so oft wie die erste Person Singular (ich, mich, mein). Darüber hinaus neigt er dazu, die erste Person Singular nur dann zu verwenden, wenn er keine Wahl hat, zum Beispiel wenn er über seine Frau oder seine Kinder spricht oder die persönliche Verantwortung für etwas übernimmt. Dieser kleine Trick hat eine enorme Auswirkung auf die Art, wie sich seine Sprache anfühlt.

Versuchen Sie einfach mal, zu einer großen Gruppe von Menschen zu sagen: „Sie müssen alle mehr Geld sparen." und sehen sie, was passiert. Es wirkt einschüchternd und wie eine Strafpredigt. Doch wenn Sie sagen: „Wie müssen alle mehr Geld sparen.", fühlt sich das gut an. Übrigens: Falls Sie nicht dieser Meinung sind und denken, die erste Version sei besser, lassen Sie mich Ihnen einen Rat geben – gehen Sie *niemals* in die Politik. *Auf gar keinen Fall!*

„Wir" ist eins der kraftvollsten Wörter in der Sprache der Menschenführung: Einer der einfachsten Wege, um Menschen für sich zu gewinnen, ist die Verwendung von „wir" statt „ich". Der ehemalige US-amerikanische Arbeitsminister Robert B. Reich sagte einst, er beurteile gern die Gesundheit eines Unternehmens mithilfe des „Pronomen"-Tests: Spricht man in dem Unternehmen von „sie" oder von „wir"?[3]

Geschlecht und Empathie

Empathie ist eine Fähigkeit, die manch einer rasch Frauen zuordnen mag. Tatsächlich ist der Bereich des Gehirns, der mit Empathie zu tun hat, in der Regel bei Frauen größer als bei Männern, doch es gibt Ausnahmen: Sie können ebenso auf Männer treffen, die äußerst empathisch sind, wie auf Frauen, die extrem gefühlsblind sind. Doch als allgemeiner Trend stimmt es.

Eine interessante Studie, über die ich gestolpert bin, untersucht die Unterschiede in der Art, in der Männer und Frauen instinktiv auf Stress reagieren. Wir sprechen häufig über „Kampf oder Flucht", doch Neurologen sprechen auch über eine weitere mögliche Reaktion auf Stress: „beschützen und anfreunden" („tend and befriend").

In 26 von 28 Szenarien entschieden Frauen sich für „beschützen und anfreunden" statt für „Kampf oder Flucht" als Reaktion auf Stress.[4] Ich vermute, das bedeutet rückblickend auf die Zeit der Neandertaler: Während der Mann sich darauf konzentrierte, Bedrohungen abzuwehren, kümmerte die Frau sich um die Familie. Das klingt meiner Meinung nach stimmig. Vor einigen Jahren war ich daheim mit meiner Familie und spielte oben mit den Kindern, als wir plötzlich unten einen unvorstellbaren Krach hörten: Es klang, als ginge ein Fenster zu Bruch. Schnell griff ich mir den erstbesten Gegenstand, der als Waffe dienen konnten (Lotties „Buzz Lightyear"-Puppe … Ja, ich weiß! Sie wäre mir wirklich eine ganz tolle Hilfe gewesen …) und ging die Treppe hinunter, um nachzusehen, was da passierte. Lucys Reaktion war, sich mit den Kindern auf dem Boden zusammenzukauern. Als ich unten war, stellte ich fest, dass eine Taube durch das Fenster geflogen war … Aber sehen Sie, wie unter Stress die alten Instinkte die Oberhand gewannen?

Bei einer Führungsperson ist Empathie eine gute Eigenschaft. Ob Sie nun von Natur aus empathisch sind oder nicht – es ist ein Charakterzug, den Sie zu entwickeln versuchen sollten. Jeder hat ein starkes Bedürfnis danach, sich verbunden zu fühlen. Wenn Menschen sich verbunden fühlen, fühlen sie sich toll. Falls sie sich ausgeschlossen fühlen, können sie mit Wut reagieren. Diese Wut kommt in manchen Auseinandersetzung zum Vorschein („WARUM KANNST DU NICHT EINFACH MAL ZUHÖREN!"). Wir können sie in einigen politischen

Reden sehen, wenn Führer nur zögerlichen Applaus bekommen, ausgebuht oder körperlich angegriffen werden. (Suchen Sie mal auf YouTube, um zu sehen, wie häufig nach Führern während ihrer Reden mit Schuhen geworfen wird – das ist ein schockierend alltägliches Ereignis.) Solche Wut sehen wir auch in manchen endlosen Einstellungsverhandlungen. Es gibt zahlreiche Beispiele dieser Art: Eine solche Verhandlung wird heute praktisch zu einem Euphemismus für eine Durchwink-Übung. Aber das vielleicht schlimmste Beispiel war die Einberufung einer Pressekonferenz durch den Vorsitzenden der „National Rifle Association" (Nationale Gewehrvereinigung) nach dem Massaker von Sandy Hook; er sagte: „Das ist der Beginn eines ernsthaften Gesprächs. Wir werden keine Fragen aufgreifen."[5]

Versuchen Sie also, Anknüpfungspunkte zu finden, selbst wenn Sie anderer Ansicht sind. Wenn Ihnen das gelingt, können Sie ein wenig Freude in das Leben der Menschen bringen. Wer weiß – vielleicht zaubern Sie ihnen sogar ein Lächeln ins Gesicht.

Literaturverzeichnis und Endnoten

1. David Brooks, *The Social Animal*, S. 134.
2. Simon Baron-Cohen.
3. James W. Pennebaker (2011): *The Secret Life of Pronouns: What Our Words Say About Us*, Pennsylvania: Bloomsbury Press.
4. Shelley Taylor (2002): *The Tending Instinct*, New York: Henry Holt and Company.
5. Verfügbar unter http://www.dailymail.co.uk/news/article-2251762/NRA-condemned-astonishing-response-Sandy-Hook-massacre-calling-schools-armthemselves.html. Aufgerufen am 12.2.2015.

6

Lächeln und Humor

*Lasst uns einander stets mit einem Lächeln begegnen. Denn ein
Lächeln ist der Beginn der Liebe.*

Mutter Teresa

Im September 2014 versammelten sich die mächtigsten
Führer der Welt in Newport im britischen South Wales
zu einem NATO-Gipfel. Während einer Beratungspause
besuchten David Cameron und Barack Obama eine ört-
liche Schule. Das Filmmaterial davon wurde rund um die
Welt gesendet. Ich sah es in *BBC News*. Der Interviewer
ging zu einem der Schulmädchen und fragte, was der
Präsident und der Premierminister gesagt hatten. Es antwortete: „Sie haben nicht viel gesagt. Sie haben einfach
gelächelt."

© Springer-Verlag GmbH Deutschland, ein Teil von
Springer Nature 2018
S. Lancaster, *Winning Minds*,
https://doi.org/10.1007/978-3-662-57471-3_6

Ich fand, dass das sehr aufschlussreich war. Das Lächeln ist ein essenzieller Bestandteil der Sprache der Menschenführung. Ein Lächeln ist anziehend. Ein Lächeln entspannt. Ein Lächeln aktiviert den zufriedenen, emotionalen Bereich des Gehirns.[1] Ein Lächeln lässt uns lächeln. Studien haben gezeigt, dass es sehr schwer ist, einen lächelnden Menschen anzusehen und nicht zurück zu lächeln.[2]

> Es ist schwer, einen lächelnden Menschen anzusehen und nicht zurück zu lächeln.

Deshalb kann ein breites Lächeln einen großen Führer hervorbringen. Er lächelt und sorgt dadurch dafür, dass die Leute in seinem Umfeld sich großartig fühlen. Dadurch erwärmen sie sich für den Führer. Und sie wollen ihm etwas zurückgeben: Aus diesem Grund lieferten die freundlichen Interviews des englischen Fernsehmoderators David Frost immer deutlich tiefere Einblicke als der Moderator Jeremy Paxman mit seiner feindseligen, einschüchternden Art.

Lachen

Wenn das Lächeln ein Kennzeichen für einen guten Führer ist, dann ist die Fähigkeit, einen Witz zu erzählen, ein Merkmal für einen großen Führer.

In einer Umfrage unter Chefs der 500 größten US-amerikanischen Unternehmen galt Humor als besonders wichtiges Merkmal von Führungskräften.[3] Humor hilft, Geschäfte abzuschließen:[4] Untersuchungen haben gezeigt, dass das Einstreuen eines kleinen Witzes am Ende einer Verhandlung („Nun, mein letztes Angebot sind 6000 US$, und ich lege meinen Hausfrosch noch obendrauf.") die Wahrscheinlichkeit deutlich steigerte, dass ein Handel abgeschlossen wurde. Humor überwindet auch Grenzen zwischen gespaltenen Menschengruppen.

Die Rolle des Humors bei der Überwindung gesellschaftlicher Spannungen ist gut belegt.[5] Lachen ist tatsächlich in erster Linie ein gesellschaftlicher Akt.[6] Deshalb ist die Wahrscheinlichkeit 30 Mal höher, dass wir in Gesellschaft lachen, als wenn wir alleine sind.[7] Wenn Sie das ausprobieren wollen, sollten Sie einfach in eine Buchhandlung gehen, und ein Witzbuch lesen. Ich wette, Sie werden nicht laut auflachen. Doch wenn Sie in eine Kneipe gehen und hören, wie jemand dieselben Witze erzählt, ist die Chance deutlich größer, dass Sie sich schlapplachen. Wenn also jemand auf Facebook LOL schreibt („Laughing Out Loud" = „lautes Auflachen"), lacht er nicht wirklich laut auf. Ein treffenderes Akronym wäre WUA: Wahrnehmung und Anerkennung.

Gelächter kommt aus dem instinktiven Bereich des Gehirns. Es ist toll für unsere Gesundheit, da es die Freisetzung von Antikörpern fördert, Stresshormone unterdrückt und uns zu einem längeren Leben verhilft. Leider lachen wir im Alter vier Mal seltener als in jungen Jahren. Also sind die Menschen einem Führer wirklich dankbar, wenn er sie zum Lächeln bringt.

Anders verhält es sich mit Führern, die mit wiehern-
dem Gelächter durch die Gegend spazieren – wie der
Schauspieler Sid James, der schmutzige Witze erzählt, die
mit den Worten enden: „… und es war der Milchmann."
Es geht darum, eine Umgebung zu erschaffen, in der
die Menschen sich entspannt und frei von Spannungen
fühlen.

Mit Spannungen umgehen

Ein klein wenig Respektlosigkeit kann helfen, die Pein-
lichkeit zu überwinden, dass wir in unserer heutigen ver-
meintlich egalitären Zeit Anführer haben. Viele Führer
setzen Humor ganz bewusst ein, um ihre eigenen Sprech-
blasen unterzubringen. Sie erzählen selbstironische Witze.
Tab. 6.1 zeigt einige altehrwürdige Beispiele von selbst-
ironischen Witzen, die von verschiedenen Berufsgruppen
erzählt werden.

Doch gehen Sie mit der Selbstironie nicht zu weit. Sie
müssen immer noch den Respekt erhalten. Die Ironie
sollte leicht ausfallen: gerade genug, um zu zeigen, dass Sie
einen Sinn für Humor haben. Sie wollen die Leute nicht
wirklich an Ihre unattraktivsten Eigenschaften erinnern.
Es ist ein schmaler Grat zwischen Selbstironie und Selbst-
beschmutzung.

Humor kann eine tolle Möglichkeit sein, um Sorgen
zu zerstreuen. Es ist physisch unmöglich, dass ein Mensch
gestresst ist, wenn er lacht. Ärzte, Krankenschwestern,
Sanitäter, Feuerwehrleute und Polizisten – sie alle wissen
das. Humor hilft ihnen, mit den Sorgen umzugehen, die

Tab. 6.1 Selbstironische Witze

Politiker	Als ich meiner Mutter erzählte, dass ich in die Politik gehen wolle, drängte sie mich, es nicht zu tun. Sie sagte, sie habe im Wörterbuch nachgeschlagen, und „poli" bedeute „viele", während „ticks" Blut saugende Insekten seien. („Tick" ist das englische Wort für Zecke.)
Botschafter	Einer meiner Vorgänger erhielt einmal einen Anruf von der Zeitschrift *Time*. Er wurde gefragt, was er sich zu Weihnachten wünsche, und gab die Standardantwort: Es sei unpassend für einen Botschafter, eine Zeitschrift um irgendetwas zu bitten. Der Journalist blieb hartnäckig, bis der Botschafter schließlich nachgab und um das kleinste Geschenk bat, das er sich vorstellen konnte. In der nächsten *Time*-Ausgabe erschien die Dokumentation: „Was sich die Führer der Welt zu Weihnachten wünschen". Da kam Nelson Mandela vor – „Freiheit für die Menschen in Südafrika" –, Mutter Teresa – „Frieden auf Erden" und auch der Botschafter seiner Majestät – „eine kleine Schachtel mit kandierten Früchten, bitte"

(Fortsetzung)

Tab. 6.1 (Fortsetzung)

Wirtschaftswissenschaftler	Ein Wirtschaftswissenschaftler, ein Biologe und ein Architekt stritten, welchen Beruf Gott eigentlich habe. Der Biologe sagte: „Gott hat Mann und Frau geschaffen und alle Lebewesen, also war er natürlich ein Biologe." „Falsch", meinte der Architekt. „Als erstes hat er Himmel und Erde gemacht. Zuvor gab es nur vollständige Verwirrung und Chaos." „Nun", meinte der Wirtschaftswissenschaftler. „Was glaubt ihr denn, was zuallererst für Verwirrung und Chaos gesorgt hat?"

ihnen bei ihrer Arbeit begegnen, sowie sozialen Zusammenhalt und Wärme zu erzeugen. Einmal war ich als Gast zu einer überwiegend jüdischen Abendgesellschaft eingeladen, als enge jüdische Freunde mir ein paar schockierend makabre Witze über den Holocaust erzählten. Erst danach wurde mir klar, dass das ihre Art war, mit dem Horror umzugehen, den ihre Vorfahren erlitten hatten. Das Gelächter nahm ihnen die Befangenheit.

Das ist einer der Gründe, warum Churchills Witze so gut funktionierten: Er war während Großbritanniens schwärzesten Tagen Premierminister. Der Krieg war eine Zeit äußerst ernster Gefahr für das Land. Wie muss das britische Volk es geliebt haben, als sich die Geschichte über Churchills Privatsekretärin verbreitete, die an die Toilettentür klopfte, um ihn über die jüngsten Nachrichten über Hitler zu informieren – und der

Premierminister antwortete schlicht mit dem legendären Satz: „Augenblick! Ich kann mich nur um einen Scheiß auf einmal kümmern!"

Humor kann auch sehr heikle Probleme aus der Welt schaffen. Tony Blairs letzter Parteitag als Chef der Labour Party war fast vollständig aus der Bahn geraten, nachdem ein Journalist berichtet hatte, dass sich Blairs Frau abfällig über Gordon Brown geäußert habe. Blair witzelte, dass er sich immerhin keine Sorgen machen müsse, dass seine Frau mit dem Kerl von nebenan durchbrennen werde. Alle lachten.

Auch Ronald Reagan nutzte Humor, als er 1981 angeschossen wurde. Als er in den Operationssaal des „George Washington University Hospital" gefahren wurde, blickte er mit trüben Augen auf das Team der Klinikärzte, das um ihn herum stand. „Ich hoffe, Sie sind alle Republikaner", sagte er. Der leitende Operateur antwortete: „Herr Präsident, heute sind wir alle Republikaner."

Entspannung

Führer können auch Witze erzählen, um sich selbst zu beruhigen. Hier folgen drei bewährte Witze, die seit Jahren erfolgreich zur Beruhigung von Rednern beitragen:

> Es gibt eine Geschichte über den römischen Gladiator Androcles, der für seine Überlebenskünste berühmt war. Oft wurde er zu den Löwen in die Arena geworfen, und immer kehrte er lebendig zurück. Als sich der Löwe Androcles näherte, flüsterte er ihm etwas ins Ohr, und

dann wimmerte der Löwe und zog sich zurück. Schließlich ließ der römische Kaiser den Gladiator zu sich an den Hof bringen. „Androcles", sagte er, „ich halte es nicht länger aus. Ich muss dein Geheimnis kennen." „Das ist ganz einfach, Eure Hoheit", antwortete Androcles. „Ich sage ihm einfach, dass er nach dem Abendessen aufgefordert wird, ein paar Worte zu sagen."

Den meisten Studien zufolge nennen die Leute als größte ihrer Ängste das öffentliche Reden. Der Tod rangiert auf Platz zwei. Das bedeutet, dass die durchschnittliche Person bei einer Beerdigung lieber im Sarg läge als die Grabrede zu halten.

Mir hat mal jemand gesagt, eine Rede solle wie der Rock einer Frau sein: lang genug, um das Thema abzudecken, und kurz genug, um für ein wenig Interesse zu sorgen.

Diese Witze sind mir im wahrsten Sinne des Wortes Dutzende Male begegnet. Sie bringen die Menschen immer zum Lachen, selbst wenn sie sie schon kennen. Nutzen Sie sie, wenn Sie wollen, oder – falls nicht – finden Sie Ihre eigenen Witze, um sie im Zweifelsfall parat zu haben. Viele Führer verfügen über zwei oder drei sehr gut einstudierte Witze, die sie immer wieder bei Empfängen, Abendgesellschaften und zu Beginn von Reden einsetzen. *Bartlett's Book of Anecdotes* steckt voller solcher Perlen.

Jeder große Führer sollte einen Witz parat haben. Selbst Gordon Brown hatte einen Witz, den er bei besonderen Anlässen erzählte. Hier ist er, für die Nachwelt erhalten:

In den 1980er Jahren besuchte Olof Palme, der Minister-
präsident Schwedens, Washington anlässlich eines bilate-
ralen Treffens mit Präsident Reagan. Als Reagan mitgeteilt
wurde, dass Palme ihn treffen werde, sagte er: „Ist dieser
Mann nicht Kommunist?" „Nein, Herr Präsident. Er ist
Antikommunist.", antwortete sein Stabschef. Daraufhin
entgegnete Reagan; „Es ist mir egal, welche Art von Kommunist er ist. Werden Sie ihn los!"

Die Geheimnisse eines guten Witzes

Doch was macht einen guten Witz aus? Rund um diese
Frage gab es zahlreiche Studien. Doch bevor ich die
Erkenntnisse mit Ihnen teile, sollte ich Sie warnen, dass
das Analysieren von Witzen ein bisschen dem Sezieren von
Fröschen ähnelt: Sie lernen dadurch eine Menge, töten sie
aber dabei. Wenn Sie sich also das Geheimnis bewahren
wollen, empfehle ich Ihnen, jetzt zum nächsten Kapitel
weiterzublättern.

Studien haben gezeigt, dass Witze uns am ehesten zum
Lachen bringen, wenn sie aus 103 Wörtern bestehen; die lustigsten Tiere, über die man Witze machen kann, sind Enten;
und Witze sind am lustigsten, wenn sie um 18.03 Uhr
erzählt werden. Manche Untersuchungen haben ergeben,
dass der lustigste Witz der Welt folgendermaßen lautet:[8]

Zwei Jäger sind im Wald unterwegs, als einer von beiden
kollabiert. Er scheint nicht mehr zu atmen, und seine
Augen sind glasig. Der andere Jäger zückt sein Telefon
und ruft den Rettungsdienst an. Keuchend sagt er: „Mein

Freund ist tot! Was soll ich tun?" Der Telefonist antwortet: „Beruhigen Sie sich. Ich kann Ihnen helfen. Lassen Sie uns zuerst sichergehen, dass er tot ist." Eine Stille tritt ein. Dann ist ein Schuss zu hören. Der Jäger greift wieder zu seinem Telefon und sagt: „Okay. Und was jetzt?"

Experten sind der Meinung, dass ein guter Witz zwei Zutaten braucht: Überraschung und Überlegenheit. Überraschung bei der Pointe (das löst Dopamin aus) und Überlegenheit, da der Witz auf jemands anderen Kosten geht (das löst Serotonin aus).

> Ein guter Witz braucht zwei Zutaten: Überraschung und Überlegenheit.

Es lohnt sich zu betonen, was hinter der Überlegenheit steckt: Manche Führer denken, es sei lustig, wenn sie sich auf Kosten ihres Publikums überlegen erscheinen lassen. Das ist nicht der Fall. Die Menschen halten sie dann für grausam. Es ist deutlich sicherer, selbstironische Witze zu erzählen, bei denen der Führer selber als Depp dasteht. Das gibt den Zuhörern ein Gefühl der Überlegenheit.

Eine andere Möglichkeit, dieses Gefühl der Überlegenheit zu erzeugen, besteht darin, auf jemandem herumzuhacken, der nicht anwesend ist. Viele britische Führer machen Witze über die Franzosen. So gibt es beispielsweise eine lustige, aber mit großer Wahrscheinlichkeit erfundene Geschichte über einen französischen Politiker, der im Europäischen Parlament eine Rede hielt. Er sprach andauernd von der „Klugheit der Franzosen" *(la sagacité*

Normand), doch jedes Mal, wenn er diese Formulierung gebrauchte, brach die britische Delegation in Gelächter aus. Er wiederholte den Satz immer wieder, und die britische Delegation lachte erneut. Da stellte sich heraus, dass die Dolmetscher an dieser Stelle immer sagten: „Norman Wisdom … Norman Wisdom …" (Dabei handelt es sich um einen britischen Komiker, und „wisdom" ist das englische Wort für „Klugheit".)

Andere Gruppen von Menschen anzugreifen, kann Gelächter auslösen, aber auch nach hinten losgehen. Das geschah zum Beispiel, als Andy Street, der geschäftsführende Direktor der britischen Ladenkette John Lewis, aus dem Stegreif ein paar Witze über die Franzosen riss, die von den Medien aufgegriffen wurden. Der französische Premierminister verhielt sich wunderbar abweisend: „Vielleicht hat er zu viel Bier getrunken."[9] Autsch.

Vorbereitung und Ergebnis

Die Grundstruktur eines Witzes besteht aus zwei Schritten: Vorbereitung und Ergebnis, wie in Tab. 6.2 zu sehen ist.

> Die Grundstruktur eines Witzes besteht aus zwei Schritten: Vorbereitung und Ergebnis.

Die Gemeinsamkeit aller in Tab. 6.2 aufgeführten Witze besteht darin, dass das Ergebnis *buchstäblich* im letzten Wort eintritt. An dieser Stelle wird das Dopamin freigesetzt und wir lachen. Aus diesem Grund ist die

Tab. 6.2 Vorbereitung und Ergebnis von Witzen

Vorbereitung	Ergebnis
18 Jahre lang waren mein Mann und ich die glücklichsten Menschen der Welt …	Dann haben wir uns kennen gelernt
Hast du schon von dem Soldaten aus Birmingham gehört, der im Irak stationiert wurde?	Er hatte immer wieder Flashbacks auf seine Zeit in Birmingham
Lass dich nie auf einen Kampf gegen einen hässlichen Menschen ein	Er hat nichts zu verlieren
Ein aufgeblasener junger Minister sprach einst in Gegenwart von Eduard VII. von sich selbst als „wir". Eduard VII. sagte, nur zwei Menschen dürften dies tun … Eine Königin …	… und ein Mensch mit einem Bandwurm

Präsentation der Pointe so entscheidend. Die richtige Pause zwischen der Vorbereitung und dem Ergebnis ist das „Geheimnis des Witzes". Bei der Erzählung von modernen Mythen spielen die Leute richtig mit dem Abstand zwischen Vorbereitung und Ergebnis. Es fühlt sich häufig an, als hätte jemand Pfeil und Bogen: Er spannt die Sehne – weiter und noch weiter – und schießt dann endlich den Pfeil ab.

Die Dreierregel kann die Wirkung im Humor noch verstärken, da sie die Erwartung steigert. Sobald Menschen die dreiteilige Struktur des Witzes erkannt haben, sind sie für die Pointe bereit. Aus diesem Grund kommt die Dreierregel so häufig vor. „Infamy, infamy, they've all got it in for me" wurde zum lustigsten Satz der Filmgeschichte gewählt. (Der Satz stammt aus dem Film *Ist ja irre – Cäsar liebt Cleopatra* und bedeutet auf Deutsch etwa: „Infam! Infam! Sie haben es alle auf mich abgesehen." Für englische Muttersprachler ist er auch deshalb lustig, weil „infamy" so ähnlich klingt wie „in for me" am Ende des Zitats.) Und dann gibt es da natürlich noch die „Engländer, Iren, Schotten"-Witze – wo sind die Waliser? Die Waliser kommen nicht vor, da ein viertes Element den Rhythmus stören würde.

Witze ausprobieren

Es gibt wenig schlimmere Schicksale, die über einen Führer hereinbrechen können, als ein schlechter Witz. Ich habe so etwas einige Male miterlebt, und ich kann Ihnen sagen: Das ist nicht lustig. Vermeiden Sie das um jeden Preis. Die gute Nachricht: Es gibt eine sehr einfache Möglichkeit, Witze zu testen. Probieren Sie sie aus und schauen Sie, ob die Menschen lachen. Wenn ja, funktioniert der Witz. Andernfalls vergessen Sie ihn. Und wenn ich „lachen" sagen, meine ich wirklich lachen. Ein unwillkürliches Lachen. Nicht ein gezwungenes Lachen, um höflich zu sein. Es muss ein wirklich aufrichtiges Lachen sein. Es sollte ihnen den Atem verschlagen – womit wir zum nächsten Kapitel kommen.

Literaturverzeichnis und Endnoten

1. S. Hazeldine (2014): *Neuro-Sell: How Neuroscience Can Power Your Sales Success*, Croydon: Kogan Page, S. 24.
2. M. Sonnby-Borgström (2002): „Automatic Mimicry Reactions as Related to Differences in Emotional Empathy", *Scandinavian Journal of Psychology*, Bd. 43, S. 433–443.

3. Eine Studie mit 14.500 Personalchefs. http://www.amazon.co.uk/Comedy-Writing-Secrets-2nd-Edition/dp/1582973571. Aufgerufen am 27/1/2015.

4. Verfügbar unter http://books.google.co.uk/books?id=jmv2boghHzoC&pg=PT10&lpg=PT10&dq=rhymes+in+persuasion&source=bl&ots=dWWndOC6A4&sig=HyNcGe9xOo6UGPiArOS9VCw7Ojc&hl=en&sa=X&ei=jObWUfvsGJOShgen1IC4Cw&ved=0CCwQ6AewADgU. Aufgerufen am 4.2.2015.

5. Sigmund Freud (2014 [1905]), *Der Witz und seine Beziehung zum Unbewussten*, Frankfurt: Fischer.

6. Daniel Goleman (2013): „Primal Leadership: Unleashing the Power of Emotional Intelligence", *Harvard Business Review*, S. 11.

7. Studie von Robert Provine, Professor für Psychologie und Neurowissenschaft an der University of Maryland.

8. Nach der Analyse von 40.000 Witzen von Professor Richard Wiseman.

9. „John Lewis boss insults in two languages", von Jim Armitage, *The Independent*, 4. Oktober 2014. Verfügbar unter http://www.independent.co.uk/news/business/news/john-lewis-boss-insults-in-two-languages-9774248.html. Aufgerufen am 4.2.2015.

7

Der Atem

Alle Eltern haben ein Geheimnis für die Kinderbetreuung, das sie stolz jedem mitteilen, der es hören möchte. Hier ist meins: Als meine Töchter Babys waren und die unvermeidbaren schlaflosen Nächte anstanden, hatte ich eine kleine Technik, um sie innerhalb von Minuten von einem Schreihals in einen hinreißenden Buddha zu verwandeln. Ich hielt sie dicht an meine Brust gedrückt und ahmte bewusst ihr Atmen nach. Dann verlangsamte ich den Atem. Wenn ich ausatmete, taten sie es auch; und es dauerte nicht lang, bis wir synchron atmeten. Unser Atem war in Harmonie.

Die Menschen stellen sich von Natur aus auf das Atmen der Personen in ihrem Umfeld ein – insbesondere bei maßgebenden Persönlichkeiten. Das ist ein Überlebensmechanismus: eine Möglichkeit, die Umgebung zu

© Springer-Verlag GmbH Deutschland, ein Teil von
Springer Nature 2018
S. Lancaster, *Winning Minds*,
https://doi.org/10.1007/978-3-662-57471-3_7

bewerten und zu prüfen, ob sie sicher ist, und ein Abwägen der Stimmungen in seinem Umfeld. Ziemlich vernünftig, nicht wahr? Wenn jemand in Ihrer Nähe hyperventiliert, gibt es vermutlich einen guten Grund, warum Sie auch hyperventilieren sollten – eventuell müssen Sie rennen, sich verstecken oder etwas ausweichen. Aus diesem Grund übertragen sich unsere Atemmuster instinktiv.

> Die Menschen stellen sich von Natur aus auf das Atmen der Personen in ihrem Umfeld ein.

Doch weil wir uns auf diese Weise miteinander verbinden, bietet der Atem für Führungspersönlichkeiten auch eine einfache und kraftvolle Möglichkeit, die Stimmung zu beeinflussen und zu lenken. Sie können das auf zwei extreme Arten tun, je nach der Stimmung, die sie erzeugen möchten. Kurze, scharfe Atemzüge erzeugen Angst. Tiefe, gleichmäßige Atemzüge können eine tiefe und kraftvolle Ruhe verbreiten. Beides ist wirkungsvoll: Menschen sind leichter zu überzeugen, wenn sie entweder große Angst haben oder zutiefst entspannt sind.[1] Die Nutzung des Atems, um andere zu leiten, ist ein weiteres Geheimnis der Sprache der Menschenführung.

Ganz kurze Sätze – ängstlich und nervös

Wenn Menschen verängstigt sind, sprechen sie natürlicherweise in kurzen Sätzen. Sie können nicht anders. Das wird von ihrem instinktiven Gehirn gesteuert. Sie saugen

Sauerstoff ein. Bereiten sich auf einen Kampf vor. Sind bereit zum Weglaufen. Also beschleunigt sich ihr Atem, sie hyperventilieren und haben folglich Mühe beim Sprechen.

Sie können das authentisch beobachten, wenn eine Person im Fernsehen interviewt wird, direkt nachdem sie ein schreckliches Ereignis miterlebt hat. Die interviewten Menschen sprechen dann generell in unglaublich kurzen Sätzen. „Es war schrecklich. Da war ein Knall. Ein Blitz. Die Menschen begannen zu rennen. Es war grauenhaft." Sie sind durch das Erlebnis im wahrsten Sinne des Wortes atemlos und kämpfen, um zu Atem zu kommen.

Dasselbe gilt bei Missbrauchsopfern, wenn sie beschreiben, was ihnen widerfahren ist: Die Erinnerung an das Trauma kann dazu führen, dass sie in kurzen Sätzen sprechen. „Ich fühlte mich schuldig. Verantwortlich. Als wäre es mein Fehler. Schmutzig. Beschämt." Kurze Sätze wie diese sind ein natürlicher Ausdruck für den körperlichen Zustand der Panik.

Führer, die eine Atmosphäre der Angst schaffen wollen, klingen ebenfalls atemlos. Durch das Heraufbeschwören eines Gefühls der Panik können sie diese Stimmung auf andere übertragen. Das haben große Führer zu allen Zeiten getan. Es ist ein altes rhetorisches Mittel. Die Römer bezeichneten diese atemlosen, kurzen Sätze als „Asyndeton", und diese Bezeichnung existiert noch heute. Viele von Tony Blairs frühesten prägnanten Zitaten basierten auf Asyndeta. „New Labour. New Britain." (Neue Labour Party. Neues Britannien.) „The party renewed. The country reborn." (Die Partei erneuert. Das Land wiedergeboren.) Auch David Cameron nutzt diese Technik: „Broken homes. Failing schools. Sink estates." (Zerstörte

Elternhäuser. Scheiternde Schulen. Problemviertel.) Das ist geplante Atemlosigkeit.

Manche Führer zwingen sich förmlich selbst in einen solchen Zustand, dass sie tatsächlich atemlos sind. Wenn Sie ein urkomisches Beispiel dafür sehen möchten, sollten Sie sich das YouTube-Video von Steve Balmer ansehen, Firmenchef bei Microsoft, der über die Bühne rennt und einer Microsoft-Verkaufsveranstaltung einheizt. Dabei gerät er vollkommen außer Atem. Doch die Menge dreht durch. Er führt.

Es gibt auch andere Techniken: Angeblich vermied Enoch Powell es, vor einer Rede auf die Toilette zu gehen – eine weitere Praxis aus dem alten Rom –, um sicherzugehen, dass er in seinen Reden die passende Dringlichkeit vermittelte. (Das klingt nach einer guten Strategie, ist aber wahrscheinlich recht riskant, wenn Sie älter werden.)

In meiner Lieblingsepisode der US-amerikanischen Fernsehserie *The West Wing – Im Zentrum der Macht* ist Jed Bartletts Team besorgt, dass er zu selbstgefällig wirkt, direkt bevor eine Präsidentschaftsdebatte beginnt. Also holt Abby Bartlett zehn Sekunden, bevor er auf die Bühne muss, eine Schere hervor und schneidet seine Krawatte durch. Der Präsident regt sich auf. Er ist wütend. Sein Gesicht läuft rot an, und er beginnt zu hyperventilieren. Eine andere Krawatte wird geholt. Sein Team schiebt ihn schnell auf die Bühne. Er ist sauer. Er ist leidenschaftlich. Er hyperventiliert. Nun ist er leistungsbereit.

Ganz lange Sätze – entspannt und selbstsicher

Während kurze Sätze Angst auslösen, sind lange Sätze von einer tiefen Ruhe erfüllt. Barack Obama kann problemlos Sätze aus 30 oder mehr Wörtern bilden und dabei kaum Atem holen. Er hat eine absolut beeindruckende Lunge. Sein Atem zeigt seine außergewöhnliche Stärke, aber auch sein besonderes Selbstvertrauen – wie ein Löwe, der ein langes, verschlafenes Gähnen zeigt. In diesem Rhythmus zu sprechen, hält Obama ruhig und verbreitet auch Ruhe in seiner Umgebung.

> Kurze Sätze lösen Angst aus, lange Sätze sind von einer tiefen Ruhe erfüllt.

Das ist klasse, aber wir können nicht immer für solche Ruhe sorgen. Manchmal, wenn wir verzweifelt versuchen, ruhig zu wirken, kann unser Atem uns verraten.

> Unser Atem kann uns verraten.

Vor kurzem habe ich mit jemandem zusammengearbeitet, der den wenig beneidenswerten Job hatte, um die Welt zu reisen und die nationalen Niederlassungen eines großen, globalen Unternehmens zu schließen. Eigentlich war er eine selbstsichere Führungskraft, doch er erkannte, dass sich bei diesen großen Treffen, bei denen er es mit etwa 250 Menschen zu tun hatte, die ihre Stelle verlieren sollten, sein Atem beschleunigte und er unruhig wurde. Es ist leicht nachzuvollziehen, warum das passierte. Der instinktive Bereich seines Gehirns spürte Gefahr, sodass der Kampf-oder-Flucht-Reflex einsetzte und sein Atem schneller wurde. Das Problem war, dass er dadurch streitlustig wirkte, sodass die Menschen, mit denen er sprach, noch gereizter wurden. Folglich eskalierte die Situation, die er eigentlich zu beruhigen versuchte. Er arbeitete an seinem Atem, damit er in Zukunft Situationen wie diese beruhigen konnte.

Es gibt eine Vielzahl toller Trainer, die mit Führungskräften arbeiten, um deren Atem zu verbessern. Manchmal veranstalte ich meine „Sprache der Menschenführung"-Seminare zusammen mit Trainern, die auf Yoga spezialisiert sind: Die Auswirkungen hinsichtlich der neuen Fokussierung und des Miteinanders können erstaunlich sein. Einen Trainer, mit dem ich viele Jahre mit großem Erfolg zusammengearbeitet habe, finden Sie unter www.calmercorporation.co.uk. Und hier kommen ein paar schnelle Tipps, die Ihnen weiterhelfen.

Um Ihren Atem zu kontrollieren, müssen Sie als Erstes sicherstellen, dass Sie durch die Nase, nicht durch den Mund ausatmen. Menschen, die durch ihren Mund ausatmen, klingen atemlos und ungut, wie Tony Soprano, der in den späten Episoden von *The Sopranos* stammelt.

Als nächstes müssen Sie dafür sorgen, dass Ihr Atem vom Zwerchfell ausgeht, das sich direkt oberhalb des Magens befindet. Es gibt Übungen, mit denen Sie Ihr Zwerchfell stärken können, deren Anleitung Sie beispielsweise als Video auf YouTube finden können. Es empfiehlt sich, das zu tun, denn es hilft Ihnen nicht nur beim Sprechen, sondern verbessert auch Ihre Haltung und steigert das allgemeine Wohlbefinden. Auch ich mache gelegentlich diese Übungen: Sie sind zunächst etwas mühsam, aber danach fühle ich mich immer toll.

Das Atmen beim Schreiben

Extreme Atemmuster zu imitieren, ist nicht nur beim gesprochenen Wort ein Kunstgriff, sondern kann sich auch beim geschriebenen Wort als sehr überzeugend erweisen. Wenn Menschen lesen, spricht eine leise Stimme in ihrem Kopf normalerweise ohnehin alles mit, sodass solche Techniken einen ähnlichen Effekt haben können. Außerdem schreiben die Menschen heute zunehmend in einem Gesprächsstil. Auch Asyndeta können in der Werbesprache sehr effektvoll sein. Kürzlich sah ich auf einer Plakatwand eine Werbung für rightmove.com, die Asyndeta auf schöne Weise einsetzte: „On the market, off the market, that sold fast, open the champers." (Auf dem Markt, vom Markt, schnell verkauft, Schampus öffnen.)

Bei diesem Beispiel geht es weniger um den Atem an sich, als um den *Stil* – was uns übergangslos zum nächsten Element der Sprache der Menschenführung bringt.

Literaturverzeichnis und Endnoten

1. James W. Pennebaker (1990): *Opening Up: The Healing Power of Expressing Emotions*, New York: Guilford Press, S. 178.

8

Der Stil

Durch den Stil erkennt man den Menschen.
Altrömisches Sprichwort

Stil ist Inhalt

Kabinettsumbildungen sind spannende Zeiten im Londoner Regierungsviertel. Als Redenschreiber eines Ministers, der dem Kabinett angehört, weiß ich nie, ob mein Chef sich verändern wird; und wenn er in ein anderes Ministerium wechselt, kann ich nicht sicher sein, ob er mich bittet, mitzukommen. 2007 begleitete ich Alan Johnson, als er vom Bildungs- ins Gesundheitsministerium versetzt wurde. Sofort gab es eine Reihe von großen Reden und

© Springer-Verlag GmbH Deutschland, ein Teil von
Springer Nature 2018
S. Lancaster, *Winning Minds,*
https://doi.org/10.1007/978-3-662-57471-3_8

parlamentarischen Anweisungen zu schreiben. Ich wurde direkt in eine Reihe von Sitzungen geschickt, um mich mit den Themen vertraut zu machen. Diese Sitzungen waren entsetzlich. Jeder sprach in dieser schrecklichen Fachsprache. Jeder nutzte andauernd Begriffe wie Leistungsvergleich, Kooperation, Leuchtsignale, Leistungen und Rahmen. Als ich aus einem dieser Termine herauskam, sagte ich zu dem Beamten neben mir, der seit Jahren in diesem Ministerium arbeitete: „Ich habe kein einziges Wort verstanden." „Oh!", sagte er. „Gott sei Dank. Ich dachte schon, es ginge nur mir so!"

Die Art, wie wir sprechen und schreiben, sendet die unterschiedlichsten instinktiven Botschaften über unsere Person und unsere Herkunft. Manche denken fälschlicherweise, verschwurbelte Fachsprache verbessere ihre Legitimation als Führer. Das ist nicht der Fall. Tatsächlich empfinden die Adressaten so etwas als befremdlich und nicht konstruktiv: Das Maß für den Erfolg einer Sprache muss ihre Wirkung auf die Zielgruppe sein – und nach diesem Maß scheitert sie. Doch sie scheitert auch als Ausdrucksform der Menschenführung.

Vor ein paar Jahren führte „HM Customs and Excise" Untersuchungen durch. Einer Stichprobengruppe aus Bürgern wurden zwei Briefe gezeigt: Der eine enthielt eine Menge fachsprachlicher Ausdrücke mit langen Wörtern und Sätze, während der andere Brief kurz und prägnant war und keine Fachsprache aufwies. Die Leser der Briefe wurden dann aufgefordert, das Dienstalter der Verfasser der beiden Schreiben einzuschätzen. Die überwältigende Mehrheit der Leser glaubte, der kurze Brief stamme von einer Person, die schon länger in dem Unternehmen tätig ist, während sie der Ansicht waren, dass das verschwurbelte Schreiben von jemandem stamme, der dem Unternehmen noch nicht so lange angehört.

Die Erkenntnis war also: Wir erwarten, dass unsere Führungskräfte eine verständliche Sprache sprechen. Führer haben klare Visionen und präsentieren sie in einer klaren Sprache. Führer sind selbstsicher genug, um klar und ohne Angst zu sprechen. Menschen, die im Hinblick auf ihren Status unsicher sind, neigen hingegen dazu, sich in eine allzu umständliche Sprache zu flüchten.

Ich habe viel Zeit damit zugebracht, die Sprache von Menschen zu analysieren, und ich habe häufig festgestellt, dass Personen, deren Muttersprache nicht Englisch ist, in der Regel längere Wörter und Sätze verwenden als englische Muttersprachler. Außerdem habe ich bemerkt, dass die gesellschaftliche Stellung ebenfalls einen Einfluss zu haben scheint: In einer Studie, die ich 2010 über die politische Sprache durchgeführt habe, hatten die drei Politiker, welche die kürzesten Sätze verwendeten, alle Privatschulen besucht, während die Politiker mit den längsten Sätzen alle an staatlichen Schulen gewesen waren. Der Unterschied zwischen den beiden Gruppen war erstaunlich: Die Sätze waren ganze drei Mal so lang.

Ich habe daraus geschlossen, dass Menschen, die das Gefühl hatten, etwas beweisen zu müssen, unterbewusst enthüllten, dass sie etwas beweisen mussten. Die Erkenntnis ist also einfach: Wenn Sie denken, dass Sie etwas beweisen müssen, sollten Sie sprechen, als müssten Sie nichts beweisen. Oder, um es mit dem alten Ratschlag noch einfacher auszudrücken: In der Kürze liegt die Würze.

Sprechen Sie, als müssten Sie nichts beweisen.

Guter und schlechter Stil

Woche für Woche erhält jeder von uns Hunderte von Mails. Wir können sie nicht alle lesen, und wir lesen sie auch nicht alle. Stattdessen filtert unser instinktives Gehirn für uns, siebt gekonnt aus, leitet uns automatisch zu ein paar der E-Mails und führt uns von anderen fort. Der Stil hat einen entscheidenden Einfluss auf diese Beurteilung.

Sehen Sie sich die beiden nachfolgenden Mails an, die ich kürzlich bekommen habe. In gewisser Weise sind sie ähnlich: beide stammen von Weltkonzernen (Facebook und Vodafone), und beide wurden an den gesamten Kundenstamm dieser Unternehmen geschickt. Der Stil ist jedoch äußerst unterschiedlich. Welche Mail würden Sie eher lesen?

Das ist die E-Mail von Facebook:

> Kürzlich haben wir angekündigt, unsere Richtlinien zur Datennutzung, in denen erklärt wird, wie wir Daten sammeln und nutzen, wenn Menschen Facebook verwenden, sowie unsere Erklärung der Rechte und Pflichten zu aktualisieren, welche die Bedingungen erläutert, zu denen unsere Dienste genutzt werden.
>
> Die Aktualisierungen bieten Ihnen detailliertere Informationen über unsere Vorgehensweise und spiegeln Änderungen an unseren Produkten wider, zum Beispiel:

- Neue Extras zum Verwalten Ihrer Facebook-Nachrichten,
- Änderungen, wie wir auf bestimmte Produkte verweisen,
- Tipps für die Verwaltung Ihrer Chronik und
- Erinnerungen, was für andere Personen sichtbar ist.

Außerdem bieten wir Änderungen am Kontrollprozess unserer Website für künftige Aktualisierungen unserer Richtlinien zur Datennutzung und der Erklärung der Rechte und Pflichten an. Wir wissen Ihre Reaktionen während der Kommentierungsphase sehr zu schätzen, mussten jedoch feststellen, dass der Abstimmmechanismus ein System entstehen ließ, das den Anreiz zu einer Vielzahl von Kommentaren über dessen Qualität gegeben hat. Deshalb wollen wir die Abstimmkomponenten beenden, um eine aussagekräftigere Umgebung für Rückmeldungen zu fördern. Darüber hinaus planen wir, neue Kanäle bereitzustellen wie beispielsweise eine Funktion zur Übermittlung von Fragen über den Datenschutz an unseren leitenden Datenschutzbeauftragten.

Wir möchten Sie ermutigen, diese geplanten Änderungen zu prüfen und uns Ihre Meinung mitzuteilen.

Kein Hallo. Kein Gruß am Ende. Und diese E-Mail hatte Facebook an jeden einzelnen seiner Kunden geschickt. Wie Sie sich vermutlich vorstellen können, habe ich den Inhalt lediglich überflogen. Innerhalb von Minuten nach dem Versand der Mail kursierten im Internet Verschwörungstheorien, weil jeder zu entschlüsseln versuchte, was zum Teufel all diese schreckliche Fachsprache eigentlich zu bedeuten hatte. Das Vertrauen in Facebook war noch nie sonderlich hoch, doch infolge dieser E-Mail nahm es weiter ab.

Ganz anders verhielt es sich da mit folgender Mail von Vodafone:

Hallo Simon,
die monatliche Rechnung für das Konto mit den End-ziffern 6625 ist nun online verfügbar. Sie beläuft sich auf £ 91,20.
Wenn dies etwas mehr ist als normal, könnte das daran liegen, dass Sie die Minuten-, Text- oder Daten-menge überschritten haben, die in Ihrem Paket enthalten ist. Möglicherweise sind der Grund aber auch Anrufe auf „08"-Nummern oder ins Ausland. Oder Sie haben Ihr Handy vielleicht außerhalb von Großbritannien genutzt.
Informationen darüber, was in Ihrem Paket enthalten ist und was nicht, finden Sie auf Ihrer Rechnung. Und unter Vodafone.co.uk/extras finden Sie einige tolle Möglich-keiten, die Kosten zu senken.
Mit herzlichen Grüßen,
Ihre Vodafone Kundenbetreuung

Sehen Sie sich das an. Deutlich besser. Und diese E-Mail hätte wesentlich schwieriger sein können: Meine Rech-nung bei Vodafone ist regelmäßig deutlich höher als ich erwartet habe, doch weil sie so nett schreiben, fällt es schwer, sich zu ärgern. Ich habe das Gefühl, als sei Voda-fone mein Freund. (Ich weiß: Ich bin ein Trottel …)

Mit großer Wahrscheinlichkeit finden sich auch in Ihrem Posteingang Beispiele für guten und schlechten Kommunikationsstil. Schauen Sie mal nach. Probieren Sie aus, was funktioniert und was nicht. Notieren Sie die Merkmale, die Ihnen am besten gefallen. Entwickeln Sie Ihre eigenen Gestaltungsrichtlinien und sehen Sie, was für Sie am besten passt.

Hier ein paar Elemente, die für mich funktionieren:

- Kurze Wörter
- Kurze Sätze
- Zwangloser Stil
- In der Kürze liegt die Würze.
- Ein Gedanke pro Satz
- Im Aktiv formulieren
- Adverbien und Adjektive meiden

Während ich am letzten Korrekturdurchgang für dieses Buch saß, schickte Facebook mir kurioserweise eine weitere Mail – die wiederum alle Kunden erhielten. Das Unternehmen hatte es inzwischen weit gebracht. Sehen Sie sich das an:

Hi Simon,
wir möchten Ihnen mitteilen, dass wir unsere Vertragsbedingungen am 1. Januar 2015 aktualisieren und Datenschutzgrundlagen einführen. Die Details dazu finden Sie unten beziehungsweise auf Facebook.

Während des zurückliegenden Jahres haben wir neue Elemente und Kontrollen eingeführt, damit Sie Facebook noch besser nutzen können, und auf Menschen gehört, die uns gebeten haben, besser zu erklären, wie wir an Informationen kommen und diese nutzen.

Jetzt erhalten Sie mit unseren Datenschutzgrundlagen Tipps und eine Anleitung, damit Sie die Verantwortung übernehmen können für Ihr Facebook-Erlebnis. Wir aktualisieren außerdem unsere Vertragsbedingungen, den Umgang mit Daten und die Cookies-Leitlinien in Zusammenhang mit neuen Elementen, die wir ausgearbeitet haben, damit diese leichter verständlich sind. Darüber hinaus verbessern wir nach wie vor die Werbung, basierend auf den Apps und Seiten, die Sie außerhalb von Facebook nutzen, und erweitern Ihre Kontrollmöglichkeiten in Bezug auf die Werbung, die Sie sehen.

Wir hoffen, dass diese Aktualisierungen Ihr Nutzungserlebnis verbessern werden. Die Informationen der Menschen zu schützen und einen sinnvollen Schutz der Privatsphäre zu bieten – das steht im Zentrum all unserer Aktivitäten. Und wir glauben, die heutige Nachricht ist ein wichtiger Schritt in diese Richtung.

Mit freundlichen Grüßen, Erin Egan
Leitender Datenschutzbeauftragter

Das ist deutlich besser, nicht wahr? Kürzere Wörter. Keine dieser schrecklichen Metaphern. Und sogar eine Unterschrift am Ende. Als ob sie erfahren hätten, was ich dachte …

Wenn Sie Erkenntnisse über Ihren eigenen Stil haben möchten, gibt es eine Vielfalt von Möglichkeiten im Internet, die Sie zu diesem Zweck nutzen können. Am wichtigsten ist jedoch: Scheuen Sie sich nicht, Ihren Stil zu vereinfachen. Machen Sie sich keine Sorgen über eine Absenkung des Niveaus. Je einfacher und verständlicher Ihre Sprache ist, desto wahrscheinlicher wird es, dass Sie Menschen überzeugen. Verständlichkeit ist der entscheidende Beginn jeder Kommunikation. Und der Trend geht eindeutig in diese Richtung. Eine Studie hat gezeigt, dass Barack Obamas Vokabular das einfachste aller Präsidenten in der Geschichte ist … Und manche Menschen haben kritisiert, er sei zu intellektuell.

Machen Sie sich keine Sorgen über eine Absenkung des Niveaus.

Es gibt alle Arten unterschiedlicher Elemente unseres Stils, die beeinflussen können, wie wir wahrgenommen werden. Einige stilistische Kniffe können Alarmlampen zum Leuchten bringen. Möchten Sie mehr darüber erfahren? Nun: Wissenschaftler der Universität im schottischen Edinburgh haben E-Mails analysiert und bestimmte Elemente gefunden, die üblicherweise mit Neurosen in Zusammenhang gebracht werden:[1] beispielsweise ein unkontrollierter Umgang mit Kommata und Adverbien, Sätze mit dem Wort „well" (also, nun) beginnen und mehrere Ausrufe- oder Fragezeichen!!!? Natürlich übermitteln auch Schriftarten eine Botschaft. Eine meiner alten Freundinnen verschickte E-Mails mit dem Schrifttyp Comic Sans, Schriftgröße 26 in einer Leuchtfarbe. Ich weiß nicht so recht, was sie sich dabei dachte, doch ich stellte mir immer vor, sie sei gerade mitten in einem fiesen LSD-Trip. Ein hübsches, gesundes Arial 12 hat noch niemandem geschadet.

Das mag nach Kleinigkeiten klingen, doch die spielen alle eine Rolle. Sie beeinflussen auf subtile Weise die Wahrnehmung, die Menschen von uns als Führungspersönlichkeit haben. Ein weiterer Punkt, der einen Einfluss auf diese Meinung hat, ist unser Name – also ist das der nächste Punkt, dem wir uns bei der Sprache der Menschenführung widmen.

Literaturverzeichnis und Endnoten

1. Jon Oberlander und Alastair J. Gill (2005): *Language with character: a stratified corpus comparison of individual differences in e-mail communication*, University of Edinburgh. Verfügbar unter http://homepages.inf.ed.ac.uk/jon/papers/lwc9.pdf. Aufgerufen am 4.2.2015.

9

Was steckt in einem Namen?

Wie heißen die Katzen? gehört zu den kniffligsten Fragen und nicht in die Rätselecke für jumperstrickende Damen.

T. S. Eliot

Neulich abends waren Lucy und ich in einem Restaurant. Als die Kellnerin zu uns kam, um uns mitzuteilen, dass unser Tisch fertig sei, hörte ein Paar in der Nähe, dass unser Namen Lancaster ist, und kam sofort zu uns herüber, um ein Gespräch zu beginnen. Sie hießen auch Lancaster, waren ein paar Generationen älter – und dann unterhielten wir uns den ganzen Abend, tauschten Informationen über die Lancasters im Norden Englands, die Lancasters in Wales, die Lancasters in London und anderswo aus. Das Oxytocin floss in Strömen … Es gab

© Springer-Verlag GmbH Deutschland, ein Teil von Springer Nature 2018
S. Lancaster, *Winning Minds*,
https://doi.org/10.1007/978-3-662-57471-3_9

keine verwandtschaftliche Beziehung zwischen uns, sodass die Bindung aus wenig mehr als unserem Namen bestand.

Die Erkenntnis daraus: Unsere Namen sind für uns etwas ganz Besonderes, und unser instinktives Gehirn fühlt sich automatisch angezogen von Menschen mit demselben Namen. Wir lieben unsere Namen. Wir lieben auch die Buchstaben, den Klang und die Silben in unseren Namen.

Es klingt bescheuert, doch es gibt jede Menge Forschung zu diesem Thema. Untersuchungen zeigen, dass wir eher Menschen heiraten, deren Namen dieselben Klänge beinhalten wie unsere: Meine Initialen sind SL – meine Frau heißt Lucy. Untersuchungen zeigen, dass wir eher Marken kaufen, die Klänge unseres Namens beinhalten: Der letzte große Gegenstand, den ich gekauft haben, war ein Fernseher von Samsung.[1] Und Untersuchungen zeigen, dass die Menschen eher Berufe ausüben, die alliterierend zu unseren Namen passen[2]. (Zu Beginn meiner Karriere habe ich mein Glück als Sänger, Songschreiber, Verkäufer [„salesman"] und Staatsbeamter [„civil servant"] versucht, bevor ich schließlich beim Redenschreiben [„speechwriter"] gelandet bin.)

Unsere Namen können also eine dezente Auswirkung auf unseren Lebensweg haben. Wissenschaftler bezeichnen dies mit dem wunderbaren Ausdruck des „nominativen Determinismus" – und es gibt dafür einige äußerst amüsante Beispiele aus der Realität: Usain *Bolt* ist der schnellste Sprinter der Geschichte (bolt = Blitz). Bis letztes Jahr war Justice Igor *Judge* der ranghöchste Richter in Großbritannien (judge = Richter). Und einer der allerersten Artikel in der britischen politischen Wochenzeitung

New Statesman über Urologie stammte aus der Feder eines
Dr. A. J. *Splatt* (splat = platsch!) und eines Dr. D. *Weedon*
(weed = ausscheiden).[3] Ich wette, das gab einen ordent-
lichen Platscher.

Unsere eigenen Namen gestalten

Der Name eines Führers beeinflusst diesen entscheidenden
ersten Eindruck. Ob ich mich selbst als Herr Lancaster, S.
Lancaster, Simon Lancaster, Si Lancaster oder Simon John
Lancaster beschreibe, sendet kleine Botschaften – nichts
Riesiges, doch jede Kleinigkeit zählt.

Sind Sie also ein Christopher oder ein Chris, eine
Samantha oder eine Sam? Man kann ja nie wissen: Es
könnte tatsächlich etwas ausmachen. Hätte Steve Jobs als
Steven Jobs denselben Erfolg gehabt? Hätte Richard Branson sich zu einer solch liebenswerten Legende entwickeln
können, wenn er als Dicky bekannt gewesen wäre? Welche
Zeichen sendet Ihr Name aus?

In zunehmendem Maße drücken Führer ihren Namen
heute auf die einfachste mögliche Art aus. Vor nur 50 Jahren
wären die britischen Politiker Nick Clegg, Ed Balls und Ed
Miliband mit an Sicherheit grenzender Wahrscheinlichkeit
in der Öffentlichkeit als Nicholas Clegg, Edward Balls und
Edward Miliband bekannt gewesen. Durch die verkürzten
Namen wirken sie weniger unnahbar.

> Führer drücken ihren Namen heute auf die einfachste
> mögliche Art aus.

Der britische Politiker Anthony Wedgwood-Benn startete diesen Trend, als er in den 1960er Jahren seine geerbte Adelswürde abgab und sich seither Tony Benn nannte. Tony Blair ging mit seiner „Nennen Sie mich Tony"-Strategie in der Regierung noch einen Schritt weiter, auch wenn der bissige Kolumnist Peter Hitchens ihn weiterhin als Anthony Charles Lynton Blair bezeichnete.

Unseren Namen ändern

Es mag Ihnen ziemlich extrem vorkommen, Ihren Namen zu ändern, doch so etwas kommt vor. George Osborne hieß ursprünglich Gideon und änderte seinen Namen, als er in die Politik ging: Mit großer Wahrscheinlichkeit war das eine sehr vernünftige Entscheidung. Tatsächlich werden Menschen aufgrund ihres Namens beurteilt, sie leiden deshalb unter Vorurteilen, und unsere Namen beeinflussen, wie wir wahrgenommen werden. Eine bekannte Studie über „Harriets" versus „Harrys" zeigte, dass Harrys mit wesentlich größerer Wahrscheinlichkeit als lustige Zeitgenossen wahrgenommen werden, während Harriets als langweilig galten.

Manche Frauen ändern ihren Namen, um ihr Geschlecht zu verbergen – wie zum Beispiel J. K. Rowling und S. D. James. Die Entscheidung vieler Frauen, ob sie bei einer Heirat ihren Nachnamen ändern oder nicht, fällt häufig schwer.

Es gibt auch Menschen, die ihren Namen ändern, um Rassenvorurteilen etwas entgegensetzen zu können. Eine Studie des Runnymede Trust hat gezeigt, wie Personen

mit ethnisch klingenden Namen bei einem Bewerbungs-
verfahren diskriminiert werden können – lediglich auf
der Grundlage ihres Namens. Ja, wir sollten alles tun,
was wir können, um dafür zu sorgen, dass solche Dis-
kriminierungen nicht stattfinden, doch solange das der
Fall ist, sollten wir diese Erkenntnisse nutzen, damit wir
selbst als Sieger hervorgehen.

Namen merken

In Anbetracht der besonderen Bedeutung, die unsere
Namen in unseren Herzen haben, müssen Führer einfach
die Namen der Menschen richtig verstehen. Hat jemand
unseren Namen vergessen oder spricht ihn falsch aus, wei-
chen wir erkennbar zurück. So weh tut das. Während der
Vorbereitung zur britischen Unterhauswahl 2015 wurde
Ed Balls in der BBC-Sendung *Newsnight* aufgefordert, den
Namen eines Geschäftsmannes zu nennen, der die Labour
Party unterstützt. Er antwortete: „Bill Irgendwas …"

> Hat jemand unseren Namen vergessen oder spricht ihn
> falsch aus, weichen wir erkennbar zurück.

Ich war schon oft beeindruckt, wie eine große Führungspersönlichkeit in einem Raum wirkt und wie sie mit
einer scheinbar magischen Fähigkeit jedermann für sich
gewinnt, den sie trifft. Das ist eindeutig ein Trick der
Sprache der Menschenführung. Einmal habe ich einen

Politiker, der das besonders gut konnte, nach seinem Geheimnis gefragt.

Er antwortete mir: einen Gesichtszug dieser Person verstärken und eine Verbindung zu ihrem Namen finden. Wenn Sie beispielsweise versuchen möchten, sich meinen Namen zu merken, sollten Sie mir in die Augen sehen. In Ihrer Fantasie vergrößern und verzerren Sie meine Augen nun und denken „Eyeman" (Augenmann). Bei einem späteren Treffen kommt Ihnen die Eyeman-Eselsbrücke wieder in den Sinn, und von dort ist es nur noch ein kleiner Schritt zurück zu Simon.

Als ich diese Technik zum ersten Mal ausprobierte, war ich beeindruckt. Ich konnte mir nach einer Veranstaltung die Namen von 30 Personen merken – noch dazu in Asien, wo die Namen mir nicht vertraut sind.

Hier endet nun der erste Teil des Buches mit Techniken, wie Sie das instinktive Gehirn für sich gewinnen können. Es geht immer darum, den Führer als eine Person zu positionieren, die Sicherheit und Erfüllung bietet. Nun machen wir mit dem emotionalen Bereich des Gehirns weiter und sehen, wie wir dafür sorgen können, dass die Menschen uns mögen.

Literaturverzeichnis und Endnoten

1. Eagleman, *Incognito*, S. 62.
2. Dem belgischen Psychologen Joseph Nuttin zufolge.
3. A. J. Splatt and D. Weedon (1977), „The Urethral Syndrome: Experience with the Richardson Urethroplasty", *British Journal of Urology*, Bd. 49, Nr. 2, S. 173–176; doi:10.1111/j.1464-410X.1977.tb04095.x.PMID870138.

Teil II

Das emotionale Gehirn für sich gewinnen

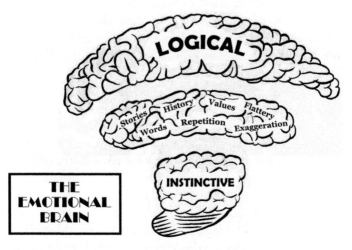

Abb. Teil II.1 Das emotionale Gehirn. (Logik; Emotion, Erzählungen, Worte, Geschichte, Wiederholung, Werte, Schmeichelei, Übertreibung; Instinkt)

„Wo es Streit gibt, sollten wir für Harmonie sorgen. Wo es Angst gibt, sollten wir für Hoffnung sorgen."
Franz von Assisi

Menschenführung basiert auf Emotionen

Als Kind war Mike Tyson vollkommen außer Kontrolle. Er war so schlimm, dass seine eigene Mutter aufgab und ihn rauswarf. Im zarten Alter von zwölf Jahren lebte er auf der Straße und war bereits in die organisierte Kriminalität verwickelt. Doch in dieses verrückte Leben trat ein weißer Mann mittleren Alters, der ihn rettete. Cus D'Amato nahm Tyson unter seine Fittiche, führte ihn von der Kriminalität weg und brachte ihn zum Boxen. Wie er es schaffte, ihn zu bändigen? Mit einem sehr einfachen Mittel: Er sagte Tyson, dass er klasse war. Wie Mike Tyson in seiner Autobiografie schrieb:

> Ich hatte noch nie zuvor gehört, dass jemand etwas Nettes über mich sagte. Ich wollte in der Nähe dieses alten Knaben sein, weil ich das Gefühl mochte, das er mir gab. Wenn Sie einem schwachen Menschen etwas Stärke geben, wird er abhängig.

Niemand konnte besser erklären, was es bedeutet, eine Führungsperson in seinem Leben zu finden. Menschenführung ist ein emotionaler Vertrag. Der Führer erfüllt die emotionalen Bedürfnisse der Leute. Im Gegenzug erhält der Führer ihre Unterstützung. Cus D'Amato erfüllte Tysons emotionale Bedürfnisse, also machte Tyson Cus D'Amato zu seinem Führer.

Menschenführung ist ein emotionaler Vertrag.

Auf diese Weise entsteht eine solch starke emotionale Verbindung zwischen dem Führer und seinen Anhängern. Sehen Sie sich Steve Jobs Kondolenzbuch im Internet an: Menschen, die ihn nie getroffen haben, waren vollkommen verzweifelt. Sehen Sie sich an, wie Menschen in aller Welt vor Freude weinten, als Barack Obama gewählt wurde. Ich habe Freunde, die von Großbritannien zu seiner Amtseinführung reisten: Einige waren so bewegt, dass sie sich das Datum auf ihren Arm tätowieren ließen. Das ist eine wirklich starke Verbindung. Wie viele Führer können auf eine solch intensive Unterstützung zählen?

Doch natürlich haben verschiedene Menschen verschiedene emotionale Bedürfnisse. Große Führungspersönlichkeiten wissen das und reagieren entsprechend. Das erklärt, warum manche Führer polarisieren: Einige Menschen lieben sie, andere hassen sie. Der britische Komiker Russell Brand gewinnt Fans, indem er erfolgreich die Wut zum Ausdruck bringt, die manche Menschen fühlen, doch andere halten ihn für einen Emporkömmling. Auf der anderen Seite gibt es Leute wie Obama, die Millionen von Menschen Hoffnung anbieten – doch manchen wird davon übel. Verschiedene politische Parteien bieten emotionale Anreize, um die Bedürfnisse ihrer natürlichen Basis zu befriedigen: Die Labour Party spielt mit der Wut, die Liberaldemokraten zielen auf Mitleid ab, und die Konservativen wecken den Stolz. Wir alle haben unterschiedliche Bedürfnisse.

Haben die Menschen den Führer gefunden, der ihre emotionalen Bedürfnisse erfüllt, strengen sie sich für ihn besonders an. Für das Versprechen emotionaler Erfüllung bringen sie Opfer. Sie sind wild auf die Drogen: Serotonin, Oxytocin und Dopamin. Sie bauen auf ihren Führer, damit dieser ihnen ein Gefühl von Selbstvertrauen, Verständnis und Verbindung gibt. Was auch immer sie brauchen: Ihr Führer gibt es ihnen. Das ist der Deal.

Doch die Beziehung zwischen der Führungsperson und seinen Anhängern ist nicht zwangsläufig von Dauer und an Bedingungen geknüpft: Sie wird permanent geprüft und erneuert, und kann von jetzt auf gleich von beiden Seiten beendet werden. Und wenn der Vertrag aufgelöst wird, kann das für beide Seiten traumatisch sein. In diesem Augenblick können Emotionen in das Gegenteil umschlagen. Hoffnung kann sich in Wut verwandeln, Stolz in Scham, Leidenschaft in Hass: Denken Sie beispielsweise an die erbitterte Kritik, die Tony Blair nach dem Irakkrieg übte. Zu Beginn hatte er Hoffnung geboten, am Ende Angst. Seine Kontrolle als Führer hatte er eingebüßt, weil er nicht mehr die emotionalen Bedürfnisse der Menschen befriedigte. Die Kraft hinter dieser Verbindung war verloren gegangen. Die Menschen fühlten sich enttäuscht.

Manche Führer hüten sich davor, eine emotionale Verbindung aufzubauen. Sie fürchten die Risiken; sie hoffen, mit Logik alleine Erfolg zu haben. Das ist Angst. Hier spricht ihre eigene Emotion.

In der Tat können die Emotionen einfach nicht ignoriert werden: Sie sind ein wesentlicher Bestandteil des menschlichen Daseins. Menschen sind emotionale Wesen.

Daran führt kein Weg vorbei. Die Kraft der Emotion zu verstehen, verschafft Ihnen einen enormen Vorteil. In der Politik gewinnt die Partei, der es gelingt, die stärkste emotionale Verbindung herzustellen.[1] In der Geschäftswelt gewinnt das Unternehmen, das die stärkste emotionale Verbindung herstellt – zu seinen Mitarbeitern und zu den Kunden.[2]

In diesem Teil des Buches sehen wir uns deshalb das emotionale Gehirn genauer an. Wir betrachten die chemischen Reaktionen, die für ein Kribbeln im Bauch und Gänsehaut sorgen. Und am einfachsten funktioniert das auf der Grundlage einer *Geschichte*.

Literaturverzeichnis und Endnoten

1. D. Westen (2007): *The Political Brain: The Role of Emotion in Deciding the Fate of the Nation*, New York: PublicAffairs.
2. Jill Dan (2012): *Emotional intelligence*, Croydon: Hodder Education, S. 7.

10

Geschichten und Emotionen

Erzähle mir eine Tatsache, und ich werde lernen. Erzähle mir eine Wahrheit, und ich werde glauben. Aber erzähle mir eine Geschichte, und sie wird für immer in meinem Herzen leben.
Indianisches Sprichwort

Die Macht der Geschichte

Haben Sie den Film *Stand by Me – Das Geheimnis eines Sommers* aus den 1980er Jahren gesehen? Falls ja, erinnern Sie sich bestimmt an die Szene, in der die Kinder rund ums Lagerfeuer sitzen, eng aneinander gekuschelt, und aufmerksam zuhören, wie Gordie die Geschichte von Davie Hogan erzählt … auch bekannt als „Lard Ass".

© Springer-Verlag GmbH Deutschland, ein Teil von
Springer Nature 2018
S. Lancaster, *Winning Minds*,
https://doi.org/10.1007/978-3-662-57471-3_10

Es war eine tragische Geschichte. Jahrelang war Lard Ass von jedem in der Stadt aufgrund seines Gewichts gehänselt und gequält worden. Doch eines Tages heckte er einen bösen Plan aus, um sich zu rächen. Er meldete sich zum örtlichen Heidelbeerkuchen-Wettessen an. Bevor er daran teilnahm, stopfte er ein Dutzend rohe Eier und eine ganze Flasche Rizinusöl in sich hinein. Schon bald nachdem er den ersten Kuchen verschlungen hatte, begann sein Magen zu rebellieren. Je mehr Kuchen er aß, desto lauter wurde das Rumoren in seinem Bauch. Als er schließlich mit seinem fünften Heidelbeerkuchen beschäftigt war, konnte er es nicht länger unterdrücken und kotzte alles raus. Das führte dazu, dass derjenige, der ihn immer am meisten gequält hatte, seinen Nachbarn vollkotzte, der wiederum auf die Frau des Bürgermeisters kotzte. Schließlich kotzten alle. Und jeder wurde vollgekotzt. Es war eine Kotzorgie. Und Lard Ass setzte sich zufrieden wieder auf seinen Stuhl. Er hatte für Gerechtigkeit gesorgt.

Viele Menschen erinnern sich an diese Szene, doch was ihnen noch eher im Gedächtnis bleibt als die Details der Geschichte rund um Lard Ass – so wunderbar sie auch ist – sind die von der Lagerfeuerszene ausgelösten Gefühle. Sie denken dann voller Nostalgie an die Vertrautheit und Offenheit ihrer eigenen Kindheit. Es gibt kein kraftvolleres Symbol für Vertrautheit und Offenheit als das Erzählen von Geschichten.

Jeder mag Geschichten, und das war auch schon immer so. Geschichten spiegeln sich in prähistorischen Höhlenmalereien wieder, in alten Mythen und Fabeln bis hin zu modernen Dramen, Blogs und Facebook-Statusmeldungen. Geschichten sind der Standard menschlicher Kommunikation. Hören Sie einfach mal einer Gruppe von

Freunden bei einer Unterhaltung zu: Es dauert nicht lang, bis Geschichten ausgetauscht werden. 65 % von Gesprächen basieren auf persönlichen Erfahrungen und Klatsch. Diese Geschichten machen Freude, erfüllen aber auch noch einen anderen Zweck: Durch Geschichten lernen wir mehr über uns selbst, über einander und unsere Stellung in der Welt.

Aus diesem Grund ist das Geschichtenerzählen ein Teil der Sprache der Menschenführung. Der Geschichtenerzähler hat eine natürliche Autorität. Als Kinder hören wir Geschichten von unseren Eltern, Lehrern und älteren Menschen. Schon seit Tausenden von Jahren erzählen Führer aus den Bereichen Religion, Militär, Politik, Geschäftsleben und Gesellschaft Geschichten.

> Der Geschichtenerzähler hat eine natürliche Autorität.

Geschichten haben eine fantastische Wirkung auf das Gehirn. Das wissen wir dank der funktionellen Magnetresonanztomografie. Beim einfachen Plaudern (also nicht Geschichtenerzählen) sind zwei Bereiche des Gehirns aktiv: der auditive Cortex (Zuhören) und das Wernicke-Areal (Sprachverständnis). Doch wenn Menschen Geschichten hören, spielt das Tomographiegerät verrückt. Je aktiver die Geschichte ist, desto stärker ist das angezeigte Aktivitätsniveau.

Die Menschen sind aktiv, nicht passiv beteiligt, wenn sie Geschichten hören.[1] Wird erzählt, dass der Protagonist in unserer Geschichte einen Gegenstand nimmt, zeigt der motorische Cortex im Gehirn des Zuhörers dieselbe Aktivität, als ob er selber nach dem Gegenstand griffe. Gelangt die Geschichte an eine traurige Stelle, zeigt der Empathiebereich des Gehirns Aktivität an, als sei der Zuhörer selbst traurig. Beschreibt die Geschichte einen durchdringenden Geruch, zeigt der olfaktorische Bereich des Gehirns Aktivität, als nähme der Zuhörer gerade diesen durchdringenden Geruch tatsächlich wahr. Folglich können wir mit Geschichten Welten erschaffen, die unsere Zuhörer tatsächlich wahrnehmen.

Darüber hinaus entsteht ein starkes Gefühl der Verbundenheit zwischen dem Erzähler und dem Zuhörer. Uri Hasson von der Princeton University verglich die Gehirnaktivität von Geschichtenerzählern und ihren Zuhörern. Er fand heraus, dass sich beim Erzählen die Gehirnaktivitäten zwischen dem Erzähler und dem Zuhörer synchronisieren. Wenn wir Geschichten erzählen, sehen die Menschen die Welt also in der Tat durch unsere Augen.

Dadurch werden die Geschichten so einprägsam. Ich konnte mich noch viele Jahre später an Geschichten erinnern, die der Direktor meiner Schule mir erzählt hatte. Studien der Stanford University haben ergeben, dass Geschichten zehnmal einprägsamer sind als Statistiken.[2] Doch Geschichten sind nicht nur einprägsam, sie eignen sich auch hervorragend, um Menschen für sich zu gewinnen.

Geschichten sind zehnmal einprägsamer als Statistiken.

Ein Beispiel. Vor kurzem war ich zu einer Abendgesellschaft eingeladen. Ich saß neben einer einflussreichen Frau aus der Versicherungsbranche. Es war schlechtes Timing. Nur zwei Wochen zuvor war ich von unserer Kfz-Versicherung wirklich im Stich gelassen worden. Ich erzählte ihr die Geschichte. Wir waren auf dem Weg zur Beerdigung von Maud, eine unserer liebenswerten, alten Nachbarinnen in Maida Vale in West-London, als unser Auto liegen blieb. Wir steckten in der Werkstatt fest, 120 Meilen von dem Ort entfernt, an dem wir uns eigentlich befinden sollten. Als wir den Kundendienst anriefen und um Hilfe baten, wurde sofort klar, dass unsere Versicherung bedauerlicherweise unzureichend war. Schließlich verpassten wir die Beerdigung.

Die Frau zeigte Mitgefühl. Sie fragte, ob ich die Versicherung als Zusatzleistung abgeschlossen hatte. Ich hatte – zusammen mit meinem Bankkonto. Sie seufzte. „Mit solchen Versicherungen müssen Sie vorsichtig sein", sagte sie. Einige der Unternehmen, die so etwas anböten, seien skrupellos, und die Regelungen seien generell unzureichend. Ihr Unternehmen war anders: Es bot solche Zusatzleistungen nicht an. Sie kassierten ein wenig mehr für ihre Versicherungen, doch sie boten einen deutlich besseren Service. Gerade an jenem Tag hatte sie von einem ihrer Kunden gehört, dessen geliebter Ford Capri soeben einen Totalschaden erlitten hatte. Er konnte keinen Ersatz finden und war untröstlich. Ein Mitarbeiter aus der Forderungsbetreuung suchte unbeeindruckt in den Kleinanzeigen, bis er einen nahezu perfekten Ersatzwagen fand. Als er ihn an den Kunden übergab, war dieser begeistert.

Das war ein sehr typisches Gespräch für ein Geschäftsessen – doch sehen Sie, was geschehen ist? Im Grunde haben wir eine kleine Auseinandersetzung gehabt. Eigentlich sagte ich so etwas wie: „Ich denke, die Versicherungsindustrie ist eine große Abzocke." Und sie antwortete inhaltlich mit: „Wir sind nicht alle so schlecht." Doch da wir unsere Auseinandersetzung mit Geschichten führten, gingen wir mit unserer Uneinigkeit in einer ruhigen, gefassten Art und Weise um, ohne Krach. Das ist nur einer der Pluspunkte von Geschichten: Sie bieten eine Möglichkeit, ohne Streit Auseinandersetzungen beizulegen. Einige Neurowissenschaftler glauben, dass dies der Grund ist, warum Geschichten ursprünglich entstanden sind: um uns zivilisiert zu halten.[3]

Geschichten erfüllen für Führer eine Vielzahl von Zwecken. Doch wie erschaffen wir eine gute Geschichte, die im Gedächtnis bleibt? Im Mittelpunkt stehen die Chemikalien. Tolle Geschichten produzieren Oxytocin, Cortisol und Dopamin.

> Tolle Geschichten produzieren Oxytocin, Cortisol und Dopamin.

Das Geheimnis großer Geschichten

Sehen wir uns mal ein wenig genauer an, wie wir die Produktion dieser Drogen anregen können:

- *Tolle Figuren produzieren Oxytocin.* Ob Sie eine Geschichte aus erster oder zweiter Hand erzählen: Der Zuhörer muss in der Lage sein, sich mit der Hauptperson zu identifizieren – dadurch wird Oxytocin ausgeschüttet. Achten Sie also darauf, dass es jede Menge Identifikationspotenzial gibt. Beschreiben Sie so sinnesbetont wie möglich, was die Figur tut, was sie sehen, fühlen und hören kann. Versuchen Sie, den Zuhörer in die Rolle der Figur zu versetzen.[4] Genau das passiert in Filmen, wenn zu Beginn eine Person gezeigt wird, die im Auto fährt und zum Radio singt. Jeder Zuschauer denkt: „Jawohl, das bin ich." Oxytocin.
- *Ein großes Dilemma produziert Cortisol.* Im Mittelpunkt jeder großen Geschichte steht ein Dilemma: Es bringt die Kraft hervor, die für die Aufmerksamkeit der Menschen sorgt. Das kann „wir gegen sie" sein oder eine „tue ich dies oder tue ich das"-Zwickmühle – es ist nicht wirklich wichtig und dient als Quelle der Spannung. Die Vorbereitung des Konflikts sorgt für die Erwartung einer Auflösung.
- *Große Entschlusskraft produziert Dopamin.* Die Menschen wollen das Ende der Geschichte hören, da sie die Auflösung kennen und die dadurch ausgelöst Dopaminausschüttung erleben möchten. Doch sie wollen nicht ewig warten. Eine gute Geschichte braucht Dynamik. Der deutsche Theoretiker Gustav Freytag entwickelte vor 150 Jahren einen dramatischen Bogen für gutes Geschichtenerzählen, der aus fünf Schritten besteht: Exposition, sich entwickelnde Handlung, Höhepunkt, retardierendes Moment und Lösung.

Wie bereits erwähnt, gab es ein Forschungsprojekt, bei dem einer Gruppe ein Trickfilm gezeigt wurde. Darin wurde die Geschichte eines Vaters erzählt, der großen Kummer hat, weil er weiß, dass sein Sohn an Krebs sterben wird. Am Ende der Geschichte wurde die Gruppe gefragt, ob sie etwas Geld spenden würde. Die Wissenschaftler fanden heraus (i), dass die Zuschauer, die Cortisol und Oxytocin produziert hatten, mit größerer Wahrscheinlichkeit Geld gaben als jene, bei denen das nicht der Fall war; und (ii) je mehr Cortisol und Oxytocin produziert wurde, desto mehr Geld spendeten sie wahrscheinlich. Also verändern Geschichten tatsächlich unser Verhalten.

Doch ein Wort der Warnung zum Schluss: Es ist von Zuhörer zu Zuhörer leicht unterschiedlich, was man der Geschichte entnimmt. Wir haben alle verschiedene Werte und Perspektiven: Andere Menschen können genau dieselbe Geschichte hören, aber vollkommen andere Schlussfolgerungen daraus ziehen.

Neulich hörte ich auf einer Party eine schreckliche Geschichte von einer jungen Frau, die nicht weit von mir entfernt lebt. Sie wollte am Samstagabend mit ihrem Freund ausgehen. Sie war spät dran. Sie kam gerade aus der Dusche, als ihr Freund mit seinem Auto vorfuhr und hupte. Aber sie hatte noch eine Menge zu tun: ihr Haar föhnen, sich schminken, anziehen – also begann sie, sich zu beeilen. Ein paar Minuten vergingen, und der Freund hupte erneut, offenbar inzwischen verärgert. Da sie sich wegen der Nachbarn sorgte, beeilte sie sich noch mehr, schlüpfte in ihre Stöckelschuhe und ging zur Treppe. Doch sie stolperte auf der obersten Stufe, stürzte 15

Stufen nach unten und verletzte sich am Rückenmark. Sie wird nie wieder laufen können.

Nun ist es so, dass Lucy und ich immer wieder Meinungsverschiedenheiten über Pünktlichkeit haben. Tatsächlich haben wir schon Flüge verpasst, weil wir regelmäßig spät dran sind. Also habe ich ihr diese Geschichte erzählt und ein wenig im Hinblick auf Pünktlichkeit gestichelt. Ich fragte sie, was sie darüber dachte. Sie drehte sich zu mir, seufzte und sagte: *„Niemals* hetzen."

Literaturverzeichnis und Endnoten

1. http://www.physorg.com/print152210728.html. Aufgerufen am 20.4.2015.
2. Chip und Dan Heath (2008): *Made to Stick: Why some Ideas Take Hold and Others Come Unstuck*, London: Arrow.
3. Antonio Damasio (2010): *Self Comes to Mind: Constructing the Conscious Brain*, New York: Pantheon, S. 293.
4. Das ist ein immer wiederkehrendes Thema bei V. S. Ramachandran (2011): *The Tell-Tale Brain: Unlocking the Mystery of Human Nature*, St. Ives: William Heinemann.

11

Persönliche Geschichten

*Es gibt keine größere Qual, als eine nicht erzählte
Geschichte in sich zu tragen.*
Maya Angelou

Wenn wir uns verlieben, entsteht ein Augenblick schöner
Verbundenheit. Es ist dieser besondere Moment, wenn
wir etwas Persönliches und Intimes miteinander teilen,
vielleicht etwas, das wir noch nie jemandem zuvor erzählt
haben: eine große Geschichte über etwas in unserem
Leben. In Filmen wird ein solcher Augenblick üblicherweise oben in den Hollywood Hills in einem roten Cadil-
lac nach einer Nacht auf dem Jahrmarkt gezeigt.

In einer echten Beziehung kann es Monate dauern, bis
es zu diesem Moment kommt. So lange können Führer

© Springer-Verlag GmbH Deutschland, ein Teil von
Springer Nature 2018
S. Lancaster, *Winning Minds*,
https://doi.org/10.1007/978-3-662-57471-3_11

nicht warten. Sie müssen sofort eine Verbindung herstellen, also stürzen sie sich direkt hinein. Vergnügt erzählen sie völlig fremden Menschen Geschichten, bei denen wir anderen zögern würden, sie unserem Therapeuten zu erzählen.

Hier sind drei Beispiele für persönliche Geschichten, die von drei vollkommen unterschiedlichen Führungspersönlichkeiten aus verschiedenen Bereichen erzählt worden sind – Geschäftswelt, Musik und Politik:

Jeff Bezos:
Als Kind habe ich den Sommer immer bei meinen Großeltern verbracht, auf ihrer Farm in Texas. Ich habe meine Großeltern geliebt und verehrt und freute mich immer sehr darauf.

Bei einer dieser Fahrten, ich war ungefähr zehn Jahre alt, wälzte ich mich auf der großen Rückbank im Auto. Mein Großvater fuhr. Und meine Großmutter saß auf dem Beifahrersitz. Sie rauchte immer während dieser Fahrten, und ich hasste den Geruch.

In diesem Alter nutzte ich jede Gelegenheit, um ein wenig zu rechnen. Ich hatte eine Werbekampagne über das Rauchen gehört. Ich kann mich nicht mehr genau erinnern, aber im Grunde war gesagt worden, jeder Zug an einer Zigarette verkürzt dein Leben um zwei Minuten. Ich beschloss, die Rechnung für meine Großmutter aufzumachen. Ich schob meinen Kopf in den vorderen Bereich des Autos und verkündete stolz: „Du hast dein Leben um neun Jahre verkürzt!"

Ich erwartete, dass man mir für meine Klugheit applaudierte. Stattdessen brach meine Großmutter in Tränen aus. Ich saß auf der Rückbank und wusste nicht, was ich tun sollte.

Während meine Großmutter weinend dasaß, fuhr mein Großvater, der schweigend gefahren war, auf den Seitenstreifen der Straße. Er stieg aus, ging um den Wagen herum, öffnete meine Tür und wartete darauf, dass ich ihm folgte.

Ich hatte auf diesem Gebiet keine Erfahrungen mit meinen Großeltern und konnte nicht einschätzen, welche Konsequenzen das nun haben mochte. Wir blieben neben dem Anhänger stehen. Mein Großvater blickte mich an. Nach einem Moment der Stille sagte er sanft und ruhig: „Jeff, eines Tages wirst Du verstehen, dass es schwerer ist, freundlich als klug zu sein."

David Cameron:
Wenn es um die älteren Menschen geht, ist insbesondere eine Sache wichtig: dass der staatliche Gesundheitsdienst (NHS) für sie da ist. Von der Labour Party haben wir letzte Woche wieder denselben alten Quatsch über die Konservativen und den NHS gehört. Sie verbreiten schlichtweg Lügen.

Ich denke nur: Was fällt euch ein? Es war die Labour Party, der wir den „Mid Staffs"-Skandal zu verdanken hatten ... ältere Menschen mussten um Wasser betteln und starben durch Vernachlässigung.

Für mich ist das eine persönliche Angelegenheit. Ich bin jemand, der auf den NHS vertraut – dessen Familie mehr als die meisten anderen weiß, wie wichtig er ist ... Der weiß, wie es sich anfühlt, Nacht für Nacht mit einem Kind im Arm ins Krankenhaus zu gehen ... und zu wissen, wenn man dort ankommt, sind dort Menschen, die sich um dieses Kind kümmern und es lieben wie ihr eigenes.

Wie können sie es wagen zu behaupten, dass ich das jemals für anderer Leute Kinder aufs Spiel setzen könnte? Wie können sie es wagen, jene zu verängstigen, die sich in diesem Augenblick auf den NHS verlassen? Es mag das Einzige sein, was auf ihrem Parteitag Beifall erntet, doch es ist, offen gesagt, erbärmlich.

Peter Gabriel:
In der Schule, die ich besuchte, gab es eine Menge Bäume, auch einen Tulpenbaum. Damals war es wohl der größte Tulpenbaum im Land, denke ich, und es gab auch eine Menge wunderbarer Büsche und Vegetation rund um die Sportplätze.
Eines Tages packten mich einige meiner Klassenkameraden. Sie zerrten mich in die Büsche, zogen mich aus, griffen mich an, misshandelten mich – vollkommen aus heiterem Himmel. Nun, warum ich das erzähle: Als ich danach zurück in die Schule ging, fühlte ich mich schmutzig, ich fühlte mich verraten, ich schämte mich, aber in erster Linie fühlte ich mich hilflos.
Dreißig Jahre später saß ich in einem Flugzeug neben einer Dame namens Veronica, die aus Chile kam. Wir waren auf einer Tour für Menschenrechte, und sie erzählte mir, wie es sich anfühlte, gefoltert zu werden. Von meiner privilegierten Position aus war das mein einziger Anhaltspunkt. Das war eine wunderbare Lernerfahrung, denn Menschenrechte waren etwas, für das ich mich ein wenig interessierte; doch tatsächlich geht es um etwas, das Menschen „da draußen" passiert.

Diese Geschichten sind alle einzigartig, weisen aber alle die drei essenziellen Bestandteile einer starken Geschichte auf: Identifikation, Spannung und Auflösung. Zuerst lernen wir die Welt des Erzählers gut kennen; wir schlüpfen in seine Haut. Wir können den Rauch auf dem Rücksitz des Autos riechen wie Jeff Bezos; wir werden geblendet von dem hellen Licht in David Camerons Krankenhaus. Und wir können Peter Gabriels Tulpenbaum sehen. Das zieht uns in die Welt des Erzählers hinein, sodass das Oxytocin zu fließen beginnt. Dann kommt es zu jenem Stressmoment, in dem wir den Schmerz des Erzählers spüren: die Tränen von Bezos' Großmutter, Camerons Trauma aufgrund seines schrecklich kranken Kindes und Gabriels schlimme Misshandlung. Dadurch wird Cortisol ausgeschüttet. Schließlich enden die Geschichten mit einer Erkenntnis: „Es ist schwerer, freundlich als klug zu sein.", „Ich schätze den NHS." und „Wir alle haben mit üblichen Mühen zu tun."

So funktionieren Geschichten. Innerhalb einer kurzen Zeit gehen wir eine Verbindung mit der Hauptfigur ein, fühlen ihren Schmerz, teilen ihre Erleichterung. Und wir bewundern ihren Mut, solchen Schmerz einzugestehen.

Legendenbildung

Persönliche Geschichten machen aus Führern Legenden. Jedes US-amerikanische Kind kennt die Geschichte, wie George Washington den Kirschbaum seines Vaters fällte und dann seinem Vater gestand: „Ich kann nicht lügen, Vater! Ich habe ihn mit meiner kleinen Axt gefällt." Viele Geschäftsleute kennen Richard Bransons Nahtoderfahrung: 1987 wäre sein Heißluftballon beinahe abgestürzt.

Persönliche Geschichten machen aus Führern Legenden.

Geschichten wie diese verbinden uns mit unseren Führern. Heute ist die Zeit der Beichten. Ich habe Führungspersönlichkeiten gesehen, die über alle möglichen
Erfahrungen gesprochen haben: von Schwangerschaftsab-
brüchen und sexuellen Übergriffen bis hin zur Ermordung
eines Familienmitglieds. Stuart Rose, der frühere Chef
von „Marks and Spencer", sprach öffentlich darüber, wie
schrecklich es für ihn war, als seine Mutter Selbstmord
beging. Barack Obama erzählte, wie schwierig er seine
Jugendjahre fand – mit einer weißen Mutter und einem
abwesenden, schwarzen Vater.[1] Er hatte mit seiner Identität zu kämpfen.

Persönliche Geschichten wie diese sind unvergesslich.
Das sind die Momente der Wahrheit, wenn Menschen
sich mit dem echten, ungeschminkten, authentischen Führer verbunden fühlen. Der Führer zeigt seine Verletzbar-
keit, und das macht eine Identifizierung mit ihm möglich.
Als ich Redenschreiber wurde, war ich anfangs frustriert,
wenn einer meiner Kunden von dem Text abwich, um eine
persönliche Geschichte zu erzählen. Inzwischen weiß ich:
Die persönlichen Geschichten sind das Beste.

Wenn Sie Erzählkunst in Bestform erleben möchten,
sollten Sie sich Steve Jobs' Rede vor Uniabsolventen in
Stanford anhören. Im Grunde erzählt er seine gesamte
Lebensgeschichte in drei Akten: wie er als Baby zur Adop-
tion freigegeben worden ist, die Demütigung durch seine
Entlassung bei Apple und die Nachricht, dass er nur
noch weniger als sechs Monate zu leben habe. Geburt,
Leben und Tod also, und er schließt mit einem unwiderstehlichen Spruch: „Bleiben Sie hungrig, bleiben Sie toll-
kühn." Mit einer Geschichte kann man viel effektiver

punkten als mit einer schlichten Behauptung oder wenn man den Leuten eine 136 Folien starke Power-Point-Präsentation um die Ohren haut.

Falls Sie beispielsweise erreichen möchten, dass die Menschen sich fokussieren, könnten Sie ihnen von einer Zeit erzählen, als eine starke Fokussierung Ihnen geholfen hat, etwas Großartiges zu erreichen – einen Marathon laufen, ein Lied schreiben, ein Haus bauen. Oder wenn Sie Menschen von der Wichtigkeit der gemeinsamen Werte überzeugen müssen, könnten Sie ihnen eine Geschichte über Ihre persönlichen Werte erzählen. Gab es einen Moment in Ihrem Leben, in dem Sie festgestellt haben, dass es mehr als Geld gibt, für das es sich zu leben lohnt? Ich habe Führer gesehen, die über die schrecklichsten Nahtoderfahrungen sprachen und das Publikum zu begeistern vermochten.

Geschichten wie diese lösen eine tiefe, emotionale Reaktion aus. Diese emotionale Reaktion lebt für immer in den Köpfen der Menschen. Neurologen sagen, dass Neuronen, die gleichzeitig aktiv sind, bevorzugt aufeinander reagieren.[2] Das wird als „Hebbsche Lernregel" bezeichnet: Dinge werden miteinander verbunden, indem man einfach zusammen darüber spricht. Erzählen Sie also Geschichten, um Punkte zu machen. Die Menschen werden Ihre Geschichten nie vergessen. Und den Punkt, den Sie gemacht haben, werden sie ebenfalls nicht vergessen.

> Neuronen, die gleichzeitig aktiv sind, reagieren bevorzugt aufeinander.

Wie lautet Ihre Geschichte?

Jede Führungspersönlichkeit sollte ihr eigenes Geschichtenbuch der Menschenführung haben. Doch wie finden Sie Ihre eigenen Geschichten? Jemanden zu bitten, ihm eine Geschichte zu erzählen, ist ein bisschen, als ob ein Fotograf Ihnen eine Kamera vors Gesicht hielte und Sie aufforderte, sich zu entspannen! Statt dass die Leute sich entspannen, sind sie ganz blockiert. Wenn Sie also beim Gedanken, Geschichten über sich erzählen zu müssen, blockiert sind, können Sie sich mit dem folgenden einfachen Drei-Stufen-Plan entspannen.

> Jeder Führer sollte sein eigenes Geschichtenbuch der Menschenführung haben.

Zuerst nehmen Sie sich einen Zettel und einen Stift und zeichnen den Kurvenverlauf Ihres Lebens. Zeichnen Sie die Höhen und Tiefen ein, als sei Ihr Leben ein Aktienkurs. Die x-Achse stellt eine Zeitachse dar, während die y-Achse eine Gut-Schlecht-Skala ist. Notieren Sie nun kurze Stichworte neben den Spitzen und Tiefpunkten, um anzuzeigen, was geschehen ist: z. B. „Elise wird geboren.", „Bein gebrochen", „Scheidung von Mama und Papa".

Was lehren diese Ereignisse Sie über Ihre Person und die Welt? Gibt es Muster? Möglicherweise finden Sie heraus, dass auf Momente des Kummers immer Momente des Triumphs folgen. Vielleicht erkennen Sie, dass große Krisen generell den Impuls zur Veränderung liefern. Oder

Sie sehen, dass gute und schlechte Zeiten häufig parallel verlaufen. So kann es zum Beispiel eine der glücklichsten Phasen im Leben sein, ein Baby zu haben, aber es kann auch sehr hart sein.

Dann folgt Schritt zwei. Notieren Sie auf Klebezetteln die zehn großen Philosophien des Lebens, die Dinge, die Ihnen in der Welt wichtig sind. Ohne zu morbid werden zu wollen – eine gute Herangehensweise ist der Gedanke: „Wenn ich nur noch kurze Zeit zu leben hätte, welche Botschaft würde ich dann an meine Erben weitergeben wollen?" Kürzlich verbrachte ich einen Tag mit dem Liedtexter Ian Dench und schrieb ein Lied für meine Töchter. Der Druck, die richtige Botschaft rüberzubringen, war enorm. Er bohrte immer wieder nach und fragte: „Aber was meinst du *wirklich?*" Am Ende kam uns folgende Idee: „An jedem Tag, auf jedem Weg hinterlässt du Spuren." Das war meine Botschaft an meine Töchter – doch wie würde Ihre Botschaft lauten? Versuchen Sie, zehn Ihrer persönlichen Lebensphilosophien aufzuschreiben (z. B. „Gib dein Bestes.", „Behandle andere, wie du selbst behandelt werden möchtest.", „Gib deine Träume nicht auf.").

Nun Schritt drei: Verbinden Sie die Schritte eins und zwei miteinander. Ordnen Sie Ihre persönlichen großen Erlebnisse Ihren wichtigsten Philosophien zu. Heften Sie die Klebezettel mit Ihren Philosophien neben die entscheidenden Momente Ihres Lebens, von denen Sie denken, dass sie diese beeinflusst haben könnten. Hat die Scheidung Ihrer Eltern dazu geführt, dass Sie ein besonders großes Verantwortungsbewusstsein haben? Warum? Was ist geschehen? Nehmen Sie mich dorthin mit – versetzen Sie mich in Ihre Lage. Zeigen Sie

mir, was Sie gesehen haben. Erzählen Sie mir, wie es ausging. Vielleicht hat die Geburt Ihres ersten Kindes Sie die
Bedeutung von Mitgefühl gelehrt? Nehmen Sie mich mit
in die Zeit, als dies geschah. Versetzen Sie mich in Ihre
Lage. Zeigen Sie mir, was Sie gesehen haben. Erzählen Sie
mir, wie es ausging. Was passierte, als Sie zum ersten Mal
Ihrem Sohn in die Augen blickten?

Das sind Ihre Geschichten. Niemand anderem gehören
diese Geschichten. Machen Sie weiter, bis Sie Geschichten beisammen haben, um jede Ihrer zehn Philosophien
zu untermalen. Wenn Sie fertig sind, sollten Sie Ihr eigenes Geschichtenbuch der Menschenführung in der Hand
haben. Dieses Buch enthält kraftvolle Hinweise darauf,
wer Sie sind, woher Sie kommen und warum Sie tun,
was Sie tun. Dieses Buch enthält alles, was Sie brauchen,
um einen emotionalen Kontakt zu den Menschen aufzu-
nehmen: um für Gänsehaut zu sorgen, ihnen Tränen in
die Augen zu treiben und ihr Herz zu berühren. Halten
Sie dieses Buch geschlossen, wenn Sie wollen, doch wenn
Sie es schließlich öffnen, werden Sie feststellen, dass es
großartig und machtvoll ist.

Sie werden sofort sehen, welch unterschiedliche Wirkung Sie auf die Menschen haben können. Sobald
eine persönliche Geschichte beginnt, blicken die Menschen erwartungsvoll auf, die Stimmung ändert sich:
Ihre Zuhörer sehen Sie aufmerksam an. Ihre Geschichten werden den Menschen helfen, sich besser zu fühlen,
aber auch dafür sorgen, dass Sie sich besser fühlen. Studien haben gezeigt, wie reinigend es ist, unsere eigenen

Geschichten zu erzählen.[3] Scheuen Sie sich nicht, weit in die Geschichte zurückzugehen: Häufig stammen die kraftvollsten Geschichten aus frühen Phasen unseres Lebens.[4] Während unserer Kindheit entstehen die Erzählungen, die unser ganzes Leben prägen.

Eine der angenehmsten Seiten meines Jobs ist, dass ich anderen Menschen dabei helfe, ihre Geschichten zu erzählen. Bei meinen Seminaren zur Sprache der Menschenführung bitte ich manchmal die Teilnehmer, eine Geschichte zu erzählen, die veranschaulicht, warum eine bestimmte Philosophie ihnen wichtig ist. Einmal fragte ich nach einer Geschichte, die zeigen sollte, warum harte Arbeit wichtig ist. Eine junge Frau, Teresa Kotlicka, stand auf und erzählte:

Ich bin in einer Einwandererfamilie mit niedrigem Einkommen in New Jersey groß geworden. Wir hatten nicht viel Geld, doch mein großer Durchbruch kam 1996, als eine wohltätige Nichtregierungsorganisation, NJ Seeds, sich meiner annahm und mich während meiner Zeit auf der weiterführenden Schule unterstützte. Es hat mein Leben verändert, und aus diesem Grund trat ich häufig bei ihren Spendenveranstaltungen auf, um die Sache zu unterstützen. Als ich in der Abschlussklasse war, saß ich eines Tages auf dem Fußboden meines Zimmers und hatte Prospekte über Finanzierungshilfen für das College um mich herum ausgebreitet, als ich den Anruf der Ehefrau eines leitenden Angestellten eines Finanzdienstleisters erhielt. Sie und ihr Ehemann wollten für NJ Seeds spenden und außerdem persönlich meine College-Ausbildung sponsern.

Ohne dass ich damals die Bedeutung ganz erfassen konnte, hieß das, dass ich in den Genuss von günstigen Krediten kam und eine Chance auf ein Auslandsstudium in Südfrankreich erhielt. Darüber hinaus bedeutete es, dass ich meinen Kameraden in nichts nachstand: As ich auf dem Campus ankam, fand ich einen Computer und eine bezahlte Rechnung der Universitätsbuchhandlung in meinem Zimmer vor. Das Paar bat nur um eine einzige Gegenleistung für seine Spende: das Versprechen, dass ich dasselbe für jemand anderen tun werde, wenn ich eine ähnliche Position in meinem Leben erreiche. Es ist ein Versprechen, das ich halten werde.

Sie erzählte die Geschichte mit der Authentizität, die nur Berichte aus erster Hand haben können. Ihre Stimme brach gelegentlich, und manchmal beschleunigte sich ihr Atem. Als die Geschichte zu Ende war, hatten alle Tränen in den Augen. Als sie uns ihre Geschichte erzählte, versetzten wir uns in ihre Lage. Wir sahen die Welt mit ihren Augen. Wir sahen diese Broschüren auf dem Fußboden. Wir gingen mit ihr ans Telefon. Das ist die Sprache der Menschenführung. Und ich sage Ihnen: Diese junge Frau ist noch keine 30, aber sie ist auf einem guten Weg, der Verpflichtung alle Ehre zu machen, die sie mit nur 13 Jahren eingegangen ist.

Welche Geschichten würden Sie in Ihr Geschichtenbuch der Menschenführung schreiben?

Literaturverzeichnis und Endnoten

1. Barack Obama, „Back to School"-Rede, 2010.
2. Donald Hebb (1949): *The Organization of Behaviour: A Neuropsychological Theory*, New York: Wiley.
3. James W. Pennebaker (1990): *Opening Up: The Healing Power of Expressing Emotions*, New York: Guilford Press.
4. Dan S. McAdams sagt, dass die Kindheit die Geschichte unseres Lebens prägt. Siehe hierzu: Adams (2008): *The Person: An Introduction to the Science of Personality Pyschology*, New York: Wiley.

12

Kulturen erschaffen

Nach Nahrung, einem Dach über dem Kopf und einer
Gemeinschaft sind Geschichten die Dinge, die wir am meisten
brauchen auf der Welt
Philip Pullman

Jede Familie hat eine Sammlung von Geschichten, die sie
liebt und immer wieder erzählt. Diese Geschichten können lustig, aber auch traurig sein. Sie kennen das: Das
sind die Geschichten, die nach ein wenig Alkohol an
Weihnachten erzählt werden – Geschichten von fiesen
Onkel, schockierenden Todesfällen und komischen Miss-
geschicken. Diese Geschichten verbinden die Familie
miteinander.

© Springer-Verlag GmbH Deutschland, ein Teil von
Springer Nature 2018
S. Lancaster, *Winning Minds,*
https://doi.org/10.1007/978-3-662-57471-3_12

Geschichten wie diese machen eine Kultur aus. Kulturen sind wenig mehr als Sammlungen von Geschichten. Denken Sie an eine beliebige Gruppe, der sie angehören: Fußballclub, politische Partei, gesellschaftliche Gruppe, Lesekreis, Freundeskreis und so weiter. Durch die Geschichten der Gruppe lernen Sie etwas über deren Werte, Geschichte und Philosophien: woher sie kommt, wofür sie steht, wohin sie strebt. Nehmen wir ein Land wie das Vereinigte Königreich. Wir haben Geschichten, die wir immer wieder erzählen: über Heinrich VIII. und seine Frauen, den Zweiten Weltkrieg und Churchills Widerstand sowie über Englands Sieg in letzter Minute bei der Fußball-Weltmeisterschaft 1966.

> Kulturen sind wenig mehr als Sammlungen von Geschichten.

Es fällt den Führern zu, solche Geschichten zu formen und weiterzugeben. Indem sie Geschichten erzählen, formen sie die Kultur. Howard Schultz, Chef von Starbucks, sagt, er verbringe die Hälfte seiner Zeit damit, Menschen beim Erzählen von Geschichten zuzuhören, und die andere Hälfte mit dem Weitererzählen dieser Geschichten. Er gestaltet proaktiv die Veränderung – genau das, was ein guter Führer tun sollte.

Verbreitet ein Führer nicht proaktiv Geschichten, kann es sein, dass stattdessen negative Geschichten auftauchen. Sie kennen das: Faule Arbeiter, die schon vor Jahren hätten entlassen werden sollen, wenn das Management nur den Mut dazu aufgebracht hätte, sich darum zu kümmern. Geschichten von Millionen, die durch gescheiterte

IT-Projekte verschwendet worden sind. Geschichten von überzogenen Ansprüchen des Leitungsgremiums an das Mittagessen. Wenn Geschichten wie diese die Oberhand gewinnen, kann ein Unternehmen ganz schnell in Schwierigkeiten geraten, da sich die schlechten Verhaltensweisen multiplizieren. Der verantwortungsbewusste Chef sorgt für starke Geschichten, um die negativen zu verdrängen. Doch wo finden wir solche Geschichten?

Beginnen Sie in der Vergangenheit und arbeiten Sie sich in die Gegenwart vor.

Gründungsgeschichten

Bei der ersten Geschichte geht es um die Ursprünge. Wie ist das Unternehmen entstanden? Diese Geschichte erläutert häufig auch die Kultur, die Werte und das Ziel.

„Innocent Drinks" ist dafür ein hervorragendes Beispiel. Vielleicht kennen Sie deren Geschichte bereits. Drei junge Studienfreunde besuchten ein Musikfestival im Südwesten Londons und bauten einen Stand auf, um Obst-Smoothies zu verkaufen. Sie befestigten vorne an ihrem Stand ein Schild mit der Aufschrift: „Denken Sie, wir sollten unsere Jobs aufgeben, um so etwas hauptberuflich zu verkaufen?" Sie hatten Behälter für „Ja" und „Nein", in die ihre Kunden die leeren Flaschen stellen konnten. Am Ende des Tages standen nur drei Flaschen im „Nein"-Kasten, während der „Ja"-Kasten überquoll.

Auch in der Geschichte von YouTube gibt es drei junge Gründer. Sie waren eines Nachts bei einer Abendgesellschaft in San Francisco, wo sie eine Menge lustiger Videos aufnahmen, aber keine Gelegenheit hatten, die anderen danach daran teilhaben zu lassen. Also kamen sie auf die Idee, ein Videoportal im Internet zu gründen. Und der Rest ist bekannt.[1]

Es gibt eine Reihe von anderen Beispielen. James Dyson – der so von der schwachen Leistung seines Staubsaugers frustriert war, dass er ihn auseinander nahm, umbaute und Hunderte von Prototypen produzierte, bevor ein Modell seinen hohen Erwartungen entsprach. Oder Unilever – gegründet im viktorianischen Großbritannien als wohltätiges Unternehmen zum Verkauf von Seife, um der schlechten Hygiene in den schmutzigen und überbevölkerten Metropolen der damaligen Zeit entgegenzuwirken.

Jedes Unternehmen hat seine eigenen Gründungsgeschichten: von der BBC und dem NHS über die „Open University to Diabetes UK", das Krebsforschungszentrum und den Kinderschutzbund bis hin zu den politischen Parteien. Diese Geschichten begründen Werte und Überzeugungen. Große Chefs können diese Geschichten nutzen, um die Menschen an das zu erinnern, was ihnen wichtig ist: Sie können sie als Anreiz nutzen, um gutes Verhalten zu erreichen, aber auch als Drohung, wenn etwas schiefläuft.

Für mich war einer der kraftvollsten politischen Auftritte der vergangenen Jahre in Großbritannien Theresa Mays Rede 2014 vor dem Polizeiverband. Sie tadelte die Polizei für eine Reihe von Mängeln – von Stephen Lawrence über Hillsborough bis hin zu Iain Tomlinson. Sie erinnerte daran, dass Sir Robert Peel die Polizei vor 200 Jahren gegründet hatte, basierend auf dem Prinzip der einvernehmlichen Kontrolle. Sie zitierte Peel: „Die Polizei ist die Öffentlichkeit, und die Öffentlichkeit ist die Polizei." Dann sagte sie, die Polizei habe dieses

Prinzip verraten. Das war ein schwerer Schlag für die Anwesenden. Manche sagten danach, sie seien noch nie so hart angegangen worden (eine deutliche Übertreibung …).
Doch Theresa May machte Nägel mit Köpfen. Gut für sie.

Appelle wie diese funktionieren gut in Organisationen, doch sie funktionieren auch auf nationalem Niveau gut. Die Geschichte eines Landes findet eine große Resonanz. Viele der kraftvollsten Reden in der US-amerikanischen Geschichte gingen bis zur Unabhängigkeitserklärung zurück, wie in Tab. 12.1 zu sehen ist.

Tab. 12.1 Erinnerung an die Unabhängigkeitserklärung

Abraham Lincoln – Die „Gettysburg Address"	„Vor 87 Jahren gründeten unsere Väter auf diesem Kontinent eine neue Nation, in Freiheit gezeugt und dem Grundsatz geweiht, dass alle Menschen gleich geschaffen sind."
Martin Luther King – „I Have a Dream"	„Vor einem Jahrhundert unterschrieb ein berühmter Amerikaner, in dessen symbolischem Schatten wir heute stehen, die Freiheitsproklamation. Dieser bedeutungsvolle Erlass kam als heller Leitstern der Hoffnung zu Millionen von Negersklaven, die in den Flammen der vernichtenden Ungerechtigkeit versengt wurden. Er kam als ein freudiger Tagesanbruch am Ende der langen Nacht ihrer Gefangenschaft. Aber einhundert Jahre später ist der Neger immer noch nicht frei."
Barack Obama – „Yes, We Can"	„Heute Nacht, mehr als 200 Jahre nachdem eine frühere Kolonie das Recht erlangt hat, über ihr eigenes Schicksal zu bestimmen, geht die Herausforderung weiter, unsere Union zu vervollkommnen."

Fallstudien

Auch bedeutende Führungspersönlichkeiten verwenden Fallstudien: Geschichten, über die großen Dinge, die in diesem Moment geschehen, hochaktuell aufbereitet. Diese Geschichten können genutzt werden, um bestimmte Botschaften zu transportieren – unsere Kunden stehen an erster Stelle, es geht vor allem um neue Arbeitsweisen. Solche Geschichten können genutzt werden, um eine Verhaltensänderung zu erreichen.

Greg Dyke setzte erfolgreich Geschichten ein, um die Kultur zu verändern, als er Generaldirektor der BBC war. Während der ersten Tage als Chef waren im gesamten Unternehmen drei große Geschichten zu hören, die einen entscheidenden Methodenwechsel signalisierten. Erstens: Die Neun-Uhr-Nachrichten wurden auf zehn Uhr verschoben. Über eine Entscheidung dieser Art hätte sich die BBC in der Vergangenheit monatelang den Kopf zerbrochen – unter Dyke ging es vom Vorschlag bis zur Umsetzung in weniger als zwei Wochen über die Bühne. Das war mutig, brachte ihm Kritik ein, aber es war getan. Bumm! Zweitens: Jahrelang war die große Halle im Zentrum des „White City Television Centre" aus Gesundheits- und Sicherheitsgründen geschlossen gewesen: Die Leuten hatten Sorge, dass jemand in dem 5 cm tiefen Wasser der Brunnen ertrinken könnte, oder etwas dergleichen. Doch Greg Dyke zog Anwälte hinzu, meinte, sie seien zu risikoscheu, setzte sich über sie hinweg und öffnete die Halle wieder. Dadurch konnte jeder, der bei der BBC arbeitete, die Halle genießen und sich über die vielen Menschen freuen, die sich hier zur Mittagszeit aufhielten. Drittens:

Er begann, persönlich auf alle E-Mails innerhalb des Unternehmens zu antworten – und jeder, der eine dieser persönlichen E-Mails von Greg Dyke bekam, ging herum und erzählte mindestens 50 Leuten davon.

Diese Geschichten verbreiteten sich im Umfeld der BBC wie ein Lauffeuer. Sie sandten eindeutig die Botschaft aus, dass die BBC nun ein Ort war, an dem die Leute Herausforderungen annahmen und Risiken eingingen. Die Leute liebten das. Und sie liebten Greg Dyke – so sehr, dass, als er gehen musste, Hunderte von Mitarbeitern der BBC an der Straße standen, um sich zu verabschieden, viele von ihnen mit Tränen in den Augen.

Dyke setzte Geschichten ein, um einen Wandel herbeizuführen. Während jeder Veränderung kommt den im Umlauf befindlichen Geschichten eine entscheidende Bedeutung zu. Doch sie müssen sich organisch verbreiten: Bringt das interne Kommunikationsteam sie in Umlauf, werden die Leute sie sofort geringschätzen und als „Meinungsmache" einstufen. Sie wollen, dass die Menschen diese Geschichten selbst verbreiten. Gehen Sie mit gutem Beispiel voran. Machen Sie einen Rundgang und erzählen Sie weiter, was Sie sehen. Dabei können Sie alle möglichen Dinge entdecken. Geben Sie Ihre Geschichten weiter, und erzählen Sie sie, dass die Leute sie wirklich mögen. In Zeiten des Wandels gibt es kein besseres Mittel gegen giftigen Zynismus als authentische Geschichten aus erster Hand.

> Es gibt kein besseres Mittel gegen giftigen Zynismus als authentische Geschichten aus erster Hand.

Literaturverzeichnis und Endnoten

1. „The YouTube Gurus – how a couple of regular guys built a company that changed the way we see ourselves", von John Cloud, 25. Dezember 2006. Verfügbar unter http://content. time.com/time/magazine/article/0,9171,1570795-5,00.html. Aufgerufen am 5.2.2015.

13

Die Geschichte nutzen

Die Geschichte wiederholt sich nicht, aber sie hat einen Rhythmus.
Mark Twain

Kennen Sie die Weihnachtswerbung der Supermarktkette Sainsbury's aus dem Jahr 2014? Sie beschwor die legendäre Szene von den Schützengräben im Ersten Weltkrieg herauf, als britische und deutsche Soldaten ihre Feindseligkeiten für einen Abend einstellten, Geschenke austauschten und Fußball spielten. Diese symbolträchtige Werbung verbreitete sich augenblicklich und erschien auf Facebook und Twitter, mit Kommentaren versehen wie „Oh mein Gott – das hat mich zu Tränen gerührt." Die Geschichte löste ein starkes Gefühl von Nostalgie und Zusammengehörigkeit aus – Stimmungen, die dann mit

© Springer-Verlag GmbH Deutschland, ein Teil von Springer Nature 2018
S. Lancaster, *Winning Minds*,
https://doi.org/10.1007/978-3-662-57471-3_13

der Supermarktkette Sainsbury's zu Weihnachten in Verbindung gebracht wurden.

Die Geschichte bietet eine Fülle zutiefst emotionaler und symbolträchtiger Episoden: Episoden, die uns tief im Inneren berühren und uns an unser gemeinsames Menschsein erinnern – unsere gemeinsamen Hoffnungen und Ängste. Vietnam. Live Aid. Ein Mann auf dem Mond. Der Platz des himmlischen Friedens. Der Fall der Berliner Mauer. Diese Riesenereignisse treffen uns wie in ein Schlag. Sie lösen weltweit ein Echo aus. Doch wir können auch noch weiter zurückgehen: zu Cäsars Sturz, der Magna Carta oder der Entdeckung Amerikas. Auch das sind ganz große Ereignisse. Große Führer nutzen Geschichten wie diese für sich – und die Wirkung kann fantastisch sein.

> Die Geschichte bietet eine Fülle zutiefst emotionaler und symbolträchtiger Episoden.

Selbst die kürzesten Anspielungen können sich als unglaublich kraftvoll erweisen. Das berühmte Bild des vietnamesischen Mädchens, das nackt rennt, von Napalm verbrannt, kann ein mächtiges Gefühl der Scham auslösen. Ein rascher Blick auf den Mann, der auf dem Platz des himmlischen Friedens vor einem Panzer steht, kann Stolz auslösen. Ein rascher Blick auf Gandhi, der in seiner blutgetränkten Kleidung fortgetragen wird, kann eine Welle der Trauer auslösen.

Unsere Anspielungen müssen nicht traumatisch sein: Sie können auch festlicher sein. Pelé erzielt ein Tor. Die Beatles haben ihren ersten großen Hit. Einstein entdeckt die Relativitätstheorie. Verschiedene Menschen ziehen Geschichten von unterschiedlichen Orten heran. Ihre Wahl der Geschichten liefert Hinweise darauf, wer sie sind. Doch große Führer können Episoden aus der Geschichte auch einsetzen, um die Menschen umzuhauen, mitzunehmen und an einen neuen Ort zu versetzen (Abb. 13.1).

Abb. 13.1 Die große Kraft der Geschichte

Geschichte gestalten

Churchill sagte, dass die Geschichte nett zu ihm sei, weil er vorhabe, sie zu schreiben. Führer haben die Gelegenheit, die Geschichte neu zu schreiben. Und sie schreiben Geschichte neu, um einen positiven Hintergrund für ihre eigene Herrschaft zu erschaffen. George W. Bush erzählte die Geschichte eines Landes, das mit roher Kraft und Mut errichtet wurde, da seine Präsidentschaft in eine Zeit der Angst fiel. Barack Obama erzählte die Geschichte eines Amerikas, in dem alles möglich war, weil er die Einheit fördern wollte. Geschichte ist subjektiv, nicht objektiv: Sie kann alles beweisen, was der Geschichtenerzähler möchte.

> Geschichte ist subjektiv, nicht objektiv: Sie kann alles beweisen.

Barack Obamas Botschaft an das amerikanische Volk war bekanntlich: „Yes, we can." (Ja, wir schaffen das.). Wie in Tab. 13.1 dargestellt, wäre es jedoch auch möglich gewesen, eine andere Perspektive einzunehmen, die besagte: „No, we can't." (Nein, wir schaffen das nicht.).

Tab. 13.1 „Yes, we can" oder „No, we can't"?

Yes, we can (aus Obamas Siegesrede in Chicago, 2008)	No, we can't (von Simon Lancaster)
Diese Wahlen haben viele Neuerungen hervorgebracht und viele Geschichten, die man sich noch in den nächsten Generationen erzählen wird. Eine, an die ich mich heute Abend erinnere, ist die von einer Frau, die heute ihre Stimme in Atlanta abgegeben hat. Sie unterscheidet sich kaum von den Millionen Menschen, die heute in der Schlange standen, um bei dieser Wahl Gehör zu finden – mit einer Ausnahme: Ann Nixon Cooper ist 106 Jahre alt	Diese Wahlen haben viele Neuerungen hervorgebracht und viele Geschichten, die man sich noch in den nächsten Generationen erzählen wird. Eine, an die ich mich heute Abend erinnere, ist die von einem Mann, der seine Stimme in Washington abgegeben hat. Er unterscheidet sich kaum von den Millionen Menschen, die heute in der Schlange standen, um bei dieser Wahl Gehör zu finden – mit zwei Ausnahmen: John Edward Wallace ist 58 Jahre alt, und er ist mein Fahrer
Sie ist gerade mal eine Generation nach dem Ende der Sklaverei geboren worden, zu einer Zeit, in der keine Autos auf den Straßen und keine Flugzeuge am Himmel waren. Als jemand wie sie aus zwei Gründen nicht wählen durfte: Weil sie eine Frau ist und wegen ihrer Hautfarbe	Er ist gerade mal eine Generation vor Sgt. Pepper geboren worden – in einer Zeit, in der es kein Internet gab, kein Kabelfernsehen, keinen Justin Bieter, keine Kristen Stewart

(Fortsetzung)

Tab. 13.1 (Fortsetzung)

Yes, we can (aus Obamas Siegesrede in Chicago, 2008)	No, we can't (von Simon Lancaster)
Und heute Nacht denke ich an all das, was sie in ihrem Jahrhundert in Amerika erlebt hat – all den Kummer und all die Hoffnungen, die Kämpfe und den Fortschritt. An die Zeiten, in denen uns gesagt wurde, dass wir es nicht schaffen, und an die Menschen, die weiterhin an den amerikanischen Traum geglaubt haben: Ja, wir schaffen das	Und heute Nacht denke ich an all das, was er in seinem Leben gesehen hat – die Tränen und Sorgen, den Zweifel und die Verzweiflung, die Faulheit und den Verlust. An die Zeiten, in denen uns gesagt wurde, dass wir alles schaffen könnten, und an die Menschen, die mit jenem amerikanischen Traum reagierten: Nein, wir schaffen das nicht
Als Frauenstimmen zum Schweigen gebracht und ihre Hoffnungen nicht beachtet wurden, hat sie weitergelebt, um Frauen irgendwann aufstehen, ihre Meinung sagen und schließlich wählen zu sehen. Ja, wir schaffen das	Als Prediger, Präsidenten und Präsidentschaftskandidaten aufstanden, ihre Meinung sagten und die Wahlen anstrebten, sah er, wie sie abgelehnt, niedergeschossen und durch Kugeln zum Schweigen gebracht wurden. Nein, wir schaffen das nicht
Als Hoffnungslosigkeit und Depression sich im Land breit gemacht haben, hat sie eine Nation erlebt, die ihre eigene Angst überwunden und den New Deal, neue Jobs und einen neuen Sinn für die gemeinsame Bestimmung geschaffen hat. Ja, wir schaffen das	Als die Welt auf uns blickte und Führung suchte, sah er, dass wir Bomben über Laos abwarfen, Massaker in Vietnam begingen und uns in unzähligen nutzlosen Einsätzen im Mittleren Osten engagierten. Nein, wir schaffen das nicht

(Fortsetzung)

Tab. 13.1 (Fortsetzung)

Yes, we can (aus Obamas Siegesrede in Chicago, 2008)	No, we can't (von Simon Lancaster)
Als Bomben auf unser Hauptquartier fielen und die Welt unter Tyrannei litt, war sie Zeugin einer Generation, die zu neuer Größe aufstieg und die Demokratie rettete. Ja, wir schaffen das	Als wir der Welt die Macht unserer Demokratie verkündeten, sah er, wie in Büros eingebrochen, Waffen illegal verkauft und Präsidenten angeklagt wurden. Nein, wir schaffen das nicht
Sie war da, in den Bussen von Montgomery, an den Tankschläuchen in Birmingham, an der Brücke in Selma, als ein Priester aus Atlanta den Menschen „We shall overcome" (Wir werden es überwinden) predigte. Ja, wir schaffen das	Er war da, bei den Aufständen in Los Angeles, den Schüssen in Columbine und als der Anwalt den Geschworenen sagte: „Der Handschuh passt nicht? Ein Freispruch ist Pflicht." Nein, wir schaffen das nicht
Ein Mann betrat den Mond, die Mauer in Berlin fiel, und die Welt wurde durch unsere eigene Wissenschaft und Vorstellungskraft vernetzt. Und in diesem Jahr, bei diesen Wahlen, hat sie mit ihrem Finger einen Bildschirm berührt und ihre Stimme abgegeben. Denn nach 106 Jahren in Amerika, nach den besten Zeiten und den dunkelsten Stunden, weiß sie, wie sich Amerika verändern kann. Ja, wir schaffen das	Ein Rockstar starb auf einer Toilette. Ein Filmstar schoss sich eine Kugel in den Kopf. Jeder Sinn für eine globale Einheit ist verloren gegangen. Und in diesem Jahr, bei diesen Wahlen, hat er mit seinem Finger einen Bildschirm berührt und seine Stimme abgegeben. Denn nach 58 Jahren in Amerika, nach den besten Zeiten und den dunkelsten Stunden, weiß er, dass Amerika sich nicht verändern kann. Nein, wir schaffen das nicht

Aktualität

Führer können auch aktuelle Ereignisse gestalten, um Punkte zu machen. Das ist von dem abhängig, was geschieht: Das Finale einer Castingshow, der Kinostart eines bedeutenden Films, die Geburt eines Königskindes, ein historischer Jahrestag ... All das hat das Potential, die Menschen mitzureißen.

Ich persönlich fand es sehr inspirierend, als Felix Baumgartner 2012 aus einem Heißluftballon in fast 40 km Höhe absprang, frei fallend aus dem All mit einer Geschwindigkeit von über 1350 km pro Stunde. Als das passierte, war das eine wirklich bedeutende Nachricht. Als ich es sah, hatte ich meine Tochter Lottie auf dem Schoß: Wir waren beide fasziniert (Oxytocin und Cortisol natürlich). Wenn Sie wollen, dass Oxytocin und Cortisol ausgeschüttet werden, sollten Sie sich einfach dieses Video ansehen. Doch Sie können dieses Ereignis auch nutzen, um Ihre Meinung zu unterstreichen – wie diese auch immer aussehen mag. Tatsächlich können Sie meiner Ansicht nach mit einer sorgfältigen Positionierung fast jede Geschichte verwenden, um fast jede beliebige Meinung zu unterstreichen. Tab. 13.2 zeigt Ihnen, wie die Geschichte rund um den Fallschirmsprung genutzt werden kann, um ein Plädoyer sowohl für als auch gegen Regulierung zu halten.

Tab. 13.2   Ein Fallschirmsprung: Für oder gegen Regulierung?

Ein Plädoyer für Regulierung	Ein Plädoyer gegen Regulierung
Habt ihr alle den tollen Fallschirmsprung letztes Wochenende gesehen? War das nicht unglaublich? Als ich das sah, dachte ich zuerst, er muss verrückt sein. Doch als ich ihn dann im Interview sah, wurde mir klar, dass er nicht verrückt war: Sein Sprung war Schritt für Schritt sorgfältig vorbereitet. Er hat Jahre mit Training verbracht und mit den Besten gearbeitet. Als der Tag des Sprungs näherkam, hat er seine Pläne immer wieder überdacht und korrigiert. An dem ursprünglich geplanten Tag sagte er den Fallschirmsprung ab, da das Wetter nicht paste. Als er mit dem Ballon nach oben stieg, bemerkte er, dass sein Schutzschirm beschlug, doch er beschloss, trotzdem weiterzumachen, da er wusste, dass das Kontrollteam am Boden ihn auf dem Laufenden halten konnte. Während seines Sprungs begann er, sich unkontrolliert zu drehen. Er wusste, dass er das Drehen stoppen konnte, indem er einen Buckel machte, doch er hatte Sorge, dass er dadurch seinen Rekordversuch zunichtemachen könnte. Was er tat, war also nicht leichtsinnig, sondern in jedem einzelnen Schritt sorgfältig durchdacht, berechnet und gegen die Risiken abgewogen. Genau so müssen wir bei der Regulierung vorgehen …	Habt ihr alle den tollen Fallschirmsprung letztes Wochenende gesehen? War das nicht beeindruckend? Ist es nicht beeindruckend, was Menschen erreichen können, wenn sie sich auf etwas konzentrieren? Derselbe Drang hat dazu geführt, dass die Menschen das Penicillin entdeckt, den Düsenantrieb erfunden und das Internet entwickelt haben. Der menschliche Geist packt jedes Problem an, mit dem er konfrontiert ist. Im Augenblick haben wir es mit einigen ernsten Problemen zu tun. Klimawandel. Terrorismus. Die schlimmste Finanzkrise seit 70 Jahren. Das Schlechteste, was wir jetzt tun könnten, wäre, die Freiheit der Menschen einzuschränken. Das könnte verhindern, dass wir den Weg aus dieser Krise finden. Wir brauchen nicht mehr Regulierung, sondern weniger …

Moderne Legenden

Wenn Sie keine historische oder aktuelle Geschichte nutzen möchten, können Sie immer auch auf eine Legende zurückgreifen. Zu bestimmten Zeiten waren bestimmte Legenden verbreitet. 2015 schien es modern zu sein, von der „brennenden Plattform" zu sprechen. Vielleicht haben Sie davon gehört. Es geht um einen Mann, der auf einer Ölplattform arbeitet. Er stellt fest, dass die Plattform Feuer gefangen hat. Er klettert zum Rand der Plattform und steht vor einer schrecklichen Wahl. Was soll er tun? Stehenbleiben und warten, bis die Flammen ihn verschlingen? Oder in das eiskalte Wasser springen und um sein Leben schwimmen?

Das ist in zweierlei Hinsicht eine tolle Geschichte. Wenn sie erzählt wird, identifizieren die Menschen sich mit der Hauptperson, sodass Oxytocin ausgeschüttet wird. Außerdem wird durch die Beschreibung des Dilemmas Cortisol freigesetzt. Allerdings fehlt der dritte wichtige Schritt: Die Auflösung. Das Dopamin.

Stephen Elop erzählte den Nokia-Mitarbeitern die Plattform-Geschichte, als er Chef wurde. Freunde von mir arbeiteten damals bei Nokia. Ich hörte, dass die Belegschaft zwiegespalten war: Manche meinten, diese Botschaft sei notwendig, während andere meinten, sie sei übertrieben und über das Ziel hinausgeschossen.

Meiner Ansicht nach liegt das Problem bei der Plattform-Geschichte darin, dass sie großen Stress ohne Auflösung bietet. Die Menschen zu stressen, ist kein guter Weg, um einen Wandel zu erreichen. Wenn in den Gehirnen der Menschen Cortisol fließt, liegt ihr Fokus darauf, die Bedrohung loszuwerden. Sie können an nichts anderes denken. Das macht Veränderungen, Innovation und Wandel unmöglich. Wenn Sie wirklich Veränderungen begünstigen möchten, besteht eine bessere Strategie darin, den Menschen ein Gefühl der Zufriedenheit mit sich selbst zu vermitteln. Anstelle von Cortisol wollen wir Serotonin, Oxytocin und Dopamin. Dann kann der Appell an Werte Wirkung zeigen. Und damit kommen wir zum nächsten Kapitel in der Sprache der Menschenführung.

14

Der Wert unserer Werte

Ein System der Moral, das auf relativ emotionalen Werten basiert,
ist reine Illusion – eine vollkommen triviale Vorstellung, die nichts
Vernünftiges oder Wahres in sich hat.
Sokrates

Werte sind – wie das Wort schon vermuten lässt – die Dinge im Leben, die wir am meisten schätzen. Während unsere Meinungen und Einstellungen sich rasch ändern können, bleiben unsere Werte und Überzeugungen tendenziell unser Leben lang erhalten.

Jeder hat andere Werte, und jedermanns Werte sind einzigartig. Unsere Werte werden durch unsere einzigartige Sammlung an Erfahrungen geformt, unsere Erziehung und unsere Religion (sofern wir eine haben). Unsere Werte sind

© Springer-Verlag GmbH Deutschland, ein Teil von
Springer Nature 2018
S. Lancaster, *Winning Minds*,
https://doi.org/10.1007/978-3-662-57471-3_14

so etwas wie unser ideelles GPS. Sie sagen uns, welchen Weg wir einschlagen sollen. Sie legen fest, wie wir denken, fühlen und handeln.

Jedermanns Werte sind einzigartig.

Große Führer wissen, wie sie sich diese Werte zunutze machen. Sie nutzen Werte, um zu führen, um dafür zu sorgen, dass den Menschen wichtig ist, was sie tun, um für mehr Konzentration und härtere Arbeit zu sorgen. Nehmen wir einmal an, Sie leiten ein Busunternehmen. Die Busfahrer halten ihren Job vielleicht für trist. Ein guter Chef würde sie an die Kraft des menschlichen Kontakts erinnern (die Darlegung der Werte). Ein einfaches Lächeln. Eine kleine Geste. Die Berührung einer Hand. Er könnte erläutern, dass für die alte Dame, die morgens in den Bus einsteigt, der Busfahrer möglicherweise der einzige Kontakt im Laufe des Tages ist. Ein einfaches Ereignis wie die Frage, ob der Busfahrer sie mit einem Lächeln begrüßt oder nicht, könnte für sie darüber entscheiden, ob sie einen guten oder einen schlechten Tag hat … Indem Sie Werte anführen, können Sie für Engagement, Freude und Inspiration sorgen.

Große Führer erkennen, dass verschiedene Menschen verschiedene Werte haben und ihre Appelle entsprechend beurteilen. Jemand, der in einer kleinen Dorfgemeinschaft mit regelmäßigen Müllsammelaktionen, Erntefesten und gesellschaftlichen Ereignissen aufgewachsen ist, hat unter Umständen einen festen Glauben an das, was Menschen erreichen können, wenn sie zusammenarbeiten. Jemand, der in seiner Kindheit Grausamkeit und Missbrauch erfahren hat, glaubt vielleicht: Wenn Sie wollen, dass etwas gut gemacht wird, sollten Sie es selbst tun, denn Sie können sich auf niemand anderen verlassen. Der große Führer erkennt diese unterschiedlichen Hintergründe und versucht, das Beste aus jedem herauszuholen, indem er Appelle auf der Grundlage ihrer jeweils einzigartigen Werte an sie richtet.

Gute Chefs verbinden Werte oft mit dem wichtigsten Unternehmensziel, dem sich Kap. 4 dieses Buches widmet. Das ist eine wirkungsvolle Mischung: Untersuchungen haben ergeben, dass Unternehmen mit einer höheren Zielsetzung und Werten den Markt in einem Verhältnis von zehn zu eins an Leistung übertreffen. Tab. 14.1 zeigt einige Beispiele, wie gute Chefs eine Verbindung zwischen Ziel und Werten herstellen. Besonders erfolgsversprechend

Tab. 14.1 Unternehmenszielsetzung und Werte verbinden

Führer	Ziel	Wert
Henry Ford, Ford	Das Auto demokratisieren: Ein Auto soll für alle Männer und Frauen erreichbar sein, die ein gutes Gehalt haben	Harte Arbeit sollte belohnt werden
Bob Shapiro, Monsanto	Den Hunger auf der Welt bekämpfen	Auf diesem Planeten sollte jeder genug zu essen haben
Laura Bates, „Everyday Sexism"	Gleichberechtigung herstellen	Die Menschen sollten fair behandelt werden

ist es, alltägliche Aufgaben mit diesen strategischen Zielsetzungen und tief verwurzelten Werten zu verbinden.

> Unternehmen mit einer höheren Zielsetzung und Werten übertreffen den Markt in einem Verhältnis von zehn zu eins an Leistung.

Wenn Werte kollidieren

Etwas in Werten zu verankern, ist relativ einfach. Diesem Thema habe ich mich in meinem Buch *Speechwriting: The Expert Guide* ausführlich gewidmet. Doch was passiert, wenn Werte kollidieren? Das ist ein zunehmend verbreitetes Dilemma. Denken Sie an jemanden, der in seinem Privatleben sehr auf Sauberkeit bedacht ist, aber für eine Firma arbeitet, die für große Verschmutzung sorgt. Denken Sie jemanden, der im Privatleben nur Fairtrade-Produkte kauft, aber für ein Unternehmen tätig ist, das seine Zulieferer schlecht behandelt. Oder denken Sie an jemanden, der sich im Privatleben äußerst verantwortungsbewusst verhält, aber für eine Firma arbeitet, die kein Problem damit hat, ihre Kunden im Stich zu lassen.

Viele Menschen haben mit einem Dilemma wie diesem zu kämpfen. In Kombination mit sozialem Druck kann das Menschen in die schwierige Situation bringen, dass sie sich gezwungen fühlen, sich zwischen ihren persönlichen Werten und den professionellen Pflichten zu entscheiden. Es liegt in der Verantwortung des Chefs, den Mitarbeitern dabei zu helfen, ihren Weg durch diese Dilemmata zu finden. Sie sollten nicht das Gefühl haben, dass es einen Konflikt zwischen ihrem Privat- und ihrem Berufsleben gibt. Jemanden zu bitten, seine persönlichen Werte aufzugeben, wenn er zur Arbeit kommt, ist so, als bäte man ihn, einen entscheidenden Teil seiner Persönlichkeit aufzugeben. Das sorgt unter Garantie dafür, dass er nicht in der Lage ist, 100 % zu geben; und dass er nur eingeschränkt leistungsfähig ist, führt wiederum dazu, dass er sich mit seiner Arbeit nicht verbunden fühlt.

Mir persönlich fiel es sehr schwer, Reden zu schreiben, die sich für den Irakkrieg aussprechen. Ich fühlte mich unglaublich unwohl mit der ganzen Angelegenheit: die fehlende Einigkeit, die Missachtung der Vereinten Nationen und reiche Staaten, die arme Staaten angreifen. Ich hatte ein mulmiges Gefühl, insbesondere als ich Parlamentsreden schrieb, die sich für den Krieg aussprachen. Meine beiden ältesten und engsten Freunde – Mike und Dave – wiesen mich grundlegend zurecht: Sie erinnerten mich daran, dass ich kein demokratisch gewählter Führer war, sondern den Job hatte, demokratisch gewählte Führer zu unterstützen. Oder, wie Mike es lapidar ausdrückte: „Für wen hältst du dich denn eigentlich? Robin Cook oder was?" Diese Verschiebung des Fokus half mir, die Dinge auf eine andere Weise zu betrachten. Nicht jeder war in der Lage, mit den kollidierenden Werten umzugehen: Einige Regierungsbeamte legten wegen des Irakkriegs ihre Arbeit nieder. Es war sehr schwierig, keine Frage, doch aus diesem Grund müssen große Führer immer auf die Werte der Menschen achten. Tun sie es nicht, können sie rasch gewaltige Probleme bekommen.

In manchen Unternehmen gibt es schriftlich fixierte Werte. Wenn das der Fall ist, müssen sie, um wirkungsvoll zu sein, genau die Werte der Menschen widerspiegeln und dürfen nicht einfach auf die Rückseite einer Schachtel Kippen gekritzelt worden sein. Ich habe einmal von einem Chef gehört, der in ein neues Unternehmen kam und an seinem ersten Tag dort verkündete: „So, hier sind Ihre neuen Werte." Es hatte keine Beratungen und keine Diskussion gegeben. Er zeigte eine PowerPoint-Folie mit lediglich fünf Worten darauf. Das waren die Werte des letzten Unternehmens, für das er gearbeitet hatte. Er hatte sich nicht einmal die Mühe gemacht, das Logo seines früheren Arbeitgebers zu entfernen. Und die Worte gehörten zu jenen, die einem sofort das Herz schwer werden lassen: Verantwortlichkeit, Genügsamkeit, Zusammenarbeit, Vielfalt und Belastbarkeit. Um Menschen emotional zu berühren, müssen wir eine emotionale Sprache verwenden. Damit kommen wir zum nächsten Geheimnis der Sprache der Menschenführung: Worte, die wir lieben.

Literaturverzeichnis und Endnoten

1. John Mackey (Chef von „Whole Foods") (2014): *Conscious Capitalism*, Boston: Harvard Business Review Press.

15

Wir lieben große Worte

Worte sind die mächtigste Droge, welche die Menschheit benutzt.
Rudyard Kipling

Das Problem in meinem Metier ist: Wenn jemand eine Rückmeldung zu einer Rede gibt, weiß ich, was er *wirklich* meint. Sagt jemand: „Hervorragend. Schön. Tolles Gefühl." weiß ich, dass ich ins Schwarze getroffen habe. Doch lautet die Reaktion: „Gut. Schöne Arbeit. Mir gefiel der Aufbau." weiß ich, dass ich es hätte besser machen können. Es gibt Worte, die Menschen nur verwenden, wenn sie emotional berührt sind, und andere Worte zeigen, dass sie sich nicht wirklich angesprochen fühlen.

Es ist so, dass Worte in unserem Gehirn nicht isoliert vorkommen. Jedes Wort ist von seinen eigenen Konnotationen,

© Springer-Verlag GmbH Deutschland, ein Teil von
Springer Nature 2018
S. Lancaster, *Winning Minds,*
https://doi.org/10.1007/978-3-662-57471-3_15

Erinnerungen und Assoziationen umgeben. Jedes Mal, wenn wir dieses Wort hören, schwingen diese Konnotationen, Erinnerungen und Assoziationen mit.

Ich weiß nicht, wie es Ihnen geht, aber jedes Mal, wenn ich Worte wie gemeinsam, Leistungsvergleich, Rahmen, Ergebnisse und Signal gehört habe, war das in einem außerordentlich langweiligen Kontext. Immer wenn ich diese Worte nun höre, kann mein Gehirn folglich gar nicht anders, als abzuschalten und eine lange Phase der Langeweile zu antizipieren. Es gibt hingegen auch Worte, die ich bisher nur in guten Zeiten gehört habe: Schatz, Liebe, Champagner, Diamanten, Schokolade – diese Worte lösen eine große emotionale Resonanz aus. Diese Worte lassen mich aufhorchen. Während manche Worte prickeln und knistern, fallen andere durch. Und das beeinflusst, wie die Menschen sich verhalten.

> Manche Worte prickeln und knistern, andere fallen durch.

Die Harvard University hat eine faszinierende Studie mit einer Gruppe älterer Menschen durchgeführt. Diese wurden gebeten, ein Computerspiel zu spielen, das ihre mentalen Fähigkeiten testete. Die Senioren wussten nicht, dass unterschwellig Worte auf dem Bildschirm aufleuchteten, während sie spielten. Bei einer Hälfte der Gruppe wurden positive Worte eingeblendet wie klug, aufgeweckt und versiert, während die andere Hälfte negativere Worte erhielt wie senil, abhängig und krank. Die Gruppe mit den positiven Begriffen ging nach dem Test um zehn Prozent

schneller.[1] Die Verwendung von Worten mit positiven
Assoziationen kann also die Leistung um zehn Prozent
steigern.

> Worte mit positiven Assoziationen können die Leistung um
> zehn Prozent steigern.

Große Führer wählen ihre Worte mit Sorgfalt. Sie finden
Worte, die ihre Ziele eher unterstützen, als sie zu sabotie-
ren. Sofern es angebracht ist, finden sie Worte, die eine
emotionale Resonanz finden. Das soll allerdings nicht
heißen, dass Führer die Leute immer emotional berühren
wollen. Manchmal wollen Führer bewusst langweilig
sein. Viele Politiker und Geschäftsleute halten das Lang-
weilig-Sein für eine unverzichtbare Taktik. Das ist okay,
solange das wirklich ihr Ziel ist. Manchmal wollen Führer
aktiv die Emotionen aus einer Situation nehmen: Während einer Phase der Umstrukturierung oder Entlassungen
kann es zum Beispiel sein, dass wir eine weniger emotional geladene Sprache verwenden wollen. Ausdrücke wie
Kollateralschaden und Eigenbeschuss dienen in Kriegs-
zeiten einem ähnlichen Ziel.

Doch zu viele Führer sind eher standardmäßig als
absichtlich langweilig. Wenn Sie Leute loben und
inspirieren wollen, dass sie in Zukunft größere Taten
vollbringen, müssen Ihre Worte emotional sein. Eine
Aussage wie: „Ihre Leistung ging bedeutend über die
Anforderungen hinaus." wird niemanden emotional
berühren. Da wäre es besser, etwas zu sagen wie: „Ich fand

es toll, was Sie dieses Jahr geleistet haben. Es war klasse. Wirklich klasse."

Doch wie können wir diese emotionalen Worte finden? Wenn wir wirklich ernsthaft und analytisch an die Sache herangehen wollen: Ein paar amerikanische Professoren – James Pennebaker, Roger Booth und Martha Francis – haben eine Software entwickelt, die systematisch Texte und Gruppen analysiert und im Hinblick auf verschiedene Emotionen bewertet (z. B. Wut, Hoffnung, Leidenschaft, Scham usw.). Die Software ist unter www.liwc.net verfügbar. Das ist manchmal erstaunlich, manchmal amüsant, aber grundsätzlich subjektiv.

Ein anderer Weg besteht darin, Ihre eigene Sprache zu finden. Sie können alle Quellen verwenden, die Ihnen gefallen. Ich habe das auf eine sehr schnelle und einfache Weise getan und schlicht die besten Zitate von Disney sowie die größten Songs der Beatles genommen und daraus Schlagwortwolken zusammengestellt. (Übrigens: Sie können Ihre eigenen Schlagwortwolken erstellen, wenn Sie wollen. Kopieren Sie einfach Ihren Text in www. wordle.net – dann wird daraus automatisch eine Schlagwortwolke erzeugt.) Ich vermute, dass Disney und die Beatles einen guten Ruf haben, wenn es darum geht, Menschen emotional zu berühren. Ihre Schlagwortwolken sind ziemlich interessant. Sie werden sehen, dass sich einige Worte wiederholen.

Als erstes folgt hier nun die Schlagwortwolke der wichtigsten Beatles-Songs:

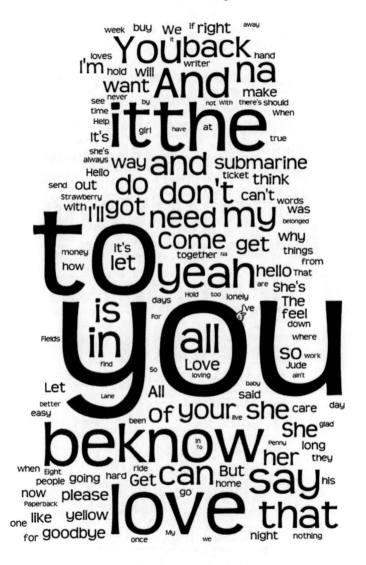

Und hier kommt die Schlagwortwolke der denk-
würdigsten Zeilen aus Disneys Topfilmen:

Sie können sehen, wie sehr sich die Worte in den beiden Schlagwortwolken ähneln. Doch das Beispiel auf der
nächsten Seite ist ein typisches Beispiel aus dem öffentlichen Dienst.

Ein bisschen anders, nicht wahr? Erstellen Sie eine Schlagwortwolke aus Ihren wichtigsten Dokumenten. Denken Sie, dass Sie emotional genug sind für Ihren Zweck? Denken Sie, Sie könnten eine emotionalere Sprache verwenden?

Schummellliste

Es gibt andere Worte, die ich mir wie Wortbomben vorstelle: Worte, die sich als explosiv erweisen können, wenn sie zur rechten Zeit am rechten Ort fallen gelassen werden. Die Liste in Tab. 15.1 basiert nicht auf wissenschaftlichen Untersuchungen, sondern einfach auf Erfahrungen. Das sind Worte die – für mich – eine schnelle Abkürzung zu den Gefühlen liefern. Es sind Oxytocin- und Serotonin-Worte, Wohlfühl-Worte: Worte, die in der Sprache der Menschenführung immer wieder auftauchen.

Es gibt eine Reihe von anderen Worten, die Sie zu jenen in Tab. 15.1 hinzufügen könnten: „Traum" (sagte Martin Luther King: „Ich habe eine globale Strategie?"), „glauben" (sagen Sie niemals „denken", sondern immer „glauben" – seien Sie nicht halbherzig, zeigen Sie Überzeugung!), „vorstellen" (ein Wort, das einen sofort an einen besseren Ort transportiert) und viele weitere. Stellen Sie vielleicht Ihre eigene kleine Liste zusammen, mit Lieblingsworten für Oxytocin und Serotonin.

Tab. 15.1 Wortbomben

Ich, mir, du, dir, uns, unser	Für ein tolles Gespräch müssen Menschen anwesend sein. Sie brauchen Leute, die reden und zuhören. Der einfachste Weg, das zu erreichen, ist die Verwendung von Pronomen wie ich, mir, mein, du, dir, dein, wir, unser, uns, und so weiter. In akademischen Texten fehlen Pronomen seltsamerweise. Dadurch wirkt der Inhalt ungewöhnlich distanziert und unpersönlich, ohne Gefühl für den Verfasser oder Leser. In der Sprache der Menschenführung hingegen werden Pronomen überproportional häufig verwendet. Barack Obama sagte: „Ja, wir schaffen das.", nicht „Der Wandel ist möglich.". Steve Jobs bezeichnete seine Smartphones nicht als moderne Handys, sondern als iPhones (I = ich). Paul McCartney gab einmal ein Interview, in dem er erklärte, dass die Songs der Beatles durch Pronomen so „sehr persönlich" wurden ... „Please Please Me", „From Me to You", „PS I Love You", „She Loves You"
Groß	Das Wort „groß" hat schon immer tief berührt – von „großen Erwartungen" bis zu „Der große Gatsby", von IBM bis zu dem Tiger Tony in der Kellogg's-Werbung, von „Großmacht" bis „großartig". Ein Wort wie „groß" wird von Familienangehörigen, Freunden und netten Lehrern verwendet. Nicht gut, sondern großartig. Im Geschäftsleben hat „großartig" das Wort „hervorragend" inzwischen verdrängt
Liebe	Wenn es wirklich darauf ankommt, ist für uns alle Liebe das Allerwichtigste. Und wenn das Wort verwendet wird, denken wir an jene Bedürfnisse. Das Wort „Liebe" kommt überall im Geschäftsleben und insbesondere in der Werbung vor – von „Ich liebe es." (McDonald's) über „Liebe die Haut, in der du steckst." (Olay) bis hin zu „Wir lieben Fliegen." (Condor)

Es lohnt sich zu betonen, dass Worte in Mode kommen und auch wieder unmodern werden können. „Excellence" stand in den 1980er-Jahren in Großbritannien ganz hoch im Kurs – Exzellenz im Bauwesen, Exzellenz im Personal, Exzellenz im Management. Dann kam die Science-Fiction-Komödie *Bill and Ted's Excellent Adventure* (im Deutschen: „Bill & Teds verrückte Reise durch die Zeit") – und das war's. Vorbei. Wer weiß, was als nächstes modern wird?

Eine Wortbombe kann dafür sorgen, dass die Menschen eine ansonsten langweilige Prosa wahrnehmen. Eine führende Ideenschmiede aus dem Bildungsbereich namens „Sutton Trust" veröffentlichte vor kurzem einen empirischen Bericht über die pädagogische Forschung. Das klingt nicht so brillant, aber sie gaben ihm den Titel „What makes great teaching" (Was macht tolle Lehre aus?), und – Bumm! – schon erhielt der Bericht jede Menge Aufmerksamkeit.

Die reine Erwähnung des Wortes „Liebe" macht aus einem funktionalen Satz eine emotionale Aussage. Kürzlich sah ich Mädchenkleider mit der Kennzeichnung „made with love in India" (mit Liebe in Indien hergestellt). Das ist ein bisschen netter als einfach nur „made in India" (hergestellt in Indien), wodurch beispielsweise Bilder von Ausbeuterbetrieben heraufbeschworen werden könnten. Später sah ich im Haus eines Freundes eine Kiste mit Bio-Gemüse, die angeblich „mit Liebe von Emma gepackt" worden war. Beide Produkte waren für einen Aufschlag von 50 % auf den normalen Marktpreis zu haben. Für Geld können Sie sich zwar keine Liebe kaufen, aber Liebe kann Ihnen Geld einbringen. Dieser Gedanke ist eine schöne Überleitung zum nächsten Kapitel, in dem es um die Kraft der Liebe geht.

Literaturverzeichnis und Endnoten

1. Jeffrey Hausdorff, Professor für Medizin an der Harvard University.

16

Schmeichelei und Liebe

*Schmeichelei baut eine bedrückte Seele auf, tröstet den Traurigen,
bewegt den Apathischen, regt den Phlegmatiker an, muntert den
Kranken auf, zügelt den Eigensinnigen, führt Liebende zueinander
und hält sie vereint.*

Erasmus

Dem *Guinness-Buch der Rekorde* zufolge war der erfolg-
reichste Geschäftsmann der Geschichte ein Typ aus Det-
roit namens Joe Girard. Von 1963 bis 1978 verkaufte
er sage und schreibe 13.001 Auto in einem Chevrolet-
Autohaus, brachte es also durchschnittlich auf sechs Auto-
verkäufe am Tag. Wenn er nach seinem Erfolgsgeheimnis
gefragt wurde, erklärte er: „Die Menschen wollen ein faires
Geschäft mit jemandem, den sie mögen." Und wie brachte

© Springer-Verlag GmbH Deutschland, ein Teil von
Springer Nature 2018
S. Lancaster, *Winning Minds,*
https://doi.org/10.1007/978-3-662-57471-3_16

er die Leute dazu, dass sie ihn mochten? „Ganz einfach", antwortete er. „Ich sage ihnen, dass ich sie mag."

Schmeichelei ist eine der ältesten Techniken, die in diesem Buch beschrieben werden. Aristoteles schrieb in *Rhetorik:* „Es ist nicht schwer, Athener unter Athenern zu preisen." Die ersten Worte des allerersten Erzbischofs von Canterbury, als er nach Südengland kam, waren: „Das sind keine Angles [also Engländer], sondern Engel!" Auch Machiavelli schrieb in *Der Fürst* eine Menge über Schmeichelei; doch Schmeichelei wurde nicht nur in alten Zeiten praktiziert, sondern ist heute noch genauso wirkungsvoll. Auch wenn das Wort eine negative Konnotation hat: Es geht nur darum, Menschen das zu geben, was sie brauchen. Wir lieben es alle, geliebt zu werden, wir lieben es alle, gefeiert zu werden, selbst wenn wir wissen, dass dieses Feiern nicht ganz ehrlich ist.

Es gibt eine Studie über ein Geschäft, das wahllos Postwurfsendungen an all seine Kunden verschickte. Die Postwurfsendungen steckten voller vorgetäuschtem Lob, vollkommen überzogen: „Wir sind begeistert, Kunden wie Sie zu haben, die so modebewusst, elegant, stilvoll und schick sind."[1] Obwohl die Empfänger wussten, dass die Komplimente nicht aufrichtig waren, hatten sie danach ein herzlicheres Verhältnis zu diesem Geschäft. Außerdem war infolge jener Komplimente die Wahrscheinlichkeit gestiegen, dass sie in diesem Geschäft Geld ausgaben. Der Forschungsbericht wurde „Insincere flattery actually works" (Unaufrichtige Schmeichelei funktioniert tatsächlich) genannt.

Warum Schmeichelei funktioniert

Wenn Menschen gelobt werden, wird in ihrem Gehirn Serotonin ausgeschüttet, sodass sie sich stolz und selbstbewusst fühlen. Serotonin ist die Stolz-Droge, die Statussymbol-Droge, dieselbe Droge, die uns ein tolles Gefühl gibt, wenn wir einen neuen Anzug kaufen oder eine Menge „Gefällt mir"-Klicks auf Facebook erhalten. Serotonin sorgt dafür, dass die Leute sich großartig fühlen: Und es wird nicht nur bei der Person ausgeschüttet, die das Lob erhält – Studien haben gezeigt, dass bei der lobenden Person ebenfalls der Serotoninspiegel steigt. Dadurch entsteht eine Verbindung zwischen ihnen, was wiederum zu einer Oxytocin-Ausschüttung führt. Doch das ist noch nicht alles: Da Menschen immer auf Lob aus sind, erfüllt ein tolles Feedback ihre Erwartungen – und dadurch wird wiederum Dopamin ausgeschüttet.[2]

Deshalb steigert Schmeichelei die Leistung, das Engagement und die Verbindlichkeit. Sie sorgt dafür, dass die Menschen sich klasse fühlen. Das ist das Gesetz der Wechselwirkung – das grundlegendste Gesetz der menschlichen Interaktion.[3] Wenn Sie dafür sorgen, dass Menschen sich toll fühlen, werden sie sich verpflichtet fühlen, etwas zurückzugeben. Eine Studie hat gezeigt, dass Komplimente die Anzahl der Menschen, die zu helfen bereit sind, um 30 % steigern können.[4] Und Leute, die für Sie arbeiten, werden härter arbeiten als jemals zuvor.

> Komplimente können die Anzahl der Menschen, die zu helfen bereit sind, um 30 % steigern.

Die Bereitschaft zur Unterstützung fördern

Geben Sie also ein wenig Liebe … Wenn es gut läuft, schauen Sie aus dem Fenster; wenn es schlecht läuft, schauen Sie in den Spiegel. Tadeln Sie unter vier Augen, loben Sie in der Öffentlichkeit. Hören Sie auf, sich darauf zu konzentrieren, was die Menschen falsch machen – schauen Sie sich an, was sie richtig machen. Sollte es Ihnen schwer fallen, das Gute zu sehen, versuchen Sie, sich daran zu erinnern, dass sie auch nur Menschen sind, mit Müttern, Vätern und Familien, die sie lieben. Als ihr Chef ist es Ihre Aufgabe, ebenfalls ein bisschen Liebe zu geben.

Nicht vergessen: Der Großteil des Drucks lastet nicht auf den Spitzenkräften eines Unternehmens, sondern auf den kleineren Angestellten.[5] Die Todesrate ist in der unteren Ebene vier Mal höher als in der Führungsetage.[6] Es liegt in Ihrer Verantwortung, den Stress zu erleichtern. Ein niedriger Serotoninspiegel kann Menschen aggressiv, wütend und impulsiv machen. Ein hoher Serotoninspiegel macht die Menschen selbstbewusst, stark und leistungsfähig. Was würden Sie bei Ihrer Belegschaft bevorzugen?[7] Es gibt zwei Wege, den Serotoninspiegel anzuheben: ein Antidepressivum und Lob. Was ist wohl besser?

Das Fazit hieraus: Wie frustriert Sie sich auch immer fühlen mögen – es ist kontraproduktiv, es zuzugeben. Suchen Sie also immer nach etwas, das Sie loben können –

irgendetwas, wenn es auch noch so klein sein sollte. Sie können Ihre eigene Perspektive und die Leistung Ihres Teams ändern. Außerdem fühlen Sie sich dadurch besser. Was können Sie schon verlieren?

Manche Menschen zerbrechen sich über Schmeichelei den Kopf. Sie machen sich Sorgen, dass ihre Motive durchschaubar sein könnten. Machen Sie sich keine Sorgen: Die meisten Menschen stellen Lob nicht infrage. Tatsächlich glauben die meisten Menschen sowieso, sie seien besser als sie in Wirklichkeit sind. Wer glaubt schon, er sei beim Autofahren oder Sex schlechter als der Durchschnitt? Es besteht also die Chance, dass sie einfach davon ausgehen, dass Sie ehrlich sind. Wenn Sie sich Sorgen machen, können Sie Ihr Lob immer auch mit Worten einleiten wie: „Ich weiß, dass Sie das nicht hören wollen, aber …". Oder Sie können Ihre Rückmeldung durch einen Dritten übermitteln lassen: Wenn Sie jemandem erzählen, sein Freund sei klasse, wird es sicher nicht lange dauern, bis dieser es erfährt.

Bei der Schmeichelei geht es einfach um die Berücksichtigung der Gefühle der Leute. Und wenn das unehrlich ist, ist Schmeichelei eine edle Unehrlichkeit. Ehrlichkeit ist nicht immer die beste Politik. Meine sechsjährige Tochter kann so ehrlich sein, dass es vernichtend ist; sie zeigt im Café auf Menschen und sagt: „Der ist fett, oder?" und „Daddy, wird diese Frau sterben?" Das ist wie die Aussage des britischen Comedians Frank Skinner: „Das war der zweihundertfünfundvierzigstbeste Sex, den ich in meinem ganzen Leben hatte." Das mag stimmen, aber manche Dinge sagt man besser nicht.

> Schmeichelei ist eine edle Unehrlichkeit.

Sehen Sie sich Tab. 16.1 an: Der Unterschied zwischen dem brutal ehrlichen Chef und dem Schmeichler. Wenn würden Sie lieber als Chef haben?

Schon überzeugt? Falls nicht, hat Ihnen vielleicht die Art gefallen, wie beide Chefs in der Tab. 16.1 Wiederholungen eingesetzt haben. Die Wiederholung ist ein weiterer Weg, das emotionale Gehirn zu erreichen. Und sie ist das nächste Element der Sprache der Menschenführung …

Tab. 16.1   Der ehrliche im Vergleich zum schmeichelnden Führer

Der ehrliche Führer	Der schmeichelnde Führer
Ich hasse solche Rituale. Kommt alle zusammen. Lasst uns die Gemeinschaft spüren. Argl. Seien wir ehrlich. Dieses Unternehmen ist nicht vereint. Lediglich zehn Prozent von Ihnen bringen das Unternehmen voran. Die anderen nehmen nur ihr Gehalt mit. Denken Sie, ich weiß nicht, dass Sie Ihren Tag auf Facebook verbringen? Denken Sie, ich weiß nicht, dass Sie zwei Stunden Mittagspause machen? Denken Sie, ich weiß nicht, dass sieben von Ihnen auf dem Arbeitscomputer an ihren eigenen Büchern schreiben? Das kann ich so nicht akzeptieren …	Ich werde oft gefragt, was mich im Alltag inspiriert. Die Antwort ist einfach. Das sind Sie. Das ist der Stolz, den ich fühle, wenn ich Sie bei der Arbeit sehe. Es ist die Leidenschaft, die ich fühle, wenn ich Sie frage, woran Sie arbeiten. Es ist die Entschlossenheit, die ich fühle, wenn ich Sie hier vor mir sitzen sehe. Sie sind die Menschen, die dafür sorgen, dass ich meinen Job liebe. Sie sind die Menschen, die dafür sorgen, dass ich mich mit Leib und Seele für dieses Unternehmen einsetze. Sie sind die Menschen, die dafür sorgen, dass ich morgens aus dem Bett springe

Literaturverzeichnis und Endnoten

1. https://archive.ama.org/archive/AboutAMA/Pages/AMA%20 Publications/AMA%20Journals/Journal%20of%20Marketing%20Research/TOCs/SUM_2010.1/Insincere_Flattery_ Actually_Works.aspx. Aufgerufen am 5.2.2015.
2. http://peakteams.com/blog/understanding-dopamine-3-are-as-leaders-can-make-an-impact-on-the-brain/. Aufgerufen am 5.2.2015.
3. Robert Cialdini (2007): *Influence: The Psychology of Persuasion*, New York: Harper Business Review Press.
4. http://businesslife.ba.com/Ideas/Trends/The-art-of-flattery. html. Aufgerufen am 20.4.2015.
5. http://unhealthywork.org/classic-studies/the-white-hall-study/. Aufgerufen am 5.2.2015.
6. S. Sinek (2014): *Leaders Eat Last: Why Some Teams Pull Together and Others Don't*, St. Ives: Portfolio Penguin, S. 30.
7. S. Kramer (1997): *Listening to Prozac: A Psychiatrist Explores Antidepressant Drugs and the Remaking of the Self*, London: Penguin Books.

17

Wiederholung. Wiederholung. Wiederholung

Die Menschen müssen eher erinnert als belehrt werden.

Samuel Johnson

Sonderberater der britischen Regierung sind, wie die Bezeichnung schon sagt, besonders. Manche sind besonders charmant. Andere sind besonders unausstehlich. Ich werde nie vergessen, dass ich einmal von einem besonders aggressiven Sonderberater hörte, der kurz nach der Ankunft in einem neuen Ministerium zu seinem Minister sagte: „Sie können der Presseabteilung nicht trauen, Sie können den Wirtschaftswissenschaftlern nicht trauen, Sie können den Anwälten nicht trauen ..." Und so ging es weiter. Sie können leicht sehen, wie diese Art der Wiederholung einen Neuankömmling verunsichern, ein Gefühl der Furcht und

© Springer-Verlag GmbH Deutschland, ein Teil von
Springer Nature 2018
S. Lancaster, *Winning Minds,*
https://doi.org/10.1007/978-3-662-57471-3_17

eine starke emotionale Reaktion auslösen kann. Genau das
tun Wiederholungen. Sie übermitteln Emotionen.

Wiederholungen übermitteln Emotionen.

Wenn wir auf das achten, was wir sagen, kommen Wiederholungen natürlicherweise in unseren Gesprächen vor. So
zum Beispiel bei dem Betrunkenen in der Bar, der sich
über seine Exfrau das Maul zerreißt („Sie hat mir mein
Haus genommen, sie hat mir meine Kinder genommen,
sie hat mir sogar den verdammten Hund genommen.").
Das ist ganz normal. Eine Idee setzt sich in unserem
Gehirn fest, also setzt sie sich auch in unserer Sprache fest.
Wiederholung in der Rede ist also eine natürliche Mani-
festierung eines emotional fixierten Gehirns.

Große Führer setzen Wiederholungen bewusst ein. Das
erzeugt die Illusion einer authentischen, spontanen Emotion, selbst wenn sie auf der Grundlage eines vorbereiteten
Textes sprechen. Das vielleicht berühmteste Beispiel dafür
war Winston Churchills „We Shall Fight on the Beaches"-
Rede: „Wir werden an den Stränden kämpfen, wir werden
an den Landungsplätzen kämpfen, wir werden auf den
Feldern und auf den Straßen kämpfen, wir werden in den
Hügeln kämpfen …" Churchill hätte das schneller sagen
können, wenn er gewollt hätte. Und wenn die „Plain English Campaign", der britische Sprachwächter, in der Downing Street gewesen wäre, hätte er vermutlich gesagt: „Nein,
Winston. Das können Sie deutlich schneller sagen. Warum

sagen Sie nicht einfach ‚Wir werden auf den Stränden, an den Landungsplätzen, auf den Feldern, auf den Straßen und Hügeln kämpfen?' und verzichten auf all diese sinnlosen Wiederholungen?" Doch die Wiederholungen waren nicht sinnlos. Die Wiederholungen vermittelten seine Emotion – seine Entschlossenheit und seinen Mut –, und das war der Zweck.

Ein weiteres berühmtes Beispiel ist Martin Luther King mit seiner „I have a dream"-Rede:

> Ich habe einen Traum, dass sich eines Tages diese Nation erheben und die wahre Bedeutung ihrer Überzeugung ausleben wird: Wir halten diese Wahrheit für selbstverständlich: Alle Menschen sind gleich erschaffen. Ich habe einen Traum, dass eines Tages auf den roten Hügeln von Georgia die Söhne früherer Sklaven und die Söhne früherer Sklavenhalter miteinander am Tisch der Brüderlichkeit sitzen können. Ich habe einen Traum, dass eines Tages selbst der Staat Mississippi, ein Staat, der in der Hitze der Ungerechtigkeit und in der Hitze der Unterdrückung schmort, in eine Oase der Freiheit und Gerechtigkeit verwandelt wird. Ich habe einen Traum, dass meine vier kleinen Kinder eines Tages in einer Nation leben werden, in der man sie nicht nach ihrer Hautfarbe, sondern nach ihrem Charakter beurteilt. Ich habe heute einen Traum!

Unternehmensberater hätten die Wiederholung mit an Sicherheit grenzender Wahrscheinlichkeit gestrichen und einfach die wichtigsten Elemente von Martin Luther Kings Traum als Aufzählungspunkte auf eine PowerPoint-Folie geschrieben.

Malala Yousafzai, eine der einflussreichsten jungen Führerinnen in unserer heutigen Welt, sagte in ihrer berühmten Rede vor den Vereinten Nationen:

> Ich spreche nicht für mich selbst, sondern für jene, die keine Stimme haben. Jene, die für ihre Rechte gekämpft haben. Ihr Recht, in Frieden zu leben. Ihr Recht, würdevoll behandelt zu werden. Ihr Recht auf Chancengleichheit. Ihr Recht auf Unterricht.

Wiederholungen funktionieren auf vielerlei Weise. Die Menschen nehmen die Leidenschaft wahr – jede Wiederholung fühlt sich wie ein stummer Faustschlag auf den Tisch an. Sie können das Muster vorhersagen, sodass als Belohnung Dopamin ausgeschüttet wird, wenn ihre Erwartungen erfüllt werden. Außerdem steigt die Wahrscheinlichkeit, die Menschen für sich einzunehmen, da das Argument vertraut wird. Studien haben gezeigt, dass Menschen eine Aussage bereitwilliger für wahr halten, wenn sie sie schon einmal gehört haben – unabhängig davon, ob sie wahr ist oder nicht.[1]

> Menschen halten eine Aussage bereitwilliger für wahr, wenn sie sie schon einmal gehört haben.

Wiederholungen können auf vielerlei unterschiedliche Weise eingesetzt werden. Manchmal werden Slogans wiederholt: Barack Obama wiederholte sein „Yes, we can" immer wieder in Fernsehsendungen, Reden, Interviews und bei Auftritten, über einen Zeitraum von zwei Jahren hinweg. Manchmal kann die Wiederholung von wenigen Worten wie „Das war falsch – vollkommen falsch." eine rhetorische Unterstreichung liefern. Das nutzte Neil Kinnock 1985 bei seiner Rede auf dem Parteitag der Labour Party, als er das „groteske Chaos" unter Regierungsmitgliedern kritisierte, die in Taxis herumwuselten, um Kündigungsschreiben „eines Labour-Gremiums – eines *Labour*-Gremiums" zu verteilen.

Manche Menschen wiederholen gern einzelne Worte immer wieder – ein wenig wie ein Hypnotiseur, der sanft in unser Unterbewusstsein eindringt. Gordon Brown sprach auf diese Weise: eine Schlagwortwolke einer seiner Reden weist typischerweise nur fünf oder sechs Worte auf, die im Vergleich zu allen anderen Worten unverhältnismäßig oft vorkommen. Sein generelles Muster bestand darin, ein einzelnes Wort ungefähr einmal pro Satz zu wiederholen, etwa zehn Sätze lang, und dann zu einem anderen Wort zu wechseln. Er nutzte diese Technik in einer wichtigen Rede, die er kurz vor dem Referendum über die Unabhängigkeit Schottlands hielt – eine Rede, von der manche sagen, sie habe die Waage zugunsten der Einheit beeinflusst. Diese Rede war unglaublich emotional, also passenderweise mit Wiederholungen gespickt.

Er verwendete das Wort „stolz" acht Mal innerhalb der ersten 120 Wörter: „Wir sind *stolz* auf unsere schottische Identität, *stolz* auf unsere charakteristischen schottischen Institutionen, *stolz* auf das schottische Parlament, das wir, nicht die Schottische Nationalpartei [SNP], gegründet haben, …"

Danach nutzte er wiederholt die Worte „wir" und „gemeinsam": „Und wir haben diese Kriege nicht nur gemeinsam gewonnen, wir haben gemeinsam für Frieden gesorgt, wir haben das Gesundheitssystem gemeinsam aufgebaut, wir haben den Wohlfahrtsstaat gemeinsam aufgebaut, wir werden die Zukunft gemeinsam gestalten …"

Anschließend folgte die wiederholte Verwendung der Worte „ihr" und „jedermann": „Und lasst uns den Nationalisten sagen, dass das nicht ihre Fahne ist, ihr Land, ihre Kultur, ihre Straßen. Das ist jedermanns Fahne, jedermanns Land, jedermanns Kultur und jedermanns Straße …"

Dann rückte das Wort „Risiko" in den Mittelpunkt: „Reales Risiko Nummer eins: die Ungewissheit in Bezug auf die Währung, nicht beantwortet von der SNP. Reales Risiko Nummer zwei: die drohende Nichtbezahlung von Schulden, nicht beantwortet von der SNP. Reales Risiko Nummer drei: 30 Milliarden Pfund an Reserven aufbauen zu müssen für das nationale Gesundheitssystem und den Wohlfahrtsstaat …"

Schließlich landete er bei dem Wort „Zuversicht": „Habt Zuversicht, habt Zuversicht morgen und habt genug Zuversicht, um mit all unseren Freunden zu sagen: Wir hatten keine Antworten. Sie [die SNP] weiß nicht, was sie tut. Sie führt uns in eine Falle. Habt Zuversicht und sagt zu unseren Freunden: Aus Gründen der Solidarität, der Beteiligung, der Gerechtigkeit und des Stolzes in Schottland kann die einzige Antwort um Schottlands willen und für Schottlands Zukunft nur sein, mit Nein zu stimmen."

Viele Kommentatoren meinten, das sei eine großartige Rede gewesen. Meiner Ansicht nach wies sie alle Kennzeichen des guten, alten Gordon Brown auf: Es gab die typischen Wiederholungen, den Wut und die Defensive – doch ausnahmsweise einmal war es die Art Rede, die das Volk wollte. Diese Methode hätte nicht so gut funktioniert, wenn er über die Partnerschaften örtlicher Unternehmen gesprochen hätte, doch in diesem Moment war er der richtige Mann.

Vorbehalte gegenüber dem Einsatz von Wiederholungen

Ich bin immer wieder beeindruckt, welche Kraft Wiederholungen haben. Schwarz auf Weiß kann das ein bisschen blöd aussehen – ein wenig wie eine Geschichte für Kinder, und das schreckt manche Menschen ab. Sowohl Martin Luther King als auch Winston Churchill waren wiederholt von ihren Beratern gedrängt worden, die Wiederholungen aus ihren Reden zu streichen, doch ich bin immer wieder beeindruckt von deren Kraft, die Menschen zu begeistern und in Hochstimmung zu versetzen. Durch Wiederholungen kann niemand über Ihre Botschaft hinweggehen.

Wiederholungen können in den unterschiedlichsten Zusammenhängen genutzt werden: von Marktständen („Ich verlange nicht £20, ich verlange nicht £15, ich verlange noch nicht einmal £10 …") über inspirierende Reden („Wir sind im Service toll, wir sind bei der Entwicklung neuer Ideen toll, wir sind toll darin, Großes zu vollbringen …") bis hin zu Investmentseminaren („Der Fonds hat sich 2012 nach oben entwickelt, der Fonds hat sich 2013 nach oben entwickelt, der Fonds hat sich 2014 nach oben entwickelt …").

In der Regel nicken die Menschen bei Wiederholungen – sofern Sie nicht etwas absolut Unsensibles sagen, wie es einst Jimmy Carter in einer Rede vor Feministinnen tat:

„Das amerikanische Volk glaubt an Gerechtigkeit." („Yeah!")
„Das amerikanische Volk glaubt an Fairness." („Yeah!")
„Das amerikanische Volk glaubt an Brüderlichkeit."
    („Buuuuh…!")

Wiederholungen sind die linguistische Form einer emotionalen Verankerung. Eine weitere Form der emotionalen Verankerung ist die Übertreibung: Damit kommen wir zum nächsten und letzten Kapitel des Teils, der sich der Frage widmet, wie man das emotionale Gehirn für sich gewinnt …

Literaturverzeichnis und Endnoten

1. L. Hasher, D. Goldstein and T. Toppino (1977): „Frequency and the Conference of Referential Validity", *Journal of Verbal Learning and Verbal Behavior*, Bd. 16, S. 107–112.

18

Die immer während Kraft der Übertreibung

Der Mensch übertreibt alles … außer seine eigenen Fehler.
Unbekannt

Waren Sie jemals spät nachts wach und haben sich über etwas ungemein Belangloses Sorgen gemacht? Habe ich Sie auf jene Mail geantwortet? Habe ich den Stecker des Bügeleisens aus der Steckdose gezogen? Habe ich die Kette vor die Tür gelegt? Was auch immer Sie versuchen: Sie bekommen es einfach nicht aus Ihrem Kopf.

Wenn wir emotional sind, wird unsere Perspektive verzerrt. Daran können wir nichts ändern. Das ist vollkommen normal. Und obwohl eine verzerrte Perspektive häufig ein Merkmal ist, das mit Unreife oder Kindlichkeit

© Springer-Verlag GmbH Deutschland, ein Teil von
Springer Nature 2018
S. Lancaster, *Winning Minds*,
https://doi.org/10.1007/978-3-662-57471-3_18

in Verbindung gebracht wird, denken Anthropologen tatsächlich, dass die Entwicklung unserer Fähigkeit, eine Perspektive zu verzerren, einen wichtigen Schritt in unserer Evolution darstellte.

Man kann klar erkennen, wann sich in der Geschichte das Sprachzentrum im Gehirn zu vergrößern begann. Zu dieser Zeit kam es zu drastischen Veränderungen der Höhlenkunst. Ganz plötzlich fingen die Künstler an, bewusst den Maßstab zu verzerren, um Emotionen zu vermitteln. Also wurden wilde Tiere mit überproportional großen Hörnern, Stoßzähnen und Zähnen dargestellt als Zeichen für Gefahr. Gemälde von Frauen wiesen überproportional große Brüste und Genitalien auf, um Belohnungen darzustellen …[1] Die Perspektive zu verzerren, wurde ein spannendes neues Element der Kommunikation. Es bedeutete, dass die Menschen Botschaften vermitteln konnten, die kraftvoller waren als jemals zuvor. So hatten sie eine bessere Chance, Informationen mitzuteilen, die entscheidend für das Überleben der menschlichen Rasse sein könnten.

Die verzerrte Perspektive ist auch ein wichtiges Element der Sprache der Menschenführung. Die alten Griechen hatten einen Ausdruck dafür: Hyperbel. Die Hyperbel wird häufig in ein schlechtes Licht gerückt, doch sie ist eine Technik, auf die sich Generationen religiöser Führer, Monarchen, Herrscher, Wirtschaftsführer und Wissenschaftsgurus verlassen haben, um ihre Argumente erfolgreich zu vermitteln. Werfen Sie nur einmal einen Blick in die Geschichtsbücher und Redensammlungen: Führer haben schon immer übertrieben. Sie präsentierten die Welt ständig entweder am Rande der Utopie oder kurz vor der Apokalypse. Hätten sie eine ehrlichere Botschaft wie „Das Leben geht weiter" vermittelt, wären sie niemals in der Lage gewesen, den Wandel herbeizuführen, den sie sich wünschten. Geradlinige Logik hat nicht dieselbe Kraft, Menschen zu begeistern. Wir bewegen Menschen durch Emotionen. Übertreibung ist Emotion.

Normalerweise übertreiben Menschen, um ihren emotionalen Zustand zu beschreiben – von Selbsthass („Ich krieg gerade nichts richtig hin.") und Neid („Er ist ein echter Alptraum.") über Stolz („Ich hab ihn echt aus den Socken gehauen!"), Sorge („Mein Vater arbeitet dauernd.") und Leidenschaft („Das war die tollste Nacht aller Zeiten.") bis hin zu Angst („Er ist ein Psychopath."), Aufregung („Das ist der Job meiner Träume.") und Hunger („Ich könnte ein ganzes Schwein aufessen."). Das tun wir alle dauernd. Ich bin ganz begeistert von Übertreibungen. Ich könnte ständig darüber reden.

Übertreibung wirkt

Große Führer neigen dazu, mehr als andere zu übertreiben. Das liegt daran, dass sie Visionäre sind. Sie haben spannende Visionen, die sie mitreißen und beherrschen. Nur weil ihr eigenes Gehirn davon so dominiert wird, sind sie in der Lage, das Hirn anderer zu dominieren. So führen sie Veränderungen herbei: Sie reißen Menschen mit, walzen die Logik platt und verändern die Welt so, wie sie sie haben wollen. Emotionen siegen über den Verstand. George Bernard Shaw schrieb einmal: „Der vernünftige Mensch passt sich an die Welt an; der unvernünftige gibt seine Versuche nicht auf, die Welt an sich anzupassen. Also hängt jeder Fortschritt vom unvernünftigen Menschen ab."

Übertreibung begeistert: Sie führt zur Ausschüttung von Endorphinen. Denken Sie nur an die großen Führer der Geschichte. Sie haben alle übertrieben. Churchill, Jobs, Thatcher, Hitler, Stalin, Bin Laden. Sie waren keine geradlinigen Redner. Sie nutzten die Übertreibung, um Menschen zu überzeugen, ihr Interesse zu gewinnen und sie zu bewegen. Und Übertreibung verändert die Sicht der Menschen auf die Welt.

> Übertreibung begeistert: Sie führt zur Ausschüttung von Endorphinen.

Die Medien übertreiben regelmäßig, um ihren Standpunkt klarzumachen, und das beeinflusst die Einstellung der Menschen enorm. Das Forschungsinstitut MORI hat gezeigt, dass Leute glauben, der Sozialbetrug sei 34 Mal höher als er in der Realität ist, dass Schwangerschaften unter Jugendlichen 25 Mal häufiger vorkommen als es der Realität entspricht, und dass die Einwanderung drei Mal höher ist, als der Realität entspricht. Solche Verzerrungen verändern die politische Debatte und bestimmen über die Wahlentscheidungen der Menschen.[2]

Praktische Anwendung

Übertreibung ist nicht notwendigerweise schlecht. Manchmal wollen die Menschen sich hinwegfegen lassen und sich in Bezug auf das, was sie tun, besser fühlen: Übertreibungen können dann eine gute Möglichkeit sein, die emotionalen Bedürfnissen der Menschen zu erfüllen. Da mag es eine politische Gruppierung geben, die sich etwas erschöpft fühlt, eine Belegschaft, die desillusioniert und entmutigt ist, eine Wohltätigkeitsorganisation, die darum kämpft, Licht am Ende des Tunnels zu sehen. Übertreibungen können trügerisch sein, sind aber ebenso wie Schmeichelei eine edle Täuschung: Wenn Sie zum Beispiel sagen „Das ist eine Gelegenheit, die es nur ein einziges Mal im Leben gibt.", „Es wird nicht besser als so." oder „Ich stehe diesem Unternehmen mit Leib und Seele zur Verfügung.", tut das niemandem weh.

Übertreibung ist jedoch natürlich nicht immer angemessen. Wenn Sie es mit skeptischeren Menschen zu tun haben – wie etwa mit Anwälten, Journalisten und Redenschreibern –, sollten Sie auf der Hut sein oder zumindest etwaige übertriebene Aussagen mit einem „Oder was meinen Sie?" beziehungsweise „Meinen Sie nicht auch?" abschwächen. Das tue ich ohnehin immer. Daran ist nichts falsch, meinen Sie nicht auch?

Haben Sie genug Ideen, wie Sie das emotionale Gehirn für sich gewinnen können? Bereit für den nächsten Schritt? Dann los. Nehmen wir die nächste Stufe und sehen wir uns das logische Gehirn genauer an.

Literaturverzeichnis und Endnoten

1. „Lascaux's Picasso – What prehistoric art tells us about the evolution of the brain", von Katy Waldman. Verfügbar unter http://www.slate.com/articles/health_and_science/human_evolution/2012/10/cave_paintings_and_the_human_brain_how_neuroscience_helps_explain_abstract.html. Aufgerufen am 5.2.2015.

2. IPSOS Mori, „Perceptions we get wrong", 9. Juli 2013. Verfügbar unter https://www.ipsos-mori.com/researchpublications/researcharchive/3188/Perceptions-are-not-reality-the-top-10-we-get-wrong.aspx. Aufgerufen am 5.2.2015.

Teil III

Das logische Gehirn für sich gewinnen

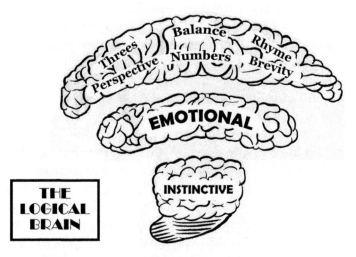

Abb. Teil III.1 Das logische Gehirn. (Dreierfiguren, Balance, Reim, Perspektive, Zahlen, Kürze; Emotionen; Instinkte)

„Die Menschen sind meisterhafte Schönredner, Rationalisierer und Begründer bedrohlicher Informationen und nehmen beträchtliche Mühen in Kauf, um ein Gefühl von Wohlbefinden zu erhalten."
Timothy D. Wilson

Das logische Gehirn?

Jeder möchte gern glauben, dass er in höchstem Maße logisch ist, ein Gehirn wie ein superschneller Computer hat, komplexe Informationen sofort verarbeiten und diese Fähigkeit nutzen kann, um äußerst exakte Schlussfolgerungen zu ziehen. Doch so funktioniert das nicht. In Wahrheit ist für die meisten Menschen das Leben zu geschäftig, um in dem Luxus von Logik zu schwelgen.

Selbst wenn Menschen schwören, rational zu sein, zeigt die funktionelle Magnetresonanztomografie, dass sie es nicht sind. Neurowissenschaftler haben immer wieder gezeigt, wie wenig wir unsere analytischen Fähigkeiten nutzen. Wenn wir im Internet surfen, befindet sich unser Gehirn quasi im Autopilot-Modus. Wenn wir eine Vorlesung an der Universität besuchen, ist unsere Hirnaktivität tatsächlich geringer als im Schlaf.[1] Wenn Menschen das bekommen, was sie für einen Expertenrat halten, schaltet sich der Teil des Gehirns ab, der Alternativen aufzeigt.

Die Menschen sind nicht so logisch, wie wir hoffen. Statt etwas eingehend zu prüfen und die Logik zu analysieren, um herauszufinden, ob etwas richtig ist, achten die meisten Menschen auf Muster, die ihnen suggerieren, das etwas richtig ist. Wenn Sie also die Arbeit erledigt haben, die in den vorangegangenen Kapiteln erläutert ist, Vertrauen aufgebaut und für Emotionen gesorgt haben, sind Sie schon fast am Ziel. Doch den *Anschein* von Logik zu erzeugen, ist das Tüpfelchen auf dem I. Das erreichen wir, indem wir ansprechende und vorhersagbare Muster kreieren, die so klingen und aufgebaut sind wie unsere Argumente.

Argumente aneinanderreihen

Jeder liebt Muster. Aus diesem Grund lieben wir Quizsendungen, Kreuzworträtsel und Sudokus. Wir versuchen, Muster zu finden, selbst wenn es keine gibt. Sie kennen sowas. „Zuerst wurde uns gesagt, dass wir ein neues Dach bräuchten. Dann gab das Auto seinen Geist auf. Und nun warte ich darauf, das noch etwas Drittes passiert". Wenn wir ein Muster erkennen, empfinden wir eine Art Vergnügen – ein Gefühl von Ordnung in einer chaotischen Welt.

Große Führer spielen mit dieser Liebe zu Mustern, indem sie ihre Argumente aneinanderreihen. Sie präsentieren ihre Ansichten in vorgefertigten Mustern, um die Illusion von Logik zu erzeugen. Das tun sie, da es in der Sprache der Menschenführung nicht einfach nur auf den Inhalt eines Arguments ankommt, sondern auch darauf, wie es klingt.

> In der Sprache der Menschenführung kommt es nicht nur auf den Inhalt eines Arguments an, sondern auch darauf, wie es klingt.

Klang und Inhalt aufeinander abstimmen

Neurowissenschaftler haben gezeigt, dass zwei verschiedene Bereiche des Gehirns verarbeiten, was die Menschen sagen: Die linke Gehirnhälfte verarbeitet die Bedeutung, während die rechte Gehirnhälfte den Klang verarbeitet.[2]

Abb. Teil III.2   Die Bedeutung und der Klang

Große Führer nehmen beide Gehirnhälften gleichzeitig für sich ein. Sie tun dies mit alten „rhetorischen Mitteln" – Möglichkeiten, Sätze zu strukturieren.

Ich habe rhetorische Mittel kurz in Kap. 1 erwähnt. Im antiken Griechenland lernte jeder rhetorische Mittel in der Schule kennen. Seitdem ist Rhetorik vom Stundenplan verschwunden, doch dieselben Mittel sind heute noch so kraftvoll wie damals. Und das ist noch nicht alles: Sie wirken rund um den Globus, vom Westen bis in den Mittleren Osten, von Lateinamerika bis nach Fernost. Folglich können diese Stilmittel nicht kulturell bedingt, sondern müssen biologisch verwurzelt sein – basierend auf der Funktionsweise des menschlichen Gehirns. Wir können darüber spekulieren, warum das so sein könnte, doch die Quintessenz ist, dass es funktioniert. Große Führer verstehen die Macht der rhetorischen Stilmittel: Boris Johnson schrieb kürzlich über Churchill: „Die Musik der Rede ist wichtiger als die Logik oder der Inhalt. Es geht um das Brutzeln, nicht um die Wurst".

Große Führer kennen die Macht der rhetorischen Stilmittel.

Rhetorische Stilmittel beschränken sich nicht auf das gesprochene Wort. Sie sind in einem geschriebenen Text ebenso wirkungsvoll. Lesen Sie diese ersten Zeilen von Vladimir Nabokovs *Lolita*:

Lolita, Licht meines Lebens, Feuer meiner Lenden. Meine Sünde, meine Seele. Lo-li-ta: Die Zungenspitze macht drei Sprünge den Gaumen hinab und tippt bei Drei gegen die Zähne. Lo. Li. Ta.

Hören Sie das? Dachte ich mir. Das liegt daran, dass unser Gehirn in erster Linie dafür entwickelt ist, mit dem gesprochenen Wort umzugehen. Das Schreiben ist eine relativ neue Erfindung und reicht lediglich 4500 Jahre oder so zurück. Unser Gehirn hat sich seitdem nicht wirklich verändert: Also ist der Klang noch immer die Grundlage der Kommunikation, nicht der Anblick.

Übrigens nutzt dieser schöne Auszug aus *Lolita* jedes der rhetorischen Stilmittel, die wir im dritten Teil dieses Buches untersucht haben: Dreierfigur, Balance,

Alliteration, Perspektive, Zahlen und Kürze. Diese Techniken sind alle Geheimnisse der Sprache der Menschenführung und Wege, um das logische Gehirn zu überzeugen. Die Anwendung dieser Stilmittel werden Ihre Argumente nicht nur plausibel machen, sondern spürbar. Sie werden erstaunt sein, wie groß der Unterschied ist. Lassen Sie uns mit einer der einfachen dieser Optionen beginnen: der Dreierfigur.

Literaturverzeichnis und Endnoten

1. Ming-Zher Puh, Student Member, IEEE, Nicholas C. Swenson und Rosalind W. Picard, Fellow, IEEE (2010): „A Wearable Sensor for Unobtrusive, Long-Term Assessment of Electrodermal Activity", *Transactions on Biomedical Engineering*, Bd. 57, Nr. 5, Mai. Verfügbar unter http://affect.media.mit.edu/pdfs/10.Pohetal-TBME-EDA-tests.pdf. Aufgerufen am 13.02.2015.

2. http://www.guardian.co.uk/uk/2004/feb/03/science.highereducation?INTCMP=SRCH. Aufgerufen am 12.05.2015.

19

Dreier! Dreier! Dreier!

„Omne trium perfectum.“ („Alle Dreiheit ist vollkommen“,
„Aller guten Dinge sind drei.“)
Altes, römisches Sprichwort

Steve Jobs, Steve Jobs, Steve Jobs

Als Steve Jobs 2008 das iPhone auf den Markt brachte,
hatte er viel zu verlieren. Sein Schritt auf den überfüllten
Handymarkt war gewagt, selbst für seine Verhältnisse.
Er arbeitete Monate auf seine Produkteinführung hin,
und sein Skript wurde mehrfach überarbeitet. Die Ironie
bestand darin, dass seine Rede für diesen Anlass trotz all
der Spitzentechnologie im iPhone auf rhetorischen Figuren
beruhte, die schon seit Tausenden von Jahren existieren.

© Springer-Verlag GmbH Deutschland, ein Teil von
Springer Nature 2018
S. Lancaster, *Winning Minds,*
https://doi.org/10.1007/978-3-662-57471-3_19

Schauen Sie mal:

Steve Jobs – die Produkteinführung des iPhones

Auf diesen Tag freue ich mich seit zweieinhalb Jahren. Von Zeit zu Zeit kommt ein revolutionäres Produkt auf den Markt, das alles verändert. Apple hatte das große Glück, einige dieser Produkte einführen zu können.

1984 haben wir den Macintosh eingeführt. Er hat nicht nur Apple verändert, er hat die ganze Computerindustrie verändert. 2001 haben wir den ersten iPod eingeführt. Und er hat nicht nur die Art verändert, wie wir Musik hören, er hat die gesamte Musikindustrie verändert. Nun, heute führen wir drei revolutionäre Produkte dieser Art ein.

Das erste ist ein Breitbild-iPod mit Taststeuerungen. Das zweite ist ein revolutionäres Mobiltelefon. Und das dritte ist ein bahnbrechendes Internet-Kommunikationsmittel. Also drei Dinge. Verstehen Sie? Es sind nicht drei separate Geräte – es ist ein einziges Gerät.

Doch bevor wir es uns näher anschauen, lassen Sie mich etwas über die so genannten „Smartphones" erzählen, wie man so schön sagt. Üblicherweise kombinieren Sie ein Telefon mit einigen E-Mail-Optionen und abgespecktem Internet. Doch das Problem ist, dass sie nicht so „smart" und auch nicht einfach zu bedienen sind. Also werden wir das Telefon neu erfinden.

Sehen Sie, wie er alles zu Dreischritten kombiniert? Die Apple-Geschichte wird dreigeteilt, obgleich jeder, der Apple ein wenig kennt, weiß, dass sie deutlich komplexer war. Auch die Merkmale des iPhone werden auf drei eingedampft – Internet, Touchscreen-iPod und revolutionäres Handy; wie steht es mit der revolutionären Kamera, einer mobilen Bibliothek und den Spielmöglichkeiten?

Selbst als er die Konkurrenz angreift – die „so genannten Smartphones" – bleibt er bei der Dreierfigur: Telefon, E-Mail-Optionen und abgespecktes Internet.

Doch Jobs leistete ganze Arbeit. Die Produkteinführung des iPhones löste eine Welle der Begeisterung aus, auf der Apple noch heute schwimmt: Zum Zeitpunkt der Veröffentlichung dieses Buches hat Apple gerade die höchsten Quartalsgewinne der Unternehmensgeschichte verkündet.[1] Und die Verwendung der Dreierfigur war kein Zufall. Jobs nutzte sie während seiner gesamten Karriere, bei jeder seiner bedeutsamen Stellungnahmen, von der Einführung des Mac 1984 bis zu seiner berühmten Rede vor Uniabsolventen in Stanford und seiner letzten Produkteinführung des iPad. Steve Jobs wusste, dass Drei die magische Zahl ist (Abb. 19.1).

Abb. 19.1 Die Macht der Drei

Drei ist die magische Zahl.

Die Macht der Dreierfigur

Mars macht mobil bei Arbeit, Sport und Spiel. Und läuft, und läuft, und läuft. Quadratisch, praktisch gut. Spiel, Spaß, Spannung. Mein Haus, mein Auto, mein Boot. Verliebt, verlobt, verheiratet. Nein, nein und nochmals nein! Hipp, hipp, hurra! Nichts sehen, nichts hören, nichts sagen. Stein, Schere, Papier. Dies, das und jenes. Frühstück, Mittagessen, Abendessen. Vergangenheit, Gegenwart, Zukunft. Yeah, yeah, yeah! Da Da Da. Wim, Wum und Wendelin. Einigkeit und Recht und Freiheit. Freiheit, Gleichheit, Brüderlichkeit.

Die Dreierfigur ist überall. Es ist außergewöhnlich, dass ein einfaches Stilmittel die Grundlage für so viele der einprägsamsten Sätze, Geschichten, Lieder, Witze und Zitate in unserer Sprache geliefert hat (Tab. 19.1). Man trifft es überall an. Da, dort und überall.

Vier klingt nach zu viel des Guten, übertrieben, zu dick aufgetragen und ist ein bisschen bescheuert. Zwei ist zu wenig, zu mickrig. Drei klingt entschlossen, vollständig und final. Und was das Wichtigste ist: Es funktioniert. Wissenschaftler haben gezeigt, dass dreiteilige Behauptungen überzeugender sind als vierteilige Behauptungen.

Dreiteilige Behauptungen sind überzeugender.

Tab. 19.1   Beispiele für die Dreierfigur

Kinderverse	Drei Chinesen mit dem Kontrabass
	Ene, Mene, Mu
	A, a, a, der Winter der ist da
Sport	Auf die Plätze, fertig, los!
	Anlegen, zielen, Feuer!
	Gold, Silber, Bronze
Musik	Money, Money, Money
	Sex and Drugs and Rock ‚n' Roll
	Da Da Da
Film	*Vicky Cristina Barcelona*
	Celebrity – Schön. Reich. Berühmt.
	Sex, Lügen und Video
Filmwerbung	Ist es ein Vogel? Ein Flugzeug? Nein, es ist Superman!
	Er hat Angst. Er ist allein. Er ist 3.000.000 Lichtjahre von Zuhause entfernt.
	Verliebt, verlobt, verplant
Literatur	Die Regel ist: Morgen Marmelade und gestern Marmelade, aber niemals heute Marmelade.
	Der Geist der vergangenen Weihnacht, der Geist gegenwärtigen Weihnacht und der Geist der zukünftigen Weihnacht
	Der Fälscher, die Spionin und der Bombenbauer
Witz und Komik	Kommen drei Männer in den Himmel …
	Jubel, Trubel, Heiterkeit!
	Ein dreifaches Helau!
Shakespeare	O Romeo, Romeo – warum bist du Romeo??
	Ein Pferd! Ein Pferd! Ein Königreich für ein Pferd!
	Manche werden groß geboren, manche erreichen Größe, und manchen wird Größe aufgedrängt
Religion	Vater, Sohn und Heiliger Geist
	Glaube, Liebe, Hoffnung
	Gold, Weihrauch und Myrrhe

(Fortsetzung)

Tab. 19.1 (Fortsetzung)

Recht	Die Wahrheit, die Wahrheit, und nichts als die Wahrheit.
	O. J. Simpson konnte dieses Verbrechen nicht begehen, er würde dieses Verbrechen nicht begehen, und er hat dieses Verbrechen nicht begangen.
	Anlegen, zielen, Feuer!
Krieg	Nie zuvor in der Geschichte menschlicher Konflikte hatten so viele so wenigen so viel zu verdanken.
	Dies ist nicht das Ende. Es ist nicht einmal der Anfang vom Ende. Aber es ist, vielleicht, das Ende des Anfangs.
	Ein Volk! Ein Reich! Ein Führer!

Warum die Dreierregel funktioniert

Warum funktioniert die Dreierregel? Es gibt eine Vielzahl an Theorien.

Manche meinen, das läge daran, dass drei der früheste Punkt ist, an dem ein Muster erkannt werden kann. Wenn ich beispielsweise die Zahlen 1 und 2 erwähne, können Sie nicht sicher sagen, welche Zahl als nächste kommen wird. Es könnte die 3 sein (wenn das Muster um 1 ansteigend ist), es könnte die 4 sein (wenn das Muster die Verdopplung ist). Erst wenn der dritte Punkt einer Folge hinzugefügt wird, ist das Muster klar. Dadurch erhält die Dreierregel ihre Schlüssigkeit, wie die Besiegelung eines Arguments.

Andere sagen, sie basiere auf der antiken rhetorischen Idee des Enthymems, um einen Punkt zu beweisen.

Ein Enthymem besteht ebenfalls aus drei Schritten, zum Beispiel:

- Hauptprämisse – Alle Menschen sind sterblich.
- Untergeordnete Prämisse – Barack Obama ist ein Mensch.
- Schlussfolgerung – Also ist Barack Obama sterblich.

Ich glaube, die Dreierregel funktioniert aufgrund zweier Faktoren, die beide tief in unserem Gehirn eingebettet sind. Erstens: Unsere körperliche Erfahrung basiert auf der Balance (mehr darüber in Kap. 20). Das bedeutet, dass wir es gewohnt sind, Dinge zwischen zwei Extremen zu vergleichen – wie links und rechts, vorwärts und rückwärts, oben und unten. Angesichts zweier Extreme stellt der dritte Punkt den Dreh- und Angelpunkt dar, die Mitte zwischen diesen beiden Punkten. Dadurch klingt er wie das letzte Wort.

Der zweite Grund ist die Vertrautheit. Wir sind es schon unser ganzes Leben lang gewöhnt, Argumente in einer Dreierfolge zu hören, sodass wir die Erwartung entwickeln, dass Argumente mit einem drittens enden.

Wir können spekulieren, warum es funktioniert, doch schließlich ist doch das Wichtigste, dass es so ist. Und es funktioniert nicht nur in der Sprache: Dreierfolgen gibt es auch in der Kunst, in der Musik und im Design. Deshalb ist das Raster Ihrer Kamera in drei mal drei Felder unterteilt. Deshalb sind Theaterstücke in drei Akte unterteilt. Deshalb sind Trilogien so beliebt. Die Drei beinhaltet Vollständigkeit, Endgültigkeit und Perfektion. So. Ist. Es.

Die Dreierregel in der Praxis

Doch wie können Sie die Dreierregel anwenden? Nun, aller Wahrscheinlichkeit nach tun Sie es bereits und wissen es nur nicht.

Menschen nutzen die Dreierregel, wenn sie leidenschaftlich sind. Probieren Sie's mal. Versuchen Sie, jemanden davon zu überzeugen, nach Malta zu reisen: preiswertes Bier, lange Strände, kurzer Flug. Danken Sie jemandem für seine Arbeit: „Gut, gut, gut." Loben Sie jemanden für seine Leistung: „Effizient, zuverlässig, engagiert." Häufig fügen die Leute einen dritten Punkt hinzu, auch wenn sich natürlicherweise keiner anbietet, nur damit es vollständig klingt: Bei der anschließenden Prüfung hat sich ergeben, dass die Punkte zwei und drei tatsächlich identisch, austauschbar und ununterscheidbar sind.

Problematisch wird es, wenn man über etwas spricht, dem man nicht mit Leidenschaft begegnet, von dem man aber trotzdem jemanden überzeugen muss. In diesen Fällen können wir bewusst die Dreierregel einsetzen. Wir können sie immer und überall einbauen: in Gesprächen, E-Mails, Broschüren und Briefen sowie insbesondere in Reden.

Die Dreierregel in Reden

Die Dreierregel ist in Reden so weit verbreitet, dass man sich kaum einen Rat an Redner vorstellen kann, der nicht damit zu tun hat: von dem Gedanken, dass ein guter

Redner frei auftreten, laut sprechen und beizeiten auf-
hören sollte („stand up, speak up and shut up")[2], bis hin
zu dem viel zitierten, aber schlecht begründeten Rat, ein
guter Redner solle „ihnen sagen, was er zu sagen hat, es
dann noch einmal sagen und ihnen schließlich sagen, was
er ihnen gerade gesagt hat". (Der Präsentationstrainer Gra-
ham Davies sagt, dies sei ein wenig wie: „Sag ihnen, dass
du sie bevormunden wirst, bevormunde sie, und dann sag
ihnen, dass sie gerade bevormundet worden sind.")

Die Dreierregel wird auch oft zur Eröffnung einer Rede
eingesetzt – von „Mitbürger! Freunde! Römer" bis hin zu
„My Lords, ladies and gentlemen" (Meine Lordschaften,
sehr verehrte Damen und Herren) bei der Trauerrede, die
Earl Spencer 1997 in der Westminster Abbey für Prinzessin
Diana hielt: „Ich spreche heute zu Ihnen als Vertreter einer
Familie im Schmerz, in einem Land, das trauert, vor einer
Welt, die unter Schock steht." Die Dreierregel steht auch
häufig am Ende einer Rede: „Vielen Dank für Ihre Auf-
merksamkeit, Ihr Engagement und Ihren Einsatz.", „Im
Namen des Vaters, des Sohnes und des Heiligen Geistes",
„Eat, drink and be merry." (Iss, trink und sei fröhlich.)

Viele Reden sind rund um Dreierfolgen aufgebaut: ein
Anfang, ein Mittelteil und ein Schluss. (Es sei denn, Sie
sind Philosoph – dann haben Sie eher einen Anfang, ein
Durcheinander und einen Schluss.) Ideen werden häufig
in Dreierschritte unterteilt, damit sie leichter verdaulich
sind. Zum Beispiel: unsere Vergangenheit, unsere Gegenwart und unsere Zukunft; bessere Produkte, besserer Service und bessere Ideen; die Instinkte, die Emotionen und
die Logik.

Die Dreierregel wird außerdem häufig verwendet, um kurze, prägnante Punkte in eine Rede einzustreuen. Nach den britischen Unterhauswahlen 2010, als die führenden Köpfe der Labour Party und der Konservativen mit den Liberaldemokraten stritten, um eine Regierung zu bilden, setzten beide Seiten auf die Dreierregel. Die Konservativen sagten, sie wollten eine „gute, starke und stabile Regierung" bilden[3], während die Labour Party an einer „starken, stabilen und prinzipientreuen Regierung" interessiert war. Die Dreierregel eignet sich perfekt für solche Schlagworte. Sehen Sie sich beispielsweise die Internetseite von *BBC News* an: Ich wette, dass es in den Zitaten nur so von Dreierfolgen wimmelt. Während ich dies schreibe, gehörte zu den wichtigsten politischen Ereignisse der letzten Wochen, dass David Cameron die EU als „zu groß, zu herrschsüchtig und zu stark eingreifend" bezeichnete, dass der schottische Politiker Alex Salmond das britische Parlament als „Bluff, Gepolter und Schikane" bezeichnete und das Boris Johnson seine Partei als „Spalter, Drückeberger und Bücklinge" bezeichnete.

Soweit erst mal. Drei Beispiele. *Sicher* wollen Sie keine weiteren?

Dreierregel und Inspiration

Ein Wahlkampf basiert häufig auf drei Botschaften. Bei Bill Clinton waren das 1992: „It's the economy, stupid" (Es ist die Wirtschaft, Dummkopf), „Change versus more of the same" (Wandel versus mehr desselben) und „Don't forget health care." (Vergiss das Gesundheitswesen nicht).

Bei den britischen Unterhauswahlen lautete die Botschaft der Labour Party: „Future, family and fairness" (Zukunft, Familie und Fairness), obwohl der Politiker Peter Mandelson daraus schelmisch „Futile, finished and fucked" machte (nutzlos, am Ende und im Arsch). Die Dreierfigur trägt dazu bei, dass die Botschaften im Gedächtnis bleiben.

Aus diesem Grund basieren viele Leitbilder auf der Dreierregel. Starbucks serviert „one person, one cup, one neighbourhood" (eine Person, ein Becher, eine Nachbarschaft), die BBC hat es sich zur Aufgabe gemacht „zu informieren, zu unterrichten und zu unterhalten", während der Auftrag der US Marines lautet: „Duty, honor and country" (Pflicht, Ehre und Vaterland).[4] Tatsächlich nutzen die US Marines Dreierfolgen sogar in ihrer Organisation. Sie arbeiten mit Dreierteams; einmal haben sie es mit vier Personen probiert, doch da ging die Leistung deutlich zurück.

Die Dreierregel funktioniert unter vier Augen ebenso wirkungsvoll wie in den Medien. Meine Töchter schwärmen für Justin Fletcher alias Mr. Tumble. Vor kurzem habe ich ein Interview mit ihm gelesen, in dem er beschrieb, wie er Ende der 1990er Jahre den leitenden Redakteur des britischen Fernsehsenders CBeebies, Ian Lockland, traf. Lockland sagte ihm, es gebe drei Geheimnisse beim Kinderfernsehen: „clarity, contact and commitment" (Klarheit, Kontakt und Engagement).[5] Was für eine tolle Menschenführung durch eine tolle Dreierregel – eine so wirkungsvolle Dreierregel, dass er sich noch 16 Jahre später problemlos daran erinnern konnte. Das ist die Sprache der Menschenführung.

Der Dreierregel entkommt man nicht …

Die Dreierregel können Sie überall anwenden. Wenn Sie Lehrer sind, untergliedern Sie Ihre Unterrichtsstunden in drei Teile. Wenn Sie Verkäufer sind, beschreiben Sie die Vorzüge in drei Punkten. Wenn Sie Steuerberater sind, fassen Sie die wichtigsten Aktionspunkte des Jahresabschlusses in einer Dreierfolge zusammen.

Dreierfolgen sind für uns alle gut, ob wir nun Politiker sind wie David Cameron, wenn er sagt:

> Ein moderner, mitfühlender Konservatismus ist in unserer Zeit das Richtige, richtig für unsere Partei – und richtig für unser Land. Wenn wir loslegen, erreichen wir es, wenn wir dafür kämpfen, mit aller Leidenschaft, Kraft und Energie, von jetzt bis zur nächsten Wahl, kann nichts und niemand uns stoppen.[6]

oder Anti-Politiker wie Russell Brand:

> Ich wähle aus absoluter Gleichgültigkeit, Überdruss und Erschöpfung aufgrund der Lügen, des Verrats und der Täuschungen der politischen Klasse, die nun seit Generationen anhalten und jetzt einen Höhepunkt erreicht haben, an dem wir eine entrechtete, desillusionierte und entmutigte Unterschicht haben, die durch dieses politische System nicht repräsentiert wird.[7]

Drei Dreierfolgen in einem Satz. Gewaltig. Der einzige Kritikpunkt könnte sein, dass es ein bisschen *zu* kraftvoll ist. Es wäre noch überzeugender gewesen, wenn es ausgewogener geklungen hätte. Also machen wir mit mehr Balance weiter – dem nächsten Element in der Sprache der Menschenführung.

Literaturverzeichnis und Endnoten

1. Juan Pablo Vazquez Sampere (2015): „We shouldn't be dazzled by Apple's quarterly report", 4. Februar. Verfügbar unter https://hbr.org/2015/02/we-shouldnt-be-dazzled-by-apples-earnings-report. Aufgerufen am 5.2.2015.
2. Ratschlag zum ersten Mal erteilt von Speaker Lowther im Jahr 1917.
3. Wie beschrieben von Andrew Adonis (2013): *5 Days in May: The Coalition and Beyond*, London: Biteback Publishing, S. 58–59.
4. General MacArthur, Silvanus Thayer: Dankesrede, gehalten am 12. Mai 1962 in West Point. Verfügbar unter http://www.americanrhetoric.com/speeches/douglasmacarthurthayeraward.html. Aufgerufen am 12.2.2015.
5. http://www.guardian.co.uk/lifeandstyle/2012/mar/03/mr-tumble-justinfletcher-gigglebiz. Aufgerufen am 12.2.2015.
6. http://www.guardian.co.uk/politics/2005/oct/04/conservatives2005.conservatives3. Aufgerufen am 12.2.2015.
7. Russell Brands Interview mit Jeremy Paxman in der BBC-Sendung *Newsnight* im Jahr 2013. Verfügbar unter https://www.youtube.com/watch?v=3YR4CseY9pk. Aufgerufen am 12.2.2015.

20

Balance

*Stil kann eingesetzt werden, um ausgewogene Gedanken, exaktes
Denken und die Vollendung von Ideen zum Ausdruck zu bringen.*
Demetrius

Die immerwährende Suche des Menschen nach Balance

Einer der stolzesten Momente im Leben von Eltern ist
gekommen, wenn ihre Kinder ihre ersten Schritte laufen.
Monatelange Bemühungen, Entschlossenheit, Beulen am
Kopf, Schrammen und Wutanfälle sind diesem Augenblick
vorangegangen; doch an diesem Punkt erschließt sich das

© Springer-Verlag GmbH Deutschland, ein Teil von
Springer Nature 2018
S. Lancaster, *Winning Minds*,
https://doi.org/10.1007/978-3-662-57471-3_20

Kind eine der allerwichtigsten Eigenschaften der Menschheit: Balance.

Balance ist für den Erfolg in allen Bereichen unseres Lebens von entscheidender Bedeutung. Eine ausgewogene Ernährung, ausgewogene Gedanken, ein ausgeglichener Geist. Balance untermauert die Naturwissenschaften, die Mathematik und die Ingenieurskunst. Balance gilt in allen Religionen als wünschenswert: Judentum, Islam, Buddhismus und Christentum. Wir brauchen Balance, um zu gehen, zu rennen und zu schwimmen. Yin und Yang, Tag und Nacht, Frau und Mann.

Balance wohnt der menschlichen Erfahrung inne. Unser ganzer Körper ist rund um die Notwendigkeit der Balance herum aufgebaut. Wir haben zwei Augen, zwei Ohren, zwei Arme, zwei Hände, zwei Beine, zwei Füße, und wir müssen die Balance zwischen beiden jeweils gut hinbekommen, damit wir nicht fallen – im wahrsten Sinne des Wortes. Während ich diesen Abschnitt tippe, sind meine beiden Hände in Balance. Wenn Sie diese Seite lesen, erfassen ihre zwei Augen die Worte und senden die Informationen an Ihr Gehirn, als ob es sich nur um ein einziges Auge handelte. Es dreht sich alles um die Balance.

Embodiment ist eine These in der Neurowissenschaft, die davon ausgeht, dass unsere Wahrnehmung auf unserer körperlichen Erfahrung beruht. Wenn ein Körper in Balance gut ist, müssen auch ausgewogene Gedanken gut sein. Aus diesem Grund müssen in der Sprache der Menschenführung die Punkte, die wir vorbringen, ausgewogen klingen. Klingt ein Argument ausgewogen, halten wir es auch für ausgewogen.

> Klingt ein Argument ausgewogen, halten wir es auch für ausgewogen.

Ausgewogene Argumente

Die alten Römer verstanden die Bedeutung der Ausgewogenheit in Argumenten. Cicero plädierte für folgende Struktur in Reden:

1. Exposition – Vorstellung des Themas
2. Narration – Bericht über die bisherigen Fakten
3. Division – Die Frage, die sich heute stellt
4. Unterstützende Beweise
5. Gegenargumente
6. Zusammenfassung

Dieser Aufbau ist in sich ausgewogen. Die Art, wie das Argument entwickelt wird, klingt fast wie vor Gericht, als ob beide Seiten des Arguments abgewogen werden würden, bevor eine Schlussfolgerung gezogen wird. Deshalb ist diese Vorgehensweise so effektiv und wird von zahlreichen Führern angewendet, um ihr Argument darzulegen. Um dies zu illustrieren, wende ich diese Struktur nachfolgend auf das häufig kontrovers diskutierte

Thema Atomkraft an und plädiere sowohl dafür als auch dagegen:

Für Atomkraft

1. Exposition – Es handelt sich um die nächste Generation der Energieversorgung.
2. Narration – Seit ewigen Zeiten sucht der Mensch aktiv nach neuen Formen der Energie. Wurden neue Energieformen entdeckt, wurden sie sofort genutzt. Angezapft, abgebaut. So war es mit Feuer, Kohle und Gas. So geschah es mit Gezeitenenergie, Solarenergie und Wasserenergie. Und die Menschen schlagen vor, dies auch mit der Atomkraft zu tun.
3. Division – Doch es gibt Fragen.
4. Beweise – Im Vergleich mit fossilen Brennstoffen ist Atomkraft:
   a) zuverlässiger,
   b) sicherer,
   c) nachhaltiger.
5. Gegenargumente – Eine Abkehr von der Atomkraft vergrößert unsere Abhängigkeit von alten fossilen Brennstoffen. Alte fossile Brennstoffe gehen zur Neige. Außerdem sind sie mit deutlich höheren CO_2-Emissionen verbunden. So weiterzumachen wie bisher, ist einfach keine Alternative.
6. Zusammenfassung – Wir sollten ohne Verzögerung mit neu errichteten Atomkraftwerken weiter vorangehen.

Klingt überzeugend? Doch nun wenden wir uns der Gegenseite zu, unter Verwendung derselben Struktur.

Gegen Atomkraft

1. Exposition – Wir brauchen eine ehrliche und ausgewogene Debatte über Atomkraft – keine, die von eigennützigen Interessen dominiert wird.

2. Narration – Im Laufe der letzten 70 Jahre haben aufeinanderfolgende Regierungen immer nur über die positiven Effekte der Atomkraft gesprochen. Doch erinnern Sie sich noch an Windscale? An Tschernobyl? An Fukushima?

3. Division – Ist es richtig, dass wir in dieser Richtung weitermachen?

4. Beweise – Atomkraft ist:
   a) gefährlich,
   b) schädlich für die Umwelt,
   c) finanziell tödlich – eine tickende Zeitbombe.

5. Gegenargumente – Menschen mit einem finanziellen Interesse an der Atomkraft veröffentlichen verzerrte Berichte und behaupten, sie seien unabhängig. Sie können ihnen nicht trauen. Es geht ihnen ausschließlich ums Geld.

6. Zusammenfassung – Lassen wir diesen giftigen Kram hinter uns, bevor es in einem echten Desaster endet – nicht auf einem anderen Kontinent, sondern hier bei uns in Großbritannien.

Das sind die Grundlagen für wirklich gute Argumente. Sie müssen noch etwas ausgearbeitet werden, doch es wäre ein Leichtes, daraus eine kraftvolle 20-minütige Rede zu machen.

Probieren wir es mit einem anderen Thema. Eine Frage, die mit Sicherheit in den nächsten Jahren diskutiert werden wird, ist Großbritanniens Mitgliedschaft in der Europäischen Union. Wie könnten die beiden Lager wohl ihre Argumente unter Verwendung von Ciceros Struktur vorbringen?

Gegen die Mitgliedschaft in der Europäischen Union

1. Exposition – Gott sei Dank haben wir endlich die Gelegenheit, über Großbritanniens Zukunft zu diskutieren.
2. Narration – Sehen Sie, es ist ganz einfach. Das Vereinigte Königreich ist stärker, wenn es auf sich allein gestellt ist. Das war schon immer so. Und es wird immer so sein. Blicken Sie zurück in die Geschichte: Heinrich VIII., Königin Victoria, Winston Churchill. Wir sind eine stolze Nation. Wir brauchen die Franzosen nicht. Wir brauchen die Deutschen nicht. Die Welt blickt auf uns auf der Suche nach Inspiration. Wir müssen nicht auf die Welt blicken.
3. Division – Dies ist eine einzigartige Gelegenheit, um ein für alle Mal zu entscheiden: dabei sein oder nicht dabei sein.
4. Beweise – Wenn wir die EU verlassen, werden wir wieder frei sein, unsere eigenen Gesetze zu erlassen. Frei, unsere eigenen Grenzen zu kontrollieren. Frei zu sagen, was wir auf der globalen Bühne wollen – eine laute Stimme, die klar und entschieden britisch ist.

5. Gegenargumente – Wenn wir in der EU bleiben, haben wir mehr desselben zu erwarten. Mehr bescheuerte Gesetze. Mehr bescheuerte Treffen. Mehr bescheuerte Vorschläge.
6. Zusammenfassung – Fackelt nicht lange. Lasst uns aussteigen.

Für die Mitgliedschaft in der Europäischen Union

1. Exposition – Es ist klasse, dass wir die Gelegenheit haben, ruhig und wohlüberlegt über Großbritanniens Verhältnis zu Europa zu reden. Bisher war die Debatte zu erhitzt, zu wenig klar.
2. Narration – Denken wir nur mal daran, wie die Europäische Union entstanden ist … Lassen Sie Ihre Gedanken zurückschweifen. Das Ende des Zweiten Weltkriegs. Europa lag in Schutt und Asche; 40 Mio. Menschen waren innerhalb von 30 Jahren ums Leben gekommen. Große Städte lagen in Trümmern.
Doch aus den Trümmern entstand etwas Gutes. Es wurde die Entscheidung getroffen, die Volkswirtschaften Europas miteinander zu verbinden. Der Grund war klar: Indem wir uns wirtschaftlich zusammentaten, sank die Wahrscheinlichkeit deutlich, dass wir gegeneinander Krieg führten.
Seitdem haben wir 70 Jahre Frieden in Europa. Wir haben 70 Jahre des zunehmenden Wohlstands.
3. Division – Doch nun werden wir aufgefordert, all das aufs Spiel zu setzen.

4. Beweise – Wir wissen, dass es für unsere Wirtschaft gut ist, zur Europäischen Union zu gehören – drei Millionen Jobs hängen vom Handel mit Europa ab.

   Wir wissen, dass es für unsere Umwelt gut ist, zur Europäischen Union zu gehören – denn es bedeutet, dass wir zusammenarbeiten können, um den Klimawandel, die Umweltverschmutzung und die Müllberge zu bekämpfen.

   Wir wissen, dass es auch für unsere Gesellschaft gut ist, zur Europäischen Union zu gehören – wir arbeiten grenzüberschreitend zusammen, um Kriminelle zu stoppen und kriminelle Aktivitäten zu unterbinden.

5. Gegenargumente – Jetzt Europa den Rücken zuzuwenden, wäre, als ob wir versuchen würden, die Geschichte zu verändern. Es wäre, als ob wir die Uhr zurückdrehten zu einer Zeit, als Europa gespalten und in Gefahr war. Wer könnte das wollen?

6. Zusammenfassung – Wir sollten die EU nicht verlassen. Wir sollten sie besser machen für Sie.

Die meisten modernen Reden in der Politik folgen Ciceros Struktur: bewusst oder unbewusst. Das ist eine natürliche, logische Konsequenz, die gut ankommt. Jeder erkennt „einerseits dies, andererseits das". Auf diese Weise kann man dem Argument besser folgen, und der Schluss ist befriedigender.

Moderne politische Reden folgen Ciceros Struktur.

Ausgewogene Sätze

Ausgewogene Sätze können ganz unterschiedlich aussehen. Die Rhetoriker im alten Griechenland hatten Bezeichnungen für sie alle: Am wichtigsten ist bei der Einwirkung auf das logische Gehirn, dass der Satz ausgewogen klingt; er muss auf dieser Art von Schaukel-Gefühl basieren. Statt zu erklären: „Wir müssen x machen.", sollten Sie also ein Gegenteil finden, einen Kontrast- oder Vergleichspunkt, den Sie Ihrer Aussage entgegensetzen. „Wir reduzieren die Steuern und vergrößern das Wachstum." „Wir reduzieren den Müll und vergrößern die Rentabilität." „Wir kürzen die Haushaltsmittel und steigern die Zufriedenheit." Diese Sätze klingen alle ausgewogen. Aber sie sind es nicht: Sie könnten tatsächlich sogar diametral entgegengesetzte Position präsentieren, solange sie ausgewogen klingen – das ist es, worauf es ankommt (Tab. 20.1).

Balance in der Praxis

In Slogans ist ebenfalls häufig eine Balance zu finden, wie in Tab. 20.2 dargestellt.

Auch in der Politik ist die Balance wichtig. Bei Tony Blairs Politik des Dritten Wegs ging es in erster Linie um die Balance – sowohl rhetorisch als auch politisch. Bei der Triangulation ging es darum, bei zwei alten, strengen Positionen einen neuen Mittelpunkt zu finden.[1] Das sprach die Leute sofort an, denn die meisten Wähler würden sich selbst als ausgewogen bezeichnen.

Tab. 20.1 Beispiele für Balance

Balance-Formel	Beispiele
Nicht dies …, sondern das …	Arm ist nicht der, der wenig hat, sondern der, der nicht genug bekommen kann
	Nicht überleben, sondern leben
Dies …, nicht das …	Der Staat ist dein Diener, nicht dein Meister
	Es gibt eine Gesellschaft, sie ist nicht dasselbe wie der Staat
	Du bist ein Gorilla, kein Guru
Dies … oder das	Sein oder nicht sein
	Du bist entweder für uns oder du bist gegen uns
	Wir müssen Erfolg haben oder wir werden scheitern
Diese Aussage besteht aus x Wörtern …, jene Aussage besteht aus x Wörtern	Wissenschaft ohne Religion ist lahm, Religion ohne Wissenschaft ist blind
Nicht das Gegenteil von x …, du bist x	Du bist nicht für uns, du bist gegen uns
Dies … gefolgt von einer leichten Variation von dies	Wir müssen hart gegen Verbrechen und gegen die Ursachen der Verbrechen durchgreifen.
	Pro Europa, pro Reformen in Europa.
	Wenn du willst, dass etwas gesagt wird, frag einen Mann; wenn du willst, dass etwas getan wird, frag eine Frau.
	Fragt nicht, was euer Land für euch tun kann – fragt, was ihr für euer Land tun könnt
Ende des ersten Teil ist Wort x, Wort x beginnt dann auch den zweiten Teil	All you need is love, love is all you need

Tab. 20.2 Slogans ausgewogen gestalten

Produkt	Slogan
Apple Mac mini	Außen mini. Innen ganz groß
Playstation	Leb in deiner Welt, spiel in unserer
Toppits Gefrierbeutel	Außen Toppits – innen Geschmack
Ratiopharm	Gute Preise. Gute Besserung
Ariel	Nicht nur sauber, sondern rein
M&M	Schmilzt im Mund, nicht in der Hand
Kitkat	Have a break, have a Kitkat
AAA-Pharma	Hohe Qualität zum günstigen Preis!
Aachen Münchener	Träume brauchen Sicherheit
Kitekat	Ist die Katze gesund, freut sich der Mensch
Ikea	Wohnst du noch oder lebst du schon?

Im Hinblick auf die Rhetorik führte das zu vielen prägnanten Aussagen, welche die Dreierregel und die Balance miteinander kombinierten – wie zum Beispiel: „Es geht nicht um Überregulierung oder Deregulierung, es geht um die richtige Regulierung.", „Es geht nicht darum, sklavisch das zu tun, was im Interesse der Europäischen Union ist, oder sklavisch das zu tun, was im Interesse der Vereinigten Staaten ist, es geht darum, konsequent das zu tun, was im Interesse Großbritanniens ist." oder „Es geht nicht darum, zwischen sozialer Gerechtigkeit und wirtschaftlicher Effizienz zu wählen, es geht darum, eine starke Wirtschaft und eine starke Gesellschaft zu haben." Der Dritte Weg war also in politischer und rhetorischer Hinsicht gleichermaßen vernünftig: ein Doppelschlag.

Balance und Reden

In Reden kommen häufig ausgewogene Aussagen vor. Viele große Führer eröffnen ihre Reden mit einer ganzen Reihe ausgewogener Aussagen:

> Wir feiern heute nicht den Sieg einer Partei, sondern ein Fest der Freiheit – als Symbol für einen Endpunkt und einen Neuanfang, als Zeichen der Neubelebung und des Wandels.
> John F. Kennedy, Antrittsrede, 1960

> Sozialismus steht für Kooperation, nicht Konfrontation; für Verbundenheit, nicht Angst. Er steht für Gleichheit, nicht weil er möchte, dass alle Menschen gleich sind, sondern weil sich nur durch Gleichheit in unserem wirtschaftlichen Umfeld unsere Individualität richtig entwickeln kann.
> Tony Blair, Jungfernrede, 1983

> Die Antwort kam von Jungen und Alten, von Reichen und Armen, von Demokraten und Republikanern, von Weißen, Schwarzen, lateinamerikanischen und asiatischen Amerikanern, von den amerikanischen Ureinwohnern, von Homosexuellen und Heterosexuellen, von Behinderten und Nichtbehinderten.
> Barack Obama, Siegesrede, 2008

Diese Art der Eröffnung fühlt sich immer an, als ob der Führer sich selbst im Zentrum des Universums präsentiert: allwissend und allmächtig, der Mittelpunkt in einer Welt der Extreme. Das ist die Sprache der Menschenführung.

Balance und Inspiration

Balance ist ein weit verbreitetes Merkmal in vielen inspirierenden Zitaten und Aussagen. In der Tat war die allererste Zeile im allerersten Aphorismenbuch eine ausgewogene Aussage: „Das Leben ist kurz, Kunst hält lang."[2] Noch heute sind viele der pseudointellektuellen Kommentare, die auf Facebook hinterlassen werden, ausgewogene Aussagen. Dadurch entsteht der Anschein etwas Erhabenen. Erst bei genauerer Betrachtung, wenn Ihre linke Gehirnhälfte sich an die Arbeit macht, die Bedeutung zu analysieren, werden Sie feststellen, dass die meisten absoluter Quatsch sind.

Alliteration und Gleichklang

Alliteration kann den Eindruck von Balance verstärken. Aussagen zum britischen Staatshaushalt werden immer rund um alliterative Paare aufgebaut – vom „Taler in Ihrer Tasche" über „Besonnenheit für eine Bestimmung" bis „Zurückhaltung mit Ziel", und so weiter. Es überrascht nicht, dass der Balance eine so große Bedeutung zukommt, denn das Ziel jedes Haushaltsplans ist es ja, die Bilanz auszugleichen. Gordon Brown liebte Alliterationspaare – wie zum Beispiel „lauschen und lernen", und selbst die Anthologie seiner Reden trug den Titel „The Change we Choose" (Der Wandel, den wir wählten). George Osborne hat dies fortgesetzt: mit seinem „Weg zum Wiederaufschwung", einem „Budget für Britannien" und einer Wahl zwischen

„Kompetenz oder Chaos" bei den Wahlen 2015.[3] Das ist jedoch kein rein britisches Phänomen: Ein Großteil der Welt bezeichnet beispielsweise die Finanzordnung als „neue Normalität".

> Aussagen zum britischen Staatshaushalt werden immer rund um alliterative Paare aufgebaut.

Alliterationen beinhalten eine Verspieltheit. Viele der größten britischen Schriftsteller mochten sie: von Bunyan *(The Pilgrim's Progress)* über Shakespeare *(Love's Labour's Lost)* bis hin zu den Beatles („Magical Mystery Tour"). Die Alliteration ist eine hervorragende Möglichkeit, um ausgewogene Slogans auf ein höheres Niveau zu heben – von gut bis großartig, Freund oder Feind, dafür oder dagegen, fix und fertig, mit Kind und Kegel, ganz und gar …

Nicht jeder kann sich mit Alliterationen anfreunden. Manche vermeiden sie komplett, da sie meinen, sie klängen zu glatt. Jimmy Carters Redenschreiber sagten über ihn, er habe immer bewusst Alliterationen umgangen und selbst bekannte Sprüche und Redensarten lieber abgewandelt. Carter klingt ein bisschen matt: Wahrscheinlich hätte er noch nicht einmal in einem Reim etwas Erhabenes gesehen. Und damit kommen wir zum nächsten wichtigen Element der geheimen Wissenschaft rund um die Sprache der Menschenführung.

Literaturverzeichnis und Endnoten

1. Dick Morris, der 1996 im Wahlkampf für Bill Clinton arbeitete, beschrieb Triangulation in einem Interview in *Frontline* im Jahr 2000: „Nehmen Sie das beste aus der Agenda jeder Partei und finden Sie eine Lösung irgendwo über den Positionen jeder Partei. So entsteht ein Dreieck, das Ergebnis einer Triangulation." Verfügbar unter http://www.pbs.org/wgbh/pages/frontline/shows/clinton/interviews/morris2.html. Aufgerufen am 27.1.2015.
2. Hippokrates (2010): *Aphorismen*, Leipzig: Reprint Verlag.
3. Osborne, 2011 Budget.

21

Reim oder Verstand

Rosalinde: Aber seid Ihr so verliebt, als Eure Reime bezeugen?
Orlando: Weder Gereimtes noch Ungereimtes kann
ausdrücken, wie sehr.
William Shakespeare, *Wie es euch gefällt*

Die beständige Kraft des Reims

In den frühen 1970er Jahren schrieb Ronald Powell
Bagguley, Schulleiter einer kleinen Grundschule in Derby-
shire, an die *Sunday Times,* beklagte den Einfluss des
Fernsehens und rief zu einer Rückkehr zu den guten, alt-
modischen Kinderversen auf. Ein Musiker in New York las
seinen Brief und war so wütend, dass er über die Zeitung

© Springer-Verlag GmbH Deutschland, ein Teil von
Springer Nature 2018
S. Lancaster, *Winning Minds,*
https://doi.org/10.1007/978-3-662-57471-3_21

sofort eine Antwort an den Schulleiter schrieb. Er sagte, statt zu kritisieren, solle er berücksichtigen, auf welch positive Art und Weise Reime im Fernsehen genutzt werden könnten, um das Lernen zu fördern – wie beispielsweise in der Sendung *Sesamstraße,* in der Kindern mit Eselsbrücken das Lesen beigebracht würde, genauso wie bei den alten Kinderversen. Der Musiker drängte den Schulleiter, das einzusehen. Und er schloss, indem er frech den Werbespruch für das Medikament Alka-Seltzer zitierte: „Try it, you'll like it." (Probieren Sie's, Sie werden es mögen.).

Daran ist nichts sehr Ungewöhnliches, doch der fragliche Musiker war John Lennon. Die Auseinandersetzung spielte sich also zwischen zwei Anführern ab, die sich nicht einig waren hinsichtlich des besten Mediums, um Kinder zu unterrichten – doch beide stimmten in Bezug auf die Bedeutung von Reimen überein.

Reime machen Argumente glaubhaft

Lange Zeit haben Reime eine besondere Rolle in der Bildung und bei der Überzeugung gespielt. Seit langem werden wir dazu gebracht, Dinge für wahr zu halten, wenn sie sich reimen. Der Ausdruck „rhyme or reason" ist mindestens seit dem 15. Jahrhundert bekannt (Reim oder Verstand) und zeigt, dass es schon immer Bedenken gab, Reime könnten einen scheinbaren Beweis für Vernunft liefern. Heute liegen uns Untersuchungen vor, die beweisen, dass dies wahr ist.

Studien zeigen, dass Menschen mit einer größeren Wahrscheinlichkeit glauben, dass etwas stimmt, wenn es sich reimt. In einer speziellen Studie erhielt eine Hälfte der Gruppe gereimte Sprüche (wie „Glück und Glas, wie leicht bricht das." oder „In der Kürze liegt die Würze."), während die andere Gruppe Aussagen erhielt, die sich nicht reimten („Glück und Glas gehen leicht in die Brüche." oder „Sich kurz zu halten, ist besser.").[1] Die Gruppe mit den gereimten Aussagen war eher bereit, die Sprüche zu glauben, als die andere Gruppe. Interessanterweise erklärten sie auch, nicht vom Reim beeinflusst gewesen zu sein. Dadurch werden Reime noch kraftvoller: Sie machen Behauptungen nicht nur glaubwürdiger – die Menschen nehmen noch nicht einmal wahr, dass sie hinters Licht geführt werden.

> Menschen glauben eher, dass etwas stimmt, wenn es sich reimt.

Reime prägen sich tief in unser Gehirn ein

Nietzsche behauptete, Reime hätten eine irgendwie magische Qualität, als ob wir mit den Göttern sprächen.[2] Wahrscheinlich erinnern Reime uns weniger an ein Gespräch mit den Göttern als an ein Gespräch mit unseren Eltern und Lehrern. In der Tat lernen wir als Kinder das Alphabet („abcdefg, hijklmnop …"), Gesundheitsratschläge („Gut gekaut ist halb verdaut.") und sogar das Backen („Wer will guten Kuchen backen, der muss haben sieben Sachen …") durch Reime.

Diese Muster und Reime prägen sich unserem Gehirn schon im frühesten Kindesalter ein. Studien haben gezeigt, dass wir solche gereimten Muster buchstäblich schon im Mutterleib aufnehmen. Babys, denen während der Schwangerschaft „The Cat in the Hat" vorgespielt wurde, suchten nach der Geburt aktiv nach Gedichten, die demselben Rhythmus folgten.[3]

Reime klingen einfach glaubhaft. Die Worte klingen, als ob sie natürlicherweise zusammenpassen würden – also nehmen wir an, dass sie natürlicherweise zusammenpassen.

Praktische Anwendung von Reimen

Was machen Sie nun aus dieser Erkenntnis? Ich schlage Ihnen nun nicht vor, dass Sie nur noch in Reimen sprechen sollten: Damit würden Sie zwar mit großer Sicherheit Aufmerksamkeit auf sich ziehen, doch das wäre nicht *unbedingt* die Art von Aufmerksamkeit, die sich ein Führer wünscht. Stattdessen schlage ich Ihnen vor, eventuell Reime zu verwenden, wenn Sie es sich nicht leisten können, dass Ihre Botschaft nicht ankommt. Wie Dreierfolgen eignen sich auch Reime hervorragend, um wirklich beeindruckende Aussagen und Slogans zu erschaffen.

> Verwenden Sie Reime, wenn Sie es sich nicht leisten können, dass Ihre Botschaft nicht ankommt.

Wie in Tab. 21.1 zu sehen, sind viele der wichtigsten Werbesprüche der Geschichte gereimt.

Tab. 21.1 Gereimte Slogans

Produkt	Werbeslogan
Mars	Mars macht mobil, bei Arbeit, Sport und Spiel
eBay	3, 2, 1 … meins!
Asbach Uralt	Wenn einem Gutes widerfährt, das ist einen Asbach Uralt wert
Haribo	Haribo macht Kinder froh und Erwachsene ebenso
Nissan	Er kann. Sie kann. Nissan
Bonduelle	Bonduelle ist das famose Zartgemüse aus der Dose
Praktiker	Geht nicht, gibt's nicht

Auf vielen Lieferfahrzeugen ist an der Seite ein Spruch zu lesen: Von „You shop, we drop" bis hin zu „From our store to your door" und „Short on time? Shop online". Wirklich nette Reime!

Geschäftsleute können Reime verwenden, um ihre Philosophie zusammenzufassen. Richard Branson sagt beispielsweise „screw it, let's do it", und Jack Welch nutzte eine „rank and yank"-Strategie, um die untersten zehn Prozent seines Unternehmens loszuwerden.

Wir können auch Fragen in Reimform formulieren: „Zu mir oder zu dir?", „Tee oder Kaffee?", „Hast du Lust oder Frust?", …

Reime können sich auch als gut erweisen, um denkwürdige Modelle zu erschaffen. Das Modell des Psychologen Tuckman über die Entwicklungsschritte für Gruppen (Forming, Storming, Norming, und Performing) ist ein Beispiel für Reime, die den Verstand übersteigen. Meiner Erfahrung nach wird dieses Modell besser gemerkt als verstanden: Jeder, den ich bisher gefragt habe, hatte eine äußerst unzuverlässige Vorstellung davon, was „Norming" oder „Storming" tatsächlich bedeuten sollten – doch das Modell wird weiter verwendet, weil es durch den Reim so verdammt einfach klingt. Da geht es dann mehr um den Reim als um die Vernunft.

Auch in Reden können Reime gut funktionieren. Manchmal rutschen sie recht diskret hinein, beinahe unbemerkt. 2014 schloss David Cameron seine Rede beim Parteitag mit drei diskreten Reimen direkt hintereinander:

> History is written by us, in the decisions we make today and that starts next May. So Britain: what's it going to be? I say: let's not go back to square one. Let's finish what we have begun. Let's build a Britain we are proud to call home … for you, for your family, for everyone.

Diese Reime sind kaum wahrnehmbar: Zumindest gab es in den folgenden Tagen keinen Kommentar dazu in den Medien. Doch sie waren dennoch da und werden seine Botschaft diskret ein bisschen spürbarer gemacht haben.

Manchmal kann der Reim aber auch sehr offenkundig sein. Einmal hielt Muhammad Ali eine Rede an der Harvard University. Sie war besonders inspirierend. An einer Stelle machte er eine Pause, um Atem zu holen. Da rief ein Student: „Mach weiter, Muhammad, erzähl uns eins deiner Gedichte." Ali hielt inne. Dann beugte er sich über das Mikrophon: „Me? We." (Ich? Wir.).

Schön. Die Sprache der Menschenführung. Nutzen Sie ihre Macht, aber mit Bedacht. Doch nicht übertreiben, oder lassen Sie's bleiben. Es ist an Ihnen, sich ihrer zu bedienen. Und was Sie tun, hängt von Ihrer Perspektive ab …

Literaturverzeichnis und Endnoten

1. M.S. McGlone und J. Tofighbakhsh, Quelle: Abteilung für Psychologie, Lafayette College, Easton, PA 18042-1781, USA.

2. Friedrich Nietzsche (2001), *Die fröhliche Wissenschaft*, München: Goldmann.

3. A. J. DeCasper und M. J. Spence (1986): „Prenatal Maternal Speech Influences Newborns' Perception of Speech Sounds", *Infant Behavioural Development*, Bd. 9, S. 133–150.

22

Die Macht der Perspektive

James Boswell nahm 1773 Samuel Johnson mit nach Edinburgh, um ihm seine Heimatstadt zu zeigen. Sie gingen durch eine jener schmalen, alten, georgianischen Gassen, die nur wenige Meter breit sind. Als sie nach oben blickten, sahen sie zwei Frauen, die sich aus ihren Fenstern beugten, einander wütend anschrien und ihre Besen schüttelten. Dr. Johnson zeigte auf die Frauen: „Diese beiden Frauen werden sich niemals vertragen", sagte der große Mann, „weil sie von verschiedenen Voraussetzungen ausgehen."

Von wo aus wir eine Auseinandersetzung beginnen, hat eine entscheidende Auswirkung auf deren Ende. Ich war in den 1980er Jahren ein Riesenfan der Fernsehserie *Yes Minister*. Ich sah es gerne, wie Sir Humphrey Appleby Jim Hacker um seinen kleinen Finger wickelte. Wenn Sie möchten, sehen Sie sich einmal die Szene an, in der

© Springer-Verlag GmbH Deutschland, ein Teil von
Springer Nature 2018
S. Lancaster, *Winning Minds,*
https://doi.org/10.1007/978-3-662-57471-3_22

Sir Humphrey Bernard zeigt, wie Marktforschungsunternehmen durch unterschiedliche Ausgangspositionen aufeinanderfolgende Fragestellungen erarbeiten, um bestimmte Antworten zu erhalten. Der Sketch ist witzig, aber die Quintessenz ist ernst zu nehmen.

Die meisten Menschen haben im Leben zu den meisten Themen keine feste Ansicht. Sie haben eher sich verändernde Positionen, die auf wechselnden Perspektiven basieren. Die Perspektive der Menschen zu verändern, ist der Schlüssel zur Veränderung ihrer Positionen.

> Die Perspektive der Menschen zu verändern, ist der Schlüssel zur Veränderung ihrer Positionen.

Große Führer kontrollieren bewusst die Perspektive. Häufig gehen sie von einem Punkt des generellen Einverständnisses aus – einem Punkt, bei dem es den Menschen schwerfällt, anderer Ansicht zu sein. Von einer Grundlage des Einverständnisses ausgehend, bewegen sie sich dann langsam vorwärts. Je stärker man den zu Beginn erwähnten Punkt glaubt, desto effektiver wird diese Taktik sein.

Gegen eine Obergrenze bei Bonuszahlungen an Banker:
- Glauben Sie, die Regierung sollte die Macht haben, Ihnen vorzuschreiben, was Sie mit Ihrem Geld machen?
- Glauben Sie, die Regierung sollte die Macht haben, irgendjemandem vorzuschreiben, was er mit seinem Geld machen soll?
- Glauben Sie, die Regierung sollte die Macht haben, vorzuschreiben, wie viel Geld den Menschen bezahlt wird?

- Glauben Sie, die Regierung sollte Bonuszahlungen in bestimmten zufällig gewählten Bereichen begrenzen?
- Glauben Sie, die Bonuszahlungen an Banker sollten begrenzt werden?

Für eine Obergrenze bei Bonuszahlungen an Banker:
- Glauben Sie, Misserfolg sollte belohnt werden?
- Glauben Sie, Banken sollten mit Hunderten Millionen Pfund aus öffentlichen Geldern unterstützt werden, während Krankenschwestern und Ärzte Lohnkürzungen hinnehmen müssen?
- Glauben Sie, es ist richtig, dass die Banken diese Unterstützung verwenden, um nach wie vor millionenschwere Boni an jene zu zahlen, die den Crash verursacht haben?
- Glauben Sie, die Regierung sollte sich nicht mehr gegen mächtige eigennützige Interessen behaupten?
- Glauben Sie, die Bonuszahlungen an Banker sollten begrenzt werden?

Die Erkenntnis ist, dass Menschen nicht gerne inkonsequent, prinzipienlos oder egoistisch wirken: Auf diese Weise können Sie Menschen dazu bringen, weiterhin zuzustimmen, selbst wenn Sie mit Ihren Argumenten in Bereiche vordringen, in denen sie zuvor widersprochen hätten. Wenn die Antwort auf die erste und zweite Frage „Ja" lautet, ist die Wahrscheinlichkeit natürlich hoch, dass auch die dritte Frage bejaht wird. Jeder raffinierte Geschäftsmann weiß, wie er Menschen dazu bringt, dass sie zustimmen. Wenn Menschen zu nicken beginnen, fällt es ihnen schwer, wieder aufzuhören. Das wird als

Heuristik bezeichnet, als Erfahrungsregel – doch diese Denkweise hat Schwachstellen.

> Wenn Menschen zu nicken beginnen, fällt es ihnen schwer, wieder aufzuhören.

Studien haben gezeigt: Wenn man Leute auffordert, ein großes Schild mit der Aufschrift „Fahrt vorsichtig!" in ihren Garten zu stellen, lehnen die meisten ab. Befragt man sie jedoch zuvor über ihren Gemeinschaftssinn, stimmen sie zu. Denken Sie einmal darüber nach, wie Sie diese Herangehensweise für sich nutzen können – wie Sie Ihre Argumentation mit tief empfundenen, allgemeinen Aussagen zu gemeinsamen Werten beginnen können. Es ist wichtig, Muster zu schaffen.

Für die richtige Stimmung sorgen

Bei der Perspektive geht es nicht nur um das Argument. Manchmal geht es darum, für die richtige Stimmung zu sorgen. In seinem Buch *Mein Weg* beschreibt Tony Blair, wie er bei den Friedensgesprächen für Nordirland vorging. Diese Verhandlungen müssen zu den schwierigsten der jüngeren Geschichte gehört haben. Doch Blairs Ansatz war einfach: Er machte es jeden Morgen zu seiner Aufgabe, die Menschen zum Nicken zu bringen. Er wusste: Wenn er die Menschen auch nur einmal zum Nicken brachte, könnte er ihre Abwehrhaltung durchbrechen.

Also traf er einige unbestimmte Aussagen: „Wir müssen heute mit echten Problemen umgehen." oder „Ist das Wetter nicht schrecklich?" oder „Das war gestern ganz schön knifflig, nicht wahr?". Es war egal – sobald er das erste Nicken erhalten hatte, war der Weg frei, um mit substanzielleren Themen fortzufahren.

Das richtige Wann, Wo und Was

Es gibt eine Reihe weiterer Faktoren, die sich ebenfalls auf die Perspektive auswirken.

Ich habe einmal mit einem großen Autokonzern zusammengearbeitet, der sein Seminar über die Sprache der Menschenführung in einem Park abhalten wollte. Das Unternehmen hatte eine einfache Theorie: Frisches Denken erfordert frische Perspektiven. Es war ein herrlicher Tag: Die offene Aussicht sorgte für offenes Denken; der Duft von frischem Gras führte zu einer positiveren Einstellung; der Kontakt mit der Außenwelt schuf eine größere Offenheit. Die Perspektive war verändert. Es war klasse. Definitiv ein Erfolg.

Wenn Sie mit jemandem über die Zukunft sprechen möchten, warum verbinden Sie es dann nicht mit einer Vorwärtsbewegung? Untersuchungen haben gezeigt, dass Menschen eher bereit sind, über die Zukunft nachzudenken, wenn sie sich in Bewegung befinden, so gering sie auch sein mag – zum Beispiel im Zug oder auch nur, wenn sie im Postamt in der Schlange stehen. Wenn Sie mit jemandem über seine Karriere oder persönliche Entwicklung reden, sollten Sie also dabei in Bewegung sein.

Dann sind Sie im wörtlichen und metaphorischen Sinne nach vorne orientiert.

Seien Sie sich im Klaren darüber, wie die Stimmung die Ansichten einer Person beeinflusst. Welche Hormone werden in seinem Gehirn ausgeschüttet? Cortisol, Oxytocin, Dopamin oder Serotonin? Wenn Sie jemanden erwischen, direkt nachdem er einen dynamischen Sport ausgeübt hat, wird er sich stark, kraftvoll, selbstbewusst und ruhig fühlen. Stellen Sie sich einmal vor, wozu Sie jene Person in diesem Zustand bewegen könnten! Gehen Sie hingehen mit jemandem mittags schick essen und laden ihn ein, ist er vielleicht nicht in der richtigen Stimmung, um über neue Verantwortlichkeiten zu sprechen: Er wird darüber nachdenken, während er ein Nickerchen macht.

Auch die Zeitplanung beeinflusst die Perspektive. Menschen sind am Ende der Woche eher bereit, über ihre Zukunft nachzudenken, als zu Beginn einer Woche. Das ist der Grund dafür, dass fast alle Werbemails an Freitagen kommen. Allerdings werden Sie sich vielleicht wundern, warum die meisten Teambesprechungen an Montagen stattfinden – zumal 50 % der Angestellten am Montag spät zur Arbeit kommen und durchschnittlich zwölf Minuten damit zubringen, sich zu beklagen. Es ist zu 100 % wahrscheinlich, dass sie auf neue Vorschläge ablehnend reagieren, oder? Ach ja: 97 % der Statistiken werden sofort erstellt. Und 74 % davon sind übertrieben … Reden wir doch einmal über Statistiken …[1]

Literaturverzeichnis und Endnoten
1. Das ist ein Witz.

23

Denken Sie an Zahlen

Es gibt drei Arten von Lügen – Lügen, verdammte Lügen und Statistiken.

Benjamin Disraeli

Menschen verstehen Zahlen nicht

Peter Mandelson sagte einst, dass die meisten Menschen Statistiken nicht verstehen oder – falls sie es tun – denken, dass sie großer Quatsch seien. Er hatte nicht ganz Unrecht. Die Hälfte der britischen Erwachsenen verfügt nicht über die mathematischen Fähigkeiten, die man von einem elf-jährigen Kind erwartet.[1] Für viele Menschen funktionieren Zahlen einfach nicht. Ich habe mit prominenten

© Springer-Verlag GmbH Deutschland, ein Teil von
Springer Nature 2018
S. Lancaster, *Winning Minds*,
https://doi.org/10.1007/978-3-662-57471-3_23

Persönlichkeiten gearbeitet, die regelmäßig Millionen und Milliarden verwechselten, selbst in Pressekonferenzen – und meistens haben die Journalisten es auch nicht gemerkt. Studien haben gezeigt, dass das Gehirn nur in der Lage ist, sieben Daten auf einmal zu verarbeiten.[2] Dennoch denken sehr viele moderne Führungspersönlichkeiten, dass zu einer effektiven Menschenführung auch ein nicht enden wollender Blitzkrieg mit Statistiken in der Hinterhand gehört.

> Die Hälfte der britischen Erwachsenen verfügt nicht über die mathematischen Fähigkeiten, die man von einem elfjährigen Kind erwartet.

Wie Führer Statistiken effektiv nutzen

Die Sprache der Menschenführung lässt keine Zahlen um ihrer selbst willen auf die Zuhörer los. Wir verwenden Zahlen nur, um kraftvolle Eindrücke und Bilder zu erzeugen: Auf diese Weise gewinnen sie an Macht.[3] Eindrücke und Bilder sind es, die haften bleiben.

> Verwenden Sie Zahlen nur, um kraftvolle Eindrücke und Bilder zu erzeugen

Nachfolgend finden Sie einige Optionen, wie Sie das tun können.

Einen Rhythmus erzeugen

Sie können einen Rhythmus erzeugen. „Die Investitionen gehen rauf. Das Wachstum geht rauf. Die Beschäftigung geht rauf. Die Hauspreise gehen rauf. Der Handel geht rauf." Machen Sie lange genug so weiter, nutzen Sie das Stilmittel der Wiederholung, und bevor Sie sichs versehen, sind die Zuhörer so berauscht von all dem Dopamin, dass sie spontan zu applaudieren beginnen. Wenn sie es tun, sollten Sie die Welle nutzen und weitere „Raufs" folgen lassen. Wir müssen nicht explizit sein – es geht nur darum, Eindruck zu machen.

Überzeugende Vergleichspunkte finden

Sie können die Perspektive anpassen. Statistiken und Zahlen sagen alleine nichts aus – erst in Relation zu anderen Zahlen bekommen sie eine Bedeutung. Sie wollen Ihre Zahl mit etwas vergleichen, das sie entweder unglaublich groß oder unglaublich klein erscheinen lässt.

In der Sprache der Menschenführung suchen wir sorgfältig Vergleichspunkte aus, die unser Argument unterstützen – auf dieselbe Weise, die Einzelhändler mit ihren „70 Prozent Preisnachlass"-Aufklebern nutzen.

Tab. 23.1 zeigt, wie verschiedene Kontrastpunkte für deutlich unterschiedliche Wahrnehmungen des Maßstabs sorgen und dadurch unsere Perspektive dramatisch verändern.

Wählen wir ein besonderes Thema: die Fernsehgebühren in Großbritannien. Sind sie das Geld wert oder nicht? In Tab. 23.2 sehen wir uns beide Seiten der

Tab. 23.1 Statistiken verzerren

Frage	Neutrale Statistik	Verzerrt, damit sie hoch aussieht	Verzerrt, damit sie niedrig aussieht
Sind Managergehälter zu hoch?	Der durchschnittliche FTSE-Chef erhält 4,4 Mio. Pfund	Das ist das 120-Fache dessen, was seine Angestellten durchschnittlich bekommen. (1)	Das sind im Durchschnitt nur 0,5 % des Gewinns seines Unternehmens. (2)
Ist die Kriminalität außer Kontrolle?	Es gab 2012 in Großbritannien 489.045 Einbrüche	Jedes Jahr kommt es in jeder Straße Großbritanniens zu einem Einbruch. (3)	Die Anzahl der Einbrüche ist seit 2002 um 45 % gesunken. (4)
Ist Motorradfahren zu gefährlich?	317 Motorradfahrer sterben jedes Jahr bei Unfällen in Großbritannien	Jeden Tag stirbt irgendwo in Großbritannien ein Motorradfahrer	Jedes Jahr sterben 300 Mal mehr Menschen an Lungenkrebs und Atemwegserkrankungen als auf Motorrädern

Tab. 23.2   Fernsehgebühren – das Geld wert oder nicht?

Die Fernsehgebühren sind das Geld wert	Die Fernsehgebühren sind nicht das Geld wert
Die Fernsehgebühren betragen lediglich 40 Pence pro Tag – der Preis einer Dose Bohnen	Die Gebührenzahler machen jedes Jahr 3,6 Mrd. Pfund für die BBC locker – genug für 250 neue Schulen
Die Fernsehgebühren belaufen sich auf ein Drittel der Kosten für ein Sky-Abonnement	Netflix kostet weniger als die Hälfte der Fernsehgebühren
Die Finanzausstattung der BBC ist heute effektiv um 25 % niedriger: 3 Pfund statt 4 Pfund, die es früher waren	Die BBC hat 100 Mio. Pfund für ein digitales Bibliotheksprojekt verschwendet, das eingestampft werden musste – mehr als der Gesamtwert von Channel 5

Diskussion an, wobei auf beiden Seiten die Perspektive verzerrt wird, um die Argumentation zu stärken.

1. http://www.cipd.co.uk/pm/peoplemanagement/b/ weblog/archive/2013/09/23/median-pay-for-ftse-100-chief-execs-at-163-4-4-million.aspx (Aufgerufen am 27 January 2015).
2. http://www.haygroup.com/downloads/uk/Exec_pay_ in_persective_press_release.pdf (aufgerufen am 27. Januar 2015).
3. https://www.gov.uk/government/publications/house-hold-interim-projections-2011-to-2021-inengland (aufgerufen am 27. Januar 2015).
4. *Facts are Sacred, Guardian*-Ratgeber.

Wenn Sie Ihre Statistik außerdem mit einer Geschichte verbinden, bleibt sie noch besser im Gedächtnis. Die Kombination aus einer Geschichte und Statistik kann zwei kraftvolle Bilder erschaffen. Falls Sie sich also dafür aussprechen, dass die Fernsehgebühren für die BBC ungeheuer niedrig sind, könnten Sie von einer älteren Verwandten erzählen, die alleine in ihrer kleinen Wohnung sitzt und jeden Tag Radio hört: Für diese Person ist das Radio ein Rettungsanker. Falls Sie sich dafür aussprechen, dass die Fernsehgebühren ungeheuer hoch sind, könnten Sie von einigen der Ausgleichszahlungen erzählen, die in die Taschen mancher Direktoren im Ruhestand gewandert sind.

Grafiken

Auch Grafiken können helfen, ein Bild zu erzeugen, das haften bleibt. Ein Redenschreiber, den ich kenne, bereitete immer Präsentationen für einen hochrangigen Geschäftsmann vor und erzählte mir, dass jedes einzelne Diagramm, das er vorbereitete, auf Anweisung seines Chefs immer demselben 45-Grad-Verlauf folgen musste. Es war egal, ob Wachstum, Investitionen oder Jobs abgebildet werden sollten: Alles musste immer in einem 45-Grad-Winkel ansteigen. Also ging es darum, die Achsen so anzupassen, dass ein positives Bild erzeugt wurde: Das Gehirn geht natürlich davon aus, dass die Entwicklung von links nach rechts und von unten nach oben gut ist.

Moderne Grafikdesign-Software bietet gewaltige Möglichkeiten. Ich persönlich bin ein großer Fan von Prezi (www.prezi.com). Mit Prezi können Sie eine Grafik mit 100 Menschen erzeugen und dann Teile dieser Gruppe schattieren, um prozentuale Anteile anzuzeigen. Und dann können Sie in einen dieser Menschen hineinzoomen, um eine Videogeschichte zu erzählen.

Weniger ist mehr

Weniger ist nahezu sicher mehr, wenn es um Statistiken geht. Eine einfache, überraschende Statistik kann eine größere Wirkung haben als ein Dutzend Statistiken in schneller Aufeinanderfolge. Jede einzelne Person in diesem Raum hat 28.000 Pfund Schulden; 24.000 Kinder sterben täglich an Unterernährung; 1,2 Mrd. Menschen leben von weniger als einem Dollar pro Tag. Diese Statistiken können in einem Publikum explodieren wie Granaten.

Kurze, kontrastierende Statistiken können ebenfalls beeindruckende Punkte beweisen. Apple hat mehr Geld als die US-Reserve. Die USA geben mehr Geld für ihr Militär aus als die nächsten 19 Staaten auf der Liste gemeinsam. Die USA geben mehr Geld für ihr Militär aus als für ihre Schulen.

Aufmerksamkeit wecken Sie auch mit Statistiken, die nicht den Erwartungen der Menschen entsprechen: Die meisten Morde werden von jemandem begangen, der dem Opfer bekannt ist; es besteht eine 65-prozentige Chance, dass die Liebe Ihres Lebens Sie betrügen wird.

Doch nun genug davon. Ich habe schon deutlich mehr über Statistiken geschrieben, als Sie sich vermutlich merken können. Verdammt. Ich hätte meinem eigenen Rat folgen sollen und es einfach halten. Doch wir sind fast am Ende angekommen … Es ist nur noch ein einziges Kapitel in der Sprache der Menschenführung übrig. Nur noch ein einziges Argument. Doch was war das noch gleich …?

Literaturverzeichnis und Endnoten

1. http://www.telegraph.co.uk/education/maths-reform/ 9115665/NumeracyCampaign-17m-adults-struggle-with-primary-school-maths.html. Aufgerufen am 13.2.2015.
2. T. D. Wilson (2002): *Strangers to Ourselves: Discovering the Adaptive Instinctive*, Cambridge, MA: Belknap Press of Harvard University Press, S. 24.
3. Stanislas Dehaene (2011): *The Number Sense: How the Mind Creates Mathematics*, New York: Oxford University Press.

24

Kürze

Entschuldige, ich habe dir einen langen Brief geschrieben, aber ich hatte nicht die Zeit, dir einen kurzen zu schreiben.
Mark Twain

Oh ja. Das ist es. Fassen Sie sich kurz.

© Springer-Verlag GmbH Deutschland, ein Teil von
Springer Nature 2018
S. Lancaster, *Winning Minds*,
https://doi.org/10.1007/978-3-662-57471-3_24

Nachwort

T. S. Eliot sagte, das Ende unserer Erkundungen sei, dort anzukommen, wo wir begonnen haben und den Ort dann erst richtig zu verstehen.[1] Lassen Sie uns also zu den beiden Bildern zurückkehren, die am Anfang dieses Buches stehen: Einerseits die Desillusionierung im „Red Lion" angesichts der heutigen Führer, und andererseits die reine Freude und gemeinsame Euphorie bei 250.000 Londonern im Hyde Park im Sommer 2012.

Welche Art von Führungsperson wollen Sie sein? Wollen Sie ein Führer sein, der über den Menschen hängt wie eine dunkle Wolke, der Angst und Schande bringt, für Spaltung und Enttäuschung sorgt? Oder wollen Sie ein Führer sein, der wie das helle Licht ist, eine klare Vision anbietet, den Menschen ein Gefühl der Lebendigkeit, Inspiration und Stärkung bringt?

© Springer-Verlag GmbH Deutschland, ein Teil von
Springer Nature 2018
S. Lancaster, *Winning Minds*,
https://doi.org/10.1007/978-3-662-57471-3

Wenn Sie zum Führer ernannt worden sind, erwarten die Menschen von Ihnen, dass Sie führen. Blicken Sie in ihre Augen, und Sie werden sehen, dass Sie sagen: „Bitte sei an meiner Seite. Bitte wertschätze mich. Bitte gib mir ein gutes Gefühl. Sei nicht wie der Rest. Lass mich nicht im Stich. Lüge und betrüge nicht." Geben Sie den Menschen, was sie brauchen, und sie werden Ihnen geben, was Sie brauchen: ihre Unterstützung. Wenn Sie die Bedürfnisse der Menschen nicht erfüllen können, sind Sie wahrscheinlich kein Führer, sondern einfach jemand mit einer Berufsbezeichnung.

Sie haben eine Verantwortung, sich um die Menschen zu kümmern, die Sie anschauen. Die meisten Menschen machen sich nichts aus ihren Führern, weil ihre Führer sich nicht wirklich etwas aus ihnen machen. Sie bieten ihnen keine Sicherheit, sie bieten ihnen keine Liebe, sie bieten ihnen kein Ziel. Das hinterlässt eine Leere. Die Menschen behandeln sich selbst, um diese Leere zu füllen. Millionen von Menschen nehmen Antidepressiva. Wir sind alle von unseren Smartphones abhängig. Letztes Jahr haben wir einen Wendepunkt erreicht: Wir verbringen nun mehr Zeit pro Tag mit unserem Smartphone als ohne es. Durchschnittliche Menschen nehmen ihr Smartphone 110 Mal pro Tag zur Hand und tippen darauf herum:[2] Sie jagen dem Dopamin, Oxytocin und Serotonin eines „Gefällt mir" auf Facebook oder eines Followers auf Twitter nach. Die Menschen versuchen verzweifelt, die Leere in ihrem Leben zu füllen.

Lassen Sie sie nicht im Stich. Geben Sie ihnen Stolz. Geben Sie ihnen ein Ziel. Geben Sie ihnen eine Richtung. Dieses Buch enthält eine Menge Wege, die Sie gehen können, um die Bedürfnisse der Menschen zu erfüllen: auf instinktiver, emotionaler und logischer Ebene. Vielleicht wollen Sie nicht alle hier vorgestellten Techniken nutzen – das ist in Ordnung. Schauen Sie sich um, nehmen Sie, was Sie wollen, lassen Sie den Rest unbeachtet. Doch unterschätzen Sie nicht die Macht dieser Techniken. Ich habe mit Führungspersonen zusammengearbeitet, die sich unvermittelt in Machtpositionen wiederfanden – von einem Job, der sich relativ im Verborgenen im Hinterzimmer abspielte, erlangten sie eine verantwortungsvolle Position, in der buchstäblich Millionen von Menschen auf sie schauten. Und ich habe gesehen, wie viel diese Techniken bewirken können: Geschichten erzählen, Mitgefühl empfinden, Perspektiven wechseln. Wenn Führer die Sprache der Menschenführung entdeckt haben, gibt es kein Zurück mehr. Sobald sie die Wirkung dieser Techniken erlebt haben, werden sie diese immer wieder nutzen.

Wenn Sie den Leuten geben, was sie brauchen, dann werden Sie Ihnen die Unterstützung geben, die Sie brauchen. Und wer weiß, was Sie mit dieser Unterstützung im Rücken in der Welt alles erreichen werden …

Literaturverzeichnis und Endnoten
1. T. S. Eliot (2001 [1943]), *Four Quartets*, London: Faber and Faber.
2. http://www.dailymail.co.uk/sciencetech/article-2449632/How-check-phone-The-average-person-does-110-times-DAY-6-seconds-evening.html. Aufgerufen am 20.4.2015.

Ihr Bonus als Käufer dieses Buches

Als Käufer dieses Buches können Sie kostenlos das eBook zum Buch nutzen.
Sie können es dauerhaft in Ihrem persönlichen, digitalen Bücherregal
auf **springer.com** speichern oder auf Ihren PC/Tablet/eReader downloaden.

Gehen Sie bitte wie folgt vor:

1. Gehen Sie zu **springer.com/shop** und suchen Sie das vorliegende Buch
   (am schnellsten über die Eingabe der eISBN).
2. Legen Sie es in den Warenkorb und klicken Sie dann auf:
   zum Einkaufswagen/zur Kasse.
3. Geben Sie den untenstehenden Coupon ein. In der Bestellübersicht wird
   damit das eBook mit 0 Euro ausgewiesen, ist also kostenlos für Sie.
4. Gehen Sie weiter **zur Kasse** und schließen den Vorgang ab.
5. Sie können das eBook nun downloaden und auf einem Gerät Ihrer Wahl lesen.
   Das eBook bleibt dauerhaft in Ihrem digitalen Bücherregal gespeichert.

978-3-662-57471-3
SPS8AwKbJNAr9PH

eISBN
Ihr persönlicher Coupon

Sollte der Coupon fehlen oder nicht funktionieren, senden Sie uns bitte
eine E-Mail mit dem Betreff: **eBook inside** an **customerservice@springer.com**.

Printed by Printforce, the Netherlands